SINE QUA NON

PEPE RODRÍGUEZ

Pederastia en la Iglesia católica

Delitos sexuales del clero contra menores,
un drama silenciado y encubierto por los obispos

EDICIONES B
GRUPO ZETA

Barcelona • Bogotá • Buenos Aires • Caracas • Madrid • México D.F. • Montevideo • Quito • Santiago de Chile

1.ª edición: noviembre 2002

© Pepe Rodríguez, 2002
© Ediciones B, S.A., 2002
    Bailén, 84 - 08009 Barcelona (España)
    www.edicionesb.com
    www.pepe-rodriguez.com

Printed in Spain
ISBN: 84-666-1065-0
Depósito legal: B. 40.565-2002

Impreso por PURESA, S.A.
Girona, 206 - 08203 Sabadell

PEPE RODRÍGUEZ

Pederastia en la Iglesia católica

Delitos sexuales del clero contra menores,
un drama silenciado y encubierto por los obispos

El problema fundamental no reside tanto en que haya sacerdotes que abusen sexualmente de menores, sino en que el *Código de Derecho Canónico* vigente, así como todas las instrucciones del Papa y de la curia del Vaticano, obligan a encubrir esos delitos y a proteger al clero delincuente. En consecuencia, los cardenales, obispos y el propio gobierno vaticano practican con plena conciencia el más vergonzoso de los delitos: el encubrimiento.

PEPE RODRÍGUEZ

Dios no ayuda al cobarde.

FRIEDRICH VON SCHILLER (1759-1805)

Agradecimientos

Este libro se ha beneficiado de un enorme aporte de datos gracias a la colaboración de un buen número de profesionales, al tiempo que amigos, que, desde sus respectivos países, me han permitido acceder a informaciones diversas que han completado y mejorado la reflexión básica de este trabajo. Vaya mi más profunda gratitud y reconocimiento a: Jaume Mor, Núria Padrós, Ana Ximena Oliveros, María Eugenia Sarroca, Claudio Mendoza, Liz Contreras, María Isabel Díez V., Francisco Jara, Francisco Eduardo Mejía L., Laura E. Asturias, Alejandra Matus, Camila González, Marybeth Chinchilla, Álvaro Sagot, Elizabeth Badilla, Lil Rodríguez, Alejandro Brito, Henry Rodríguez, Norman Castillo, y también a quienes me han facilitado documentación importante pero que, por su situación, deben permanecer en el anonimato, así como a todos y cada uno de los periodistas cuyos trabajos se relacionan en el apartado bibliográfico de fuentes periodísticas.

Dadas las larguísimas jornadas de trabajo y aislamiento que requiere la redacción de un libro como éste, le agradezco muy especialmente a mis familiares y amigos que soporten con buen humor mis *ausencias*. Prometo cambiar y poner manos a la obra para compartir más a menudo todo ese universo de afectos y emociones que nos une y aporta plenitud... al menos mientras no me enfrasque en un nuevo libro. Bueno, nadie es perfecto, ¿no?

Prólogo de Alberto Athié Gallo[*]

«Es necesario revisar el significado de la autoridad eclesiástica en relación a los delitos que puede cometer en materia de derechos humanos»

Después de leer este libro de Pepe Rodríguez llego a la siguiente conclusión: si antes de que me pasara lo que me pasó hubiera tenido la información y el análisis que el autor nos presenta, habría contado con más elementos para comprender mejor lo que estaba viviendo y tal vez

[*] Alberto Manuel Athié Gallo (México, 1954) es sacerdote, Licenciado en Teología Moral, con especialidad en Ciencias Sociales, por la Universidad Gregoriana, y capellán y miembro del Consejo del Instituto Mexicano de Doctrina Social Cristiana. Entre su extenso currículo de actividades en el seno de la Iglesia católica y sus instituciones, destacan las de asesor en materia de pastoral social para el Departamento Episcopal de Pastoral Social (DEPAS), nombrado por el presidente del Consejo Episcopal Latinoamericano (CELAM), por lo que presta servicios a varios países; es también asesor del Secretariado Latinoamericano y de El Caribe de Caritas Internacional. Ha sido Superior y profesor del Seminario Conciliar de México, y profesor de Ética Social y Doctrina Social de la Iglesia en la Universidad Pontificia de México. Actualmente reside en Chicago, Estados Unidos.

habría actuado más eficazmente para contribuir a resolver esta insoportable injusticia.

Quien escribe estas líneas es un testigo más de uno de los casos que el libro menciona y, ante el análisis de la problemática general que se plantea, puedo decir que, de los elementos que se presentan como constantes en las diferentes conductas de las personas implicadas —tanto por parte de las víctimas como de quienes han cometido el delito de abuso sexual y de las autoridades de la Iglesia católica que han tratado de resolver esta problemática encubriéndola—, yo tuve conocimiento de ellas por experiencia, con sus particularidades, por supuesto.

Y si al principio me sentí solo y hasta extraño en esta situación, porque la consideraba atípica (incluyendo sentimientos de culpa y de haber traicionado a mi comunidad por haber hablado), hoy me doy cuenta de que mi experiencia forma parte de una verdadera tragedia, deliberadamente enterrada, que involucra a mucha gente, la cual apenas está aflorando a la superficie y no podemos seguir ocultando.

Tengo que reconocer que, ante estos datos de abuso sexual por parte de sacerdotes y obispos alrededor del mundo, y el análisis de las leyes y de las políticas internas que se siguen al respecto por parte de autoridades eclesiásticas, los católicos nos encontramos ante un dilema muy serio que determinará la credibilidad de la Iglesia católica ante el mundo.

O rechazamos tales datos a priori por considerarlos difamatorios y provenientes de una estrategia conspiratoria desde el malvado mundo exterior y nos encerramos en nuestra fortaleza institucional, esperando a que baje el *rating* de atención; o, con dolor pero también con indignación nos abrimos a analizar concienzudamente esta problemática interna y le buscamos una solución adecuada, una solución de raíz. Ante este tipo de situaciones no hay términos medios.

Quiero decir que, como sacerdote, entiendo la resistencia y la tentación que muchos católicos tenemos ante este tipo de hechos y del análisis sobre situaciones que vivimos en el interior de la institución: sentirnos profundamente ofendidos porque se está atacando la sacralidad de la Iglesia y de sus ministros, y entonces reaccionar denunciando que se trata de una calumnia de grupos oscuros para afectar el prestigio y la autoridad moral de la Iglesia. La tan llevada y traída teoría de la conspiración orquestada por los poderes tenebrosos del mundo.

Por la magnitud misma del fenómeno, la hipótesis del complot debería investigarse, y si las autoridades eclesiásticas no quieren hacerlo, porque lo consideran parte del compartir el sufrimiento y la cruz de Cristo, debería hacerlo un grupo profesional de laicos que prestara este servicio a la institución, hacer público el resultado, para abrir el debate, e incluso presentar demandas judiciales si resultara adecuado.

De lo contrario, se cae en un victimismo sospechoso que termina levantando una cortina de humo y desviando la atención de los problemas reales. Y, aun cuando se llegara a comprobar un complot contra la Iglesia que, como afirman, magnifica la realidad, los casos ciertos de abuso sexual y, sobre todo, la forma generalizada de encubrirlos por parte de las autoridades, implican una problemática muy grave y exigen una solución radical dentro de la Iglesia católica, ante las autoridades civiles de los estados y ante la sociedad en general.

Pero, precisamente porque viví lo que me tocó vivir, es imposible creer que toda esta serie de casos son construcciones difamatorias orquestadas por una gran cruzada para dañar a la Iglesia. ¿Quién tendría la capacidad de manejar a tantas personas en distintos países —niñas y niños, papás y mamás, etc.—, para que se convirtieran en víctimas y acusadores inventando historias? ¿Quién compraría a tantos medios de comunicación para que llevaran a cabo tales investigaciones e hicieran decir a los obispos y cardenales lo que dicen y las divulgaran como ciertas sin tener demandas en contra? ¿Quién corrompería a tantas autoridades civiles para que, incluso a pesar de ellas mismas, como en España y América Latina, abrieran casos que, finalmente, resultaran falsos? ¿Quién sería capaz de armar un rompecabezas de tal magnitud?

Con el papa Juan Pablo II y el cardenal Castrillón Hoyos podríamos decir que el *mysterium iniquitatis* o «el clima de pansexualismo y de libertinaje sexual que se ha creado en el mundo» son los responsables. Sin embargo, si aceptamos esta hipótesis como explicativa del fenómeno, pero con la firme intención de abarcarlo en su totalidad, como hace Pepe en su libro, y no sólo aludimos a una parte de éste, al atribuirle a esos factores externos a la Iglesia la responsabilidad, tenemos que aceptar que dicho misterio y el clima que genera no sólo han penetrado y empujado a sacerdotes, obispos y cardenales a cometer delitos de abuso, sino a encubrirlos por parte de las mismas autoridades —en todos los niveles y con fundamento en sus mismas leyes y procedimientos— y a que, por ello mismo, se multipliquen. Con todo respeto para ese tipo de explicaciones, diré que no sólo son insuficientes sino que le complican más las cosas a la propia Iglesia.

Por el contrario, a la luz de mi propia experiencia, y analizando las diversas declaraciones y documentos oficiales que presenta el autor, así como la información periodística de múltiples casos en varios países, puedo decir que la constante es verdaderamente sorprendente. Tanto en la forma en la que se presentan los hechos de abuso sexual, como en aquello que Pepe llama la aplicación del «manual de crisis no escrito» o «el decálogo básico para el encubrimiento» por parte de autoridades eclesiásticas, que «siempre siguen un mismo patrón de conducta» apenas aparece un caso de abuso sexual por parte del clero. Es a este doble comportamiento al que hay que buscarle una explicación adecuada que, además, permita dar al problema una solución radical integral.

En efecto, el primer paso para buscar una solución a un problema, aunque parezca obvio, es reconocer el hecho, no esconderlo, no minimizarlo, no victimizar a la Iglesia y a sus ministros, ni mucho menos satanizar a las víctimas y a los denunciantes —papás y mamás, medios y autoridades—, en nombre de la santidad o sacralidad de la institución o de los miembros que la componen.

Por todo ello, este libro se convierte en un punto de referencia obligado para conocer, hablar y estudiar el asunto en la integralidad de sus factores. En primer lugar por la cuantificación de la realidad del abuso sexual como problema dentro de la Iglesia: el análisis de los datos estadísticos de abuso sexual por parte del clero en diversos países, mostrando sus equivalencias y similitudes, al tiempo que describe y compara los casos y la problemática común que los interrelaciona. Todo ello es un valioso material a estudiar de manera que cada lector saque sus propias conclusiones.

Partir del análisis de la realidad de la sexualidad como de hecho se está manifestando entre los clérigos; comprender las diferentes situaciones psicosociales que viven muchos de ellos; analizar las posibles causas del abuso precisamente por los datos que arrojan estudios serios y más allá de análisis y juicios superficiales, y buscar soluciones adecuadas a dicha realidad, es algo que no se puede seguir postergando en nombre del valor irrenunciable del celibato.

Por otro lado, algo que queda muy claro en el análisis de los casos que presenta Pepe Rodríguez es que, dentro de la estructura jerárquica de la Iglesia, existe una especie de consigna generalizada respecto a la forma cómo debe enfrentarse esta problemática, de manera que, cuando empieza a presentarse y, sobre todo, desde el momento en que surge a la luz pública, se aplica sistemáticamente (en particular si los implicados son autoridades o personajes considerados importantes para la Institución eclesiástica).

Una pregunta clave a este respecto es: ¿cómo pudimos llegar a esta situación? Y es que, como muestra el libro, esta conducta institucional se funda en una serie compleja de factores que es necesario analizar uno por uno, comenzando por la tradición milenaria de que los «asuntos internos se tratan internamente» y que, aplicada a los hechos que nos ocupan, se traduce en un vulgar: «la ropa sucia se lava en casa».

Por otro lado, las mismas leyes canónicas, que interpretan estas conductas como pecados secretos, prescriben procedimientos que tienen como finalidad evitar el escándalo y amonestar al pecador, llevando a políticas pastorales que se traducen en cambiar a los trasgresores de parroquia, de diócesis y hasta de país. Aun los documentos más recientes del Papa tienden a conservar esta política de la reserva, del secreto y de la exclusividad de juicio reservada a la Congregación para la Doctrina de la Fe, obligando a todos los episcopados del mundo a informar, bajo absoluto secreto, de los casos de abuso sexual protagonizados por sus clérigos.

Finalmente, aquí se pone en evidencia los modos que las autoridades eclesiásticas tienen de percibirse a sí mismas, y los procedimientos que, en esos casos, llevan a cabo basándose en esas leyes y tradiciones, pero también en la fuerza de su influencia sobre los otros actores sociales. Todo ello, naturalmente, organizado en defensa de quienes han cometido los delitos, así como encaminado a evitar el escándalo y salvaguardar el prestigio y la imagen de la Institución.

Tal como muestra este libro, a pesar de que ya habían ocurrido casos de abuso sexual muy importantes en Europa, como el del cardenal Gröer de Viena, esta conducta institucionalizada empezó a entrar en crisis ante el fenómeno abrumador de las cerca de tres mil denuncias de abuso sexual presentadas contra clérigos de Estados Unidos, ante los más de mil millones de dólares pagados para indemnizar a una parte de las víctimas, y ante la presión de los medios de comunicación y la autonomía de las autoridades e instancias legales para intervenir e iniciar los procedimientos correspondientes.

Todos estos elementos, que contribuyeron a que la Iglesia católica de Estados Unidos se abriera a esta problemática, lamentablemente no existen con tanta fuerza y autonomía en ninguno de los países de mayoría católica y, por ende, resulta mucho más complicado conocer los casos ocurridos, abrir los procedimientos legales y actuar en consecuencia. Los análisis comparativos a este respecto son muy significativos.

Precisamente por la presión social en todos estos aspectos, el caso de la Iglesia católica de Estados Unidos resulta interesante —aunque todavía ambiguo— puesto que se ha comenzado a buscar nuevas formas de enfrentar el problema, pero ya no desde el interés en salvaguardar la imagen y el prestigio institucional, sino partiendo del reconocimiento del abuso sexual como delito, del papel prioritario que tienen las autoridades civiles en la materia, y del daño ocasionado a las víctimas.

En casos como el de la Asamblea Episcopal en Texas, al no enfrentar la responsabilidad de encubrimiento por parte de las autoridades eclesiásticas tampoco se legisló al respecto, y algunos de los prelados que más casos de abusos sexuales encubrieron, como el cardenal Law de Chicago, acabaron recibiendo el apoyo de la Santa Sede para seguir en sus cargos.

Lamentablemente y a pesar de lo sucedido, muchas autoridades de la Iglesia han querido hacer de este caso la excepción y por ello «el decálogo básico para el encubrimiento» sigue todavía en la institución como una tendencia generalizada. ¿Por qué? La hipótesis a analizar tiene que ver con la necesidad de explicitar la eclesiología que está detrás de esta forma de entenderse a sí misma de la Iglesia, que se percibe superior y autónoma, en materia de delitos y justicia, ante las demás autoridades legítimas del mundo.

Desde el punto de vista del derecho internacional, las leyes y los procedimientos de las autoridades de la Iglesia católica a este respecto todavía se adjudican un poder, incluso internacional, que busca salvaguardar los intereses de la institución y de sus representantes, manteniéndose al margen de las leyes legítimas y de los procedimientos judiciales de los estados. ¿Nos encontramos todavía ante los resabios de una concepción monárquica y absolutista de la autoridad del Papa y de la jerarquía católica?

Pero eso no es todo. Tal como nos expone Pepe Rodríguez, si los cardenales y los obispos son los encargados de interpretar y aplicar tales leyes, pero también encontramos casos en los que ellos mismos han abusado sexualmente de menores y se han protegido mediante esas mismas leyes y procedimientos internos y secretos, «¿quién y cómo va a controlar al controlador?»

En efecto, se trata de un fuero interno sumamente peligroso para la sociedad, y que no podemos seguir aceptando ni para la Iglesia católica ni para ninguna otra institución religiosa. Por ello es necesario revisar el significado de la autoridad eclesiástica en relación a los delitos que pueden cometer en materia de derechos humanos.

Es muy posible que, para dirimir esta cuestión, además de las acciones específicas que tengan que tomar las autoridades judiciales de los diferentes países, se tenga que acudir al tribunal internacional que el mismo papa Juan Pablo II sostiene como necesario para juzgar a autoridades civiles que han violado derechos humanos; debería establecerse una norma internacional respecto a que ninguna autoridad e institución, incluyendo las religiosas, pueda legislar y actuar internamente en contra de los derechos humanos de las personas y al margen de las leyes y autoridades legítimas.

A más abundamiento, la institución eclesiástica, al tratar de salvaguardar en primer lugar su imagen, estabilidad y prestigio —el de la institución y el de sus autoridades—, se coloca incluso por encima de la misma dignidad y de los derechos fundamentales de las personas que han sufrido los abusos, cayendo en contradicción con el principio, tantas veces citado por el mismo papa Juan Pablo II, que afirma que ninguna estructura está por encima de la persona, sino que, al revés, todas las estructuras están a su servicio y al de sus derechos fundamentales.

Durante el proceso de mi experiencia personal en relación al caso que me ha tocado vivir, así como a lo largo del análisis de los diferentes casos que presenta el libro y de la forma en la que las autoridades eclesiásticas pretenden resolverlos sistemáticamente, me ha surgido constantemente una pregunta: ¿Dónde está la primacía de la víctima sobre el agresor? ¿Dónde está la atención a los miles de niñas y niños que han sido abusados sexualmente? ¿Dónde está la decisión de corresponder en justicia al sufrimiento de esos niños y niñas y de sus familias? ¿Dónde está la conciencia de que las niñas y los niños que han sido objeto de abuso son personas, son hijas e hijos de Dios?

Por todo lo anterior, tenemos que reconocer que las conductas de abuso sexual a menores por parte de clérigos, así como el patrón de conducta encubridor por parte de las autoridades eclesiásticas, contradicen el *Evangelio*, vulneran la dignidad y los derechos fundamentales de la persona, y cuestionan la naturaleza misma de la misión de la Iglesia en el mundo y el papel de sus autoridades.

Pienso que sólo viendo las cosas de esta manera vamos a ser capaces de tratar de resolver a fondo esta situación. Se trata de un auténtico pecado social, estructural, por parte de la Iglesia católica como institución, por ello debemos buscar la manera de reconvertirnos estructuralmente para corresponder a los valores del *Evangelio*. Éste es uno de los desafíos más importantes para la Iglesia católica en el umbral del tercer milenio.

Padre ALBERTO ATHIÉ
Chicago, septiembre de 2002

INTRODUCCIÓN

Demasiados casos, excesiva frecuencia y desmedida impunidad

En este libro, los abusos sexuales a menores, cometidos por el clero o por cualquier otro, son tratados como «delitos», no como «pecados», ya que en todos los ordenamientos jurídicos democráticos del mundo se tipifican como un delito penal las conductas sexuales con menores a las que nos vamos a referir. Y comete también un delito todo aquel que, de forma consciente y activa, encubre u ordena encubrir esos comportamientos deplorables.

Usar como objeto sexual a un menor, ya sea mediante la violencia, el engaño, la astucia o la seducción, supone, ante todo y por encima de cualquier otra opinión, un delito. Y si bien es cierto que, además, el hecho puede verse como un «pecado» —según el término católico—, jamás puede ser lícito, ni honesto, ni admisible abordarlo sólo como un «pecado» al tiempo que se ignora conscientemente su naturaleza básica de delito, tal como hace la Iglesia católica, tanto desde el ordenamiento jurídico interno que le es propio, como desde la praxis cotidiana de sus prelados.

La existencia de una cifra enorme de abusos sexuales sobre menores dentro de la Iglesia católica es ya un hecho innegable, que no es puntual, ni esporádico, ni aislado, ni está bajo control, antes al contrario. Tampoco es, ni mucho menos, producto de una campaña emprendida contra la Iglesia por oscuros intereses. Los mayores enemigos de la Iglesia, mejor dicho, del mensaje evangélico que dice representar, no deben buscarse en el exterior; basta y sobra con los muchos que existen entre su clero más granado. La pérdida de creyentes y de credibilidad tan enorme que está afectando a la Iglesia católica, desde hace algo más de un siglo, no obedece tanto a la secularización de la sociedad como a los gravísimos errores de una institución que ha perdido pie en el mundo real.

El cardenal James Stafford, miembro de la curia vaticana, cuando en abril de 2002 acudió a Roma para debatir el escándalo de la pedofilia en Estados Unidos junto al Papa y al resto de cardenales norteamericanos, fue claro al afirmar que «la Iglesia pagará muy caros estos errores —según publicó *La Reppublica*— (...) Ha sido una tragedia, pero tenemos la obligación de reaccionar y de ayudar por todos los medios a las víctimas».

Sin embargo, la reacción que llevó a la Iglesia católica norteamericana a plantearse en serio un problema que ella misma ya se había diagnosticado como grave más de una década antes, no fue el interés por ayudar a las víctimas, sino el interés por evitar una bancarrota económica que ya era evidente en buena parte de las diócesis del país y que, de rebote, afectaba a las siempre *necesitadas* arcas vaticanas, que veían peligrar las aportaciones de su principal contribuyente. La alarma, en el Vaticano, se disparó por el dinero pagado en indemnizaciones a las víctimas de los delitos sexuales del clero, pero durante décadas nadie se inmutó ante el grave daño que sabían se les estaba causando a cientos de menores de edad.

Cuando estalló el escándalo en las portadas de todos los medios de comunicación, la Iglesia norteamericana ya había pagado en secreto unos 1.000 millones de dólares para comprar el silencio de centenares de víctimas de delitos sexuales de sacerdotes de sus diócesis, y todavía quedaban pendientes de resolver varios cientos de procesos judiciales y denuncias por otros tantos delitos sexuales, a los que iban aparejadas peticiones de indemnización por un monto global inmenso.

Una estimación del prestigioso *Business Week* relacionó rápidamente la tormenta de denuncias de abuso sexual contra sacerdotes, que arreciaba sobre la Iglesia, con las dificultades financieras que estaban atravesando algunas de las diócesis más significativas de Estados Unidos. La rica archidiócesis de Boston, bajo el cardenal Bernard Law, el encubridor de curas pedófilos más pertinaz y notable del país, calculaba terminar el ejercicio del 2002 con un déficit de 5 millones de dólares. La de Nueva York, igualmente adicta al encubrimiento, con uno de 20 millones de dólares. En la de Chicago los números rojos serían de 23 millones de dólares. El motivo había que buscarlo en la fuerte caída de las donaciones realizadas por sus fieles. En marzo de 2002, las encuestas indicaban que tres de cada cuatro católicos norteamericanos pensaban que las acusaciones de pedofilia contra sacerdotes eran ciertas y eso se traducía en el recorte más o menos drástico de donaciones.

Otras encuestas de esos días revelaban que un 72 % de los católicos opinaba que la jerarquía de la Iglesia católica manejaba mal el problema de la pedofilia, y un 74 % consideraba que el Vaticano «sólo piensa en defender su imagen y no en resolver el problema». La clave del escándalo había sido un asunto de imagen; los prelados de la Iglesia católica, en todo el mundo, tienen orden de encubrir los delitos sexuales del clero para proteger la imagen de honestidad de la institución. En Estados Unidos se les estaba derrumbando parte del muro de contención que ocultaba cientos de delitos sexuales del clero... en otras partes del mundo, como se verá en este libro, comenzaba a suceder lo mismo, aunque a menor escala.

Afectos al aparentar sin cambiar, algunos prelados, como el de la archidiócesis de Los Ángeles, al más puro estilo californiano, llegaron a contratar a la conocida y elitista firma de relaciones públicas Sitrick, radicada en Hollywood y especializada en variar la opinión pública cuando ésta perjudica a alguno de sus clientes. El objetivo, claro está, fue el de tratar de paliar la mala imagen que la Iglesia norteamericana en general había adquirido por su inadmisible actuación al encubrir a su clero delincuente durante décadas[1].

Sin embargo, cuando la Iglesia se siente criticada, en lugar de afrontar los reproches y cambiar lo que esté mal, se encierra siempre bajo una coraza de victimismo hacia sí misma y agresividad para con el resto del mundo. Es la típica mentalidad *conspiranoica* que predomina en el pensamiento y discurso de la mayoría de los prelados de la Iglesia y que, por ejemplo, Manuel Camilo Vial, obispo de Temuco y secretario general de la Conferencia Episcopal chilena, expuso con claridad al afirmar que «creemos que esto [informaciones periodísticas sobre los

1. *Cfr. La Vanguardia* (2002, 2 de junio). «EE.UU.: ante el escándalo de la pedofilia, la Iglesia católica busca a Hollywood.» Barcelona: *La Vanguardia.*

delitos sexuales contra menores del clero católico] lo han magnificado demasiado los medios de comunicación social —afirmó el obispo—, creemos que hay también poderes económicos y políticos detrás, no de Chile, sino que internacionales, que están en una campaña de desprestigiar a la Iglesia, de alejarla de esa situación privilegiada de ser la institución más confiable»[2].

Pero a la percepción paranoide de todo el mundo que no les aclame, muchos prelados añaden una visión patética y absurda del origen de problemas que se empeñan en ignorar y silenciar. Así, un alto cargo vaticano, el también chileno cardenal Jorge Medina, prefecto de la Congregación para el Culto Divino y la Disciplina de los Sacramentos, tras referirse a los procesos penales por pederastia que enfrentan sacerdotes de Estados Unidos, Polonia, Francia, Brasil y Chile como «esas cosas ingratas que han sucedido en el seno de la Iglesia», mostró tener muy clara la causa de todos los males. Cuando el periodista Laureano Checa le preguntó: «¿Es la admisión de que existen estos elementos en la Iglesia un primer paso para erradicarlos?», el prelado no dudó en su respuesta: «Erradicar es una palabra muy fuerte. Habría que erradicar al demonio, y el demonio...»[3].

Rápido y audaz, el reportero interrumpió a su eminencia con un sorprendido «pero ¿no se supone que el demonio no tiene que estar en la Iglesia?». Pero el cardenal Medina sabía con quién se la jugaba: «Es decir... no

2. *Cfr.* Errázuriz, M. J. (2002, 14 de mayo). «Asamblea de la Conferencia Episcopal: Iglesia cree que poderes desean dañarla.» Santiago de Chile: *El Mercurio.*

3. *Cfr.* Checa, L. (2002, 25 de marzo). «Cardenal Jorge Medina: "Iglesia no es inmune al demonio."» Santiago de Chile: *El Mercurio.*

hay ninguna reja que impida al demonio hacerse presente. El demonio se mete por todas partes. Y también el demonio se puede meter en la Iglesia. A través de muchas cosas se puede meter. Por ejemplo, a través del apetito de poder, del apetito de dinero... a través de estos problemas de moral en el ámbito sexual... La Iglesia no está al margen de la tentación... los hombres de Iglesia, digo.»

A juzgar por cómo está la cúpula de la Iglesia en materia de poder, dinero y sexo uno estaría bien dispuesto a creer, junto a tan experimentado prelado, que el demonio ha hecho una excelente clientela entre el clero y su jerarquía, pero cuando se tiene la desgracia de no poder creer en cuentos de viejas, ni tampoco en el demonio, lo único que explica el patético estado que monseñor Medina atribuye al maligno es, claro está, la ambición y corrupción que siempre le son consustanciales a toda estructura de poder totalitario. Compartimos el diagnóstico, pero no la causa del problema. Si algo parecido al «demonio» anduviese suelto por la Iglesia cabría esperar algo más de maldad, cierto, pero también muchísima menos mediocridad.

El grave problema de los delitos sexuales contra menores por parte del clero católico no se arregla exorcizando al mítico demonio, sino afrontando los grandes problemas estructurales de la Iglesia actual y, tanto más importante, acabando con una mentalidad eclesial anclada en la Edad Media y que vive de espaldas al *Evangelio* que dice defender, para construir una mentalidad de Iglesia moderna y democrática, tan temerosa de Dios —si se me permite usar esta trágica expresión— como de los hombres.

Muy lejos de la cháchara vacua del cardenal chileno Jorge Medina, el sacerdote español Aquilino Bocos, actual superior general de los Misioneros Hijos del Corazón de María (claretianos), en declaraciones al semanario católico *Vida Nueva*, reconoció que la Iglesia católica ha sido «remisa» a la hora de «condenar, aplicar medidas eficaces e impedir que se puedan repetir» los abusos sexuales de los sacerdotes, y que siguió «una política de silencio y ocultación de los hechos» por el deseo «de mantener limpio el prestigio de las instituciones» y llevada por su «tradicional misericordia hacia los culpables»[4].

Para este religioso, que goza de un gran prestigio dentro de la Iglesia católica, «nos ha venido muy bien la reacción mediática [publicación de cientos de informaciones sobre los delitos sexuales del clero], aunque a veces pueda parecer exagerada, para limpiar nuestra conciencia colectiva de los hechos que no sólo nos avergüenzan, sino que, en cierta medida, nos implican». Aquilino Bocos, al igual que muchos millones de católicos, no pocos sacerdotes y un puñado de prelados, piensa que ya es hora de que la Iglesia «abandone definitivamente la política del silencio y de la ocultación de los hechos, para reparar cuanto sea reparable y evitar lo que sea evitable en el futuro».

En ese deseo y esperanza de Aquilino Bocos se inscribe este libro que, sin duda con dureza, pero también con razón, argumentos y datos sólidos, aboga por depurar en la Iglesia, entre su cúpula y en sus códigos y normas, hábitos de corrupción ancestrales que son causa de dolor para muchos.

A lo largo del libro desfilan decenas de casos de sacerdotes y prelados de todo el mundo, pero lo aterrador no

---

4. *Cfr.* Vidal, J. M. (2002, 24 de julio). «Los claretianos denuncian el silencio oficial ante la pederastia.» Madrid: *El Mundo*.

es su número —en el texto no se llega a mencionar ni un 1 % de los nombres que este autor tiene referenciados—, sino la coherencia que denotan sus conductas delictivas y encubridoras. No se trata de generalizar sobre casos particulares, pero al revisar en conjunto las conductas de clérigos de todo el mundo, particularmente de los prelados, que son el objetivo fundamental de este trabajo, queda patente que existe una forma de hacer y de comportarse profundamente perversa, que subsiste, anquilosada, dentro de la mentalidad eclesial más clásica.

El poeta y dramaturgo alemán Johann Wolfgang von Goethe (1749-1832), dejó escrito que «la maldad no necesita razones, le basta con un pretexto». La Iglesia católica en su conjunto —con su clero y sus creyentes—, escuchando a sus críticos, internos y externos, en lugar de acallarlos y perseguirles, debería trabajar con rigor, y de una vez por todas, para acabar con los muchos pretextos eclesiales que alimentan maldades y pervierten razones.

1

Radiografía del comportamiento sexual del clero católico

Afirmar que parte del clero católico mantiene relaciones sexuales es una obviedad.

Los hechos históricos que documentan tal proceder son inacabables, sólidos e innegables. También es un hecho, que sin duda muchos lectores habrán vivido personalmente, la normalidad con la que, en pueblos de todo el mundo, se habla de tal o cual persona como «el hijo del cura» o «la *amiga* del cura». Personas anónimas, o grandes figuras como Rosalía de Castro, han tenido por padre biológico a un sacerdote.

Por otra parte, cuando se conversa con varones que han estudiado en colegios religiosos es raro encontrar a alguien que no haya conocido uno o varios casos de «padres sobones» durante su época de colegial. Y aunque es cierto que hay sacerdotes que han abusado de decenas de alumnos sin salir jamás de un único colegio, quedando así grabado su recuerdo en la memoria de cientos de compañeros de los abusados, también lo es que este tipo de sacerdotes abusadores debe de ser algo bastante frecuente si tenemos en cuenta la abundancia de relatos sobre sus andanzas que encontramos en cualquier ciudad del orbe católico. Entre esos «chismes de curas», que tanto abundan en todas partes, sin duda los hay inventados y/o exagerados —incluso cargados de anticlericalismo—, pero bajo demasiados relatos también subsiste una realidad cierta, dura y conscientemente ocultada por muchos: por los sacerdotes protagonistas, por sus obispos y, casi siempre, también por las propias víctimas de los abusos sexuales.

A nadie escapa que tratar con rigor y credibilidad la cuestión de la conducta sexual del clero exige realizar no sólo una valoración cualitativa que defina, describa y explique el amplio contexto psicosocial en que se desarrolla, sino también una aproximación cuantitativa que pueda mostrar la importancia e implantación entre el clero de esta realidad; pero, tal como cabe suponer, la aproximación al comportamiento sexual del clero presenta una serie de problemas previos que hacen muy difícil su estudio; entre ellos, la carencia absoluta de datos y de bases documentales debido a que esta conducta es totalmente encubierta —y negada— por la jerarquía de la Iglesia, por el común de los creyentes y por el propio clero; y la imposibilidad de efectuar investigaciones entre el clero en general, mediante técnicas de cuestionario, por el riesgo ya comprobado de obtener respuestas encubridoras y faltas de realismo.

Debido a estas dificultades, cuando este autor se planteó investigar la conducta sexual del clero tuvo que recurrir a varias estrategias metodológicas, entre las que cabe destacar la realización de un muestreo opinativo[5]

5. El muestreo opinativo o estratégico, que es una técnica de investigación social muy empleada, se realizó, en este caso, basándose

—que permitió acercarse a la cuantificación porcentual de los hábitos afectivo-sexuales del clero y particularmente de la práctica masturbatoria y de las relaciones sexuales globales del clero[6]—, la triangulación de datos con otros estudios que abordan aspectos similares o relacionados[7] y, fundamentalmente, el análisis estadístico de una muestra de 354 sacerdotes españoles, actuales y en activo, que mantenían y/o habían mantenido prácticas sexuales. Esa importante muestra, recopilada por este autor, representa alrededor del 1 % de la población total de sacerdotes españoles[8].

---

en el asesoramiento de diferentes expertos y conocedores del mundo eclesial católico. Se recurrió a la selección de una muestra de una cincuentena de informantes muy cualificados (sacerdotes en activo o secularizados que, por su posición presente o pasada dentro de la Iglesia y por su perfil de personalidad, pudiesen aportar valoraciones basadas en juicios expertos y de conocimiento directo de la realidad en estudio, así como respuestas dotadas del máximo grado de sinceridad y fiabilidad). Las entrevistas personales se diseñaron cuidadosamente para obtener el mejor clima de confianza posible entre las partes y, en consecuencia, una alta sinceridad en las respuestas. En general, en las entrevistas se partía de conceptos genéricos y/o estructurales de la vida sacerdotal para acabar en el campo del celibato, en el entorno global de su práctica, y en la cuantificación y cualificación porcentual que de la misma estimaba cada sacerdote experto para el conjunto del clero.

6. *Cfr.* Rodríguez, P. (1995). *La vida sexual del clero*. Barcelona: Ediciones B, pp. 20-22.

7. *Ibíd.*, pp. 21-22, 114-119, 168-169.

8. La importancia de este repertorio de casos radica en que en cada uno de ellos se dispone de pruebas objetivas y elementos de juicio suficientes como para poder acometer un estudio estadístico y obtener conclusiones razonables y con base acerca de la conducta sexual del clero como colectivo. Si bien cabe indicar que la muestra no es homogénea y procedió de una diversidad de fuentes, también

Mediante esta investigación, que permitió cuantificar los hábitos afectivo-sexuales de 354 casos de sacerdotes católicos españoles en activo de los que se conocía bien su conducta sexual, pudo obtenerse la *radiografía* del comportamiento sexual de este colectivo, conclusiones que, junto a las de otros estudios procedentes de diferentes fuentes y países, se exponen en el apartado siguiente.

La actividad sexual del clero católico en cifras

Según la investigación recién mencionada, entre los sacerdotes en activo, un 60 % mantiene relaciones sexuales de modo habitual o esporádico y, entre ellos, un 26 % soba a menores, un 20 % realiza prácticas de carácter homosexual, un 12 % es exclusivamente homosexual, y un 7 % comete abusos sexuales graves contra menores[9]. A estos porcentajes, para completar el cuadro global de la vida afectivo-sexual del clero, habría que añadir el hecho de que, según expertos dentro del propio clero católico,

---

es cierto que fue el primer repertorio de casos sobre conductas sexuales de sacerdotes católicos que alcanzó un volumen tan importante —si exceptuamos, claro, los expedientes que sobre este asunto se guardan en el llamado «archivo secreto» de la curia vaticana y del que trataremos más adelante—, así como también debe destacarse que esa muestra del 1 % del total de la población estudiada es bien superior a las muestras del 0,1 % y 0,01 % que suelen usarse en investigación social con plena legitimidad y, en consecuencia, permite una primera y adecuada aproximación cuantitativa y cualitativa al ámbito que nos interesa.

9. *Cfr.* Rodríguez, P. (1995). *La vida sexual del clero*. Barcelona: Ediciones B, pp. 20-21. Ver también la sección específica sobre sexualidad del clero en el sitio web del autor (*http://www.peperodriguez.com*).

un 95 % se masturba o ha masturbado[10], y debe sumarse el muy elocuente 20 % de sacerdotes ordenados que se han secularizado y casado, o viven en pareja, así como el notable número de sacerdotes diocesanos que, básicamente en el llamado Tercer Mundo, mantienen relaciones de hecho con sus parejas sin causar el menor escándalo en sus respectivas comunidades[11].

De esta primera aproximación hay que destacar dos aspectos notables. En primer lugar, entre el clero católico hay casi el triple de homosexuales que entre la población general[12], un dato al que cabe sumar el 20 % que realiza prácticas de carácter homosexual sin ser ésta su orientación sexual básica.

En segundo lugar, cabe subrayar que un 26 % del cle-

10. *Ibíd.*, pp. 20. Téngase presente que el promedio de edad del clero diocesano español supera los 60 años.

11. *Ibíd.*, pp. 35-52.

12. Para el conjunto de la sociedad se estima que la media de varones con orientación preferente o exclusivamente homosexual es de entre un 4 % y 6 % de la población total, así es que los porcentajes detectados entre el clero católico son significativamente altos. Otros estudios arrojan una incidencia mucho más alta de la homosexualidad entre el clero católico. Así, la propia Iglesia católica, en un estudio de 1990 referido a la diócesis canadiense de San Juan de Terranova, concluye que el 30 % de su clero es homosexual; el teólogo y psicólogo Hubertus Mynarek afirmó ya en 1979 que «una tercera parte [33 %] de ellos son principal o exclusivamente homofílicos u homosexuales»; en 1994, el sociólogo y psicólogo A. W. Richard Sipe cuantificó en el 20 % el número de sacerdotes católicos norteamericanos que son homosexuales, siendo activos la mitad de ellos. Como contrapunto de comparación, un estudio de la Iglesia de Inglaterra, realizado en 1981, afloraba que el 40 % de sus ministros en la zona de Londres también eran homosexuales [*Cfr.* Rodríguez, P. (1995). *La vida sexual del clero.* Barcelona: Ediciones B, pp. 168-169].

ro sexualmente activo comete tocamientos a menores con finalidad sexual y que un 7 % abusa sexualmente de menores de forma grave. Un dato muy importante, que complementa esta estimación estadística, lo aporta una investigación —realizada en la Universidad de Salamanca por Félix López, catedrático de Psicología de la Sexualidad— que, entre otros aspectos, permite cuantificar, por primera vez, los abusos sexuales a menores cometidos en España por el clero[13].

Según esta investigación, del total de la población española, un promedio del 19 % ha sufrido abusos sexuales (el 15,25 % de los varones y el 22,54 % de las mujeres)[14]; y dentro de ese total de abusos, la figura de un religioso católico aparece como autor de los mismos en el 8,96 % de los casos de varones y en el 0,99 % de los de mujeres, cifra que conforma el 4,17 % del total de abusos cometidos en España[15]. Los abusos sexuales cometidos por religiosos representan el 5,69 % del total producido en el medio urbano y el 1,6 % de todos los habidos en el medio rural[16].

13. *Cfr.* López, F. (1994). *Abusos sexuales a menores. Lo que recuerdan de mayores.* Madrid: Ministerio de Asuntos Sociales. La investigación se basa en las entrevistas realizadas a 2.100 personas estadísticamente representativas del conjunto de la población española.

14. *Ibíd.*, p. 87.

15. *Ibíd.*, p. 100. Para darle un contexto a este dato que permita una comparación realista, señalaremos que, en este estudio, la identidad del agresor sexual se reparte del siguiente modo: alguien desconocido (42,56 % del total de abusos cometidos), alguien conocido sin relación especial (32,74 %), amigo de la familia (8,33 %), otros familiares (5,06 %), religioso/a (4,17 %), tío (2,98 %), abuelo (1,19 %), padre adoptivo (0,89 %), hermano (0,60 %), padre biológico (0,60 %), educador/a (0,60 %), ns/nc (0,30 %).

16. *Ibíd.*, p. 101.

Las actividades sexuales realizadas por religiosos/as católicos son: caricias por debajo de la cintura (50 %), caricias por encima de la cintura (42,86 %) y sexo oral (7,14%). Resulta significativo que los religiosos ocupen el segundo lugar en cuanto a la realización de proposiciones sexuales, con un 7,14 %, tras los desconocidos (9,09 %) y por delante de los conocidos (4,55 %) y amigos de la familia (3,45 %)[17].

Si aplicamos los porcentajes hallados por Félix López a la estructura de población actual, obtendremos que 2.917.630 varones y 4.478.022 mujeres actuales han sufrido algún tipo de abuso sexual mientras eran menores de edad. De ese total, serían atribuibles a la acción de religiosos católicos 262.587 abusos sexuales cometidos sobre menores varones y 44.780 abusos sexuales sobre mujeres igualmente menores. Es decir, que la actual población española ha soportado nada menos que 307.367 abusos sexuales cometidos por el clero católico español sobre niños y adolescentes.

Volveremos a reflexionar con detalle sobre el significado e implicaciones de estos datos, aflorados por este estudio financiado por el Ministerio de Asuntos Sociales español, algo más adelante.

Siguiendo ahora con los datos aportados por el análisis de los 354 expedientes de sacerdotes en activo que mantienen relaciones sexuales documentadas, diremos que el perfil de las preferencias sexuales del clero estudiado es el siguiente: el 53 % mantiene relaciones sexuales con mujeres adultas, el 21 % lo hace con varones adultos, el 14 % con menores varones y el 12 % con menores mujeres. Se observa, por tanto, que un 74 % de

17. *Ibíd.*, p. 103.

ellos se relaciona sexualmente con adultos, mientras que el 26 % restante lo hace con menores; y que domina la práctica heterosexual en el 65 % de los casos, frente al 35 % que tiene orientación homosexual[18].

En cuanto a la edad de inicio de la actividad sexual, un 36 % comenzó a mantener relaciones sexuales antes de los 40 años, mientras que el 64 % restante lo hizo durante el período comprendido entre sus 40 y 55 años. Un dato que tiene su importancia para comprender la actividad sexual del clero católico (y probablemente también la de cualquier otro clero).

Para muchos expertos religiosos, las secularizaciones y las trasgresiones del celibato son el resultado de la incidencia de una diversidad de crisis acaecidas durante la vida del sacerdote que protagoniza estos hechos. Así, el sacerdote Javier Garrido, por ejemplo, en un interesante libro, relaciona y analiza cinco diferentes etapas de crisis, que denomina de autoimagen, de realismo, de reducción y de impotencia[19]. De ellas, nos interesa fijarnos especialmente en la «crisis de realismo», que se presenta entre los 30 a 40 años[20], y la «crisis de reducción», que complemen-

18. *Cfr.* Rodríguez, P. (1995). *La vida sexual del clero.* Barcelona: Ediciones B, p. 22.

19. *Cfr.* Garrido, J. (1987). *Grandeza y miseria del celibato cristiano.* Santander: Sal Terrae, pp. 128-135.

20. Según expone Javier Garrido, la «crisis de realismo» atraviesa el ciclo de los 30 a 40 años (aunque en la mujer suele adelantarse) y lleva a una crítica sistemática del pasado, a desear vivir lo no vivido y poder ser uno mismo —y no lo que el dogma religioso dice que se tiene que ser—, a la desorientación sobre el sentido de la propia vida, al cuestionamiento vocacional... y a la valoración de la vida afectiva como algo fundamental y particularizado (eso es objetivado en una mujer u hombre en concreto, mientras que en la etapa ante-

ta a la anterior entre los 40 a 55 años[21]. En ambas surge una fuerte tendencia a mantener relaciones afectivo-sexuales que, naturalmente, en unos casos se reprimen y controlan, pero en otros sucede todo lo contrario. No parece ser ninguna casualidad, por tanto, el hecho de que la gran mayoría del clero que rompe el celibato lo haga durante la citada «crisis de reducción».

Frente a la mezcla de fobia y preocupación que la Iglesia siempre ha manifestado frente a la orientación homosexual, nos encontramos con que la casi totalidad de los estudios de expertos que hemos podido consultar se han centrado, quizá no por casualidad, en explorar la incidencia de esa práctica homosexual en la Iglesia —ya cuantificada al principio de este apartado—, dejando *resuelta* con afirmaciones tipo «la mayoría» o «más de la mitad» la cuantificación de la actividad sexual o, de lo que viene a ser lo mismo, de las trasgresiones a la norma celibataria.

Con mayor concreción, el especialista norteamerica-

---

rior se pretendía *amar* a todos en general) que suele conducir a experiencias sexuales más o menos esporádicas, enamoramientos y abandono del sacerdocio para casarse o, más comúnmente, a llevar una doble vida que compagina sacerdocio y prácticas sexuales ocultas [*Ibíd.*, pp. 130-131].

21. Para el sacerdote Garrido, la «crisis de reducción» es el momento culminante de la anterior, entre los 40 y 55 años, y conlleva la desesperanza existencial, el distanciamiento de todo, la frustración y el relativismo feroz. «Tampoco de la afectividad se espera tanto: ni se sueña con la mujer, ni brilla el rostro de ningún tú con fuerza de vinculación vital. Pero uno daría cualquier cosa por una sola caricia. Y se aferra al calor de las viejas amistades. Y se pueden hacer las mayores tonterías, como un adolescente: encapricharse con una chiquilla, jugar al amor con una viuda desolada...» [*Ibíd.*, pp. 132-133].

no Richard Sipe, autor de un estudio sobre el celibato, estima que a lo sumo un 10 % de los sacerdotes se mantiene célibe durante toda su vida[22], siendo habitual intentar compensar la frustración sexual masturbándose para luego confesar esa conducta a un compañero sacerdote, entrando así en un círculo continuo de trasgresión-confesión.

La Iglesia, o más bien la postura jerárquica que hoy detenta el poder, mantiene un especial interés en relacionar la homosexualidad como causa de la pedofilia, pero tal aseveración, como iremos viendo, no se ajusta a la realidad. La orientación homosexual, como la heterosexual, es fruto de una serie de aspectos psicosociales no problemáticos, mientras que la pedofilia —abuse el varón de menores de su propio sexo o no— supone una parafilia, una perversión patológica del comportamiento sexual, y tiene una etiología mucho más compleja y diversa que la mera orientación sexual básica de un determinado pedófilo.

Tras este marco muy general, que radiografía la práctica sexual global del clero católico, dejaremos para el siguiente capítulo el abordar con más especificidad la cuantificación de las conductas sexuales con menores que cabe estimar dentro del clero católico tomado como colectivo.

---

22. *Cfr. The Washington Post* (2002, 6 de junio). «Celibate and Loving It.» Washington: *The Washington Post*, p. C1. Una estimación que coincide con la de este autor [*Cfr.* Rodríguez, P. (1995). *La vida sexual del clero*. Barcelona: Ediciones B, pp. 20-21 y 303-305].

2

Pederastas y abusadores sexuales de menores

El día 21 de marzo de 2002, durante la conferencia de prensa celebrada en el Vaticano para presentar la *Carta de Juan Pablo II a los sacerdotes para el Jueves Santo*, el cardenal colombiano Darío Castrillón Hoyos, prefecto de la Congregación para el Clero, se negó a responder a ocho preguntas específicas que le plantearon los periodistas acerca de la pederastia dentro de la Iglesia —a pesar de que la rueda de prensa se había anunciado como «aclaratoria» de los escándalos sexuales que afectan a la Iglesia—, pero abordó la cuestión de los abusos sexuales a menores protagonizados por sacerdotes leyendo un breve comunicado en el que, mostrando un cinismo que molestó a muchos de los presentes, afirmó:

«Respecto al problema de los abusos sexuales y casos de pederastia —declaró el prelado—, me permito dar una sola y única respuesta. En el clima de pansexualismo y libertinaje sexual que se ha creado en el mundo, algunos sacerdotes, también hombres de esta cultura, han cometido el delito gravísimo de abuso sexual. Quisiera hacer dos observaciones:

»1.- No hay todavía una estadística comparativa minuciosa respecto a otras profesiones, médicos, psiquiatras, psicólogos, educadores, deportistas, periodistas, políticos y otras categorías comunes, incluidos padres y parientes. Por lo que sabemos, de un estudio —entre otros— publicado en el libro del profesor Philip Jenkins, de la Pensilvania State University, resulta que alrededor del 3 % del clero americano tendría tendencias al abuso de menores y que el 0,3 % del clero mismo sería pederasta.

»2.- En el momento en que la moral sexual cristiana y la ética sexual civil han sufrido una notable relajación en todo el mundo, paradójica pero también afortunadamente, se ha producido en no pocos países un sentimiento de rechazo y una sensibilidad coyuntural con respecto a la pederastia, con repercusiones penales y económicas por resarcimiento de daños.

»¿Cuál es la actitud de la Iglesia Católica? La Iglesia ha defendido siempre la moral pública y el bien común y ha intervenido en defensa de la santidad de vida de los sacerdotes, estableciendo con sus penas canónicas sanciones para estos delitos. La Iglesia no ha dejado nunca de lado el problema de los abusos sexuales, sobre todo por parte de los ministros sagrados, no sólo para con los fieles en general, sino especialmente para con los menores, con quienes es prioritaria la tarea de educar en la fe y en el proyecto moral cristiano.»[23]

Entre los comentarios que añadió el cardenal Castrillón a su comunicado cabe destacar su insistencia en afirmar que la Iglesia «trata las cosas internas en su inte-

23. El documento original completo puede obtenerse en el web del autor, *http://www.pepe-rodriguez.com*, en la sección dedicada a la sexualidad del clero.

rior», pero que ello no significa que se sustraiga a los ordenamientos civiles de los países, «salvo en los casos de secreto de confesión». Veremos en el capítulo 3 de este libro que tal afirmación es, simplemente, una falsedad. La norma general es que los sacerdotes delincuentes sexuales sean encubiertos por sus obispos siempre y, obviamente, eluden asumir su responsabilidad ante los ordenamientos civiles y penales del país donde cometen sus delitos. Los casos en los que un sacerdote abusador sexual es procesado son apenas una pequeña parte del total y sólo vienen a demostrar que la jerarquía, a pesar de su voluntad explícita de lavar su *ropa sucia* en secreto, no lo logra en todas las ocasiones. Son los *pequeños* fallos que resultan inevitables en cualquier sistema de poder totalitario.

La declaración del prelado, por tanto, sirve perfectamente para poner sobre el tapete casi todo cuanto es criticable de la actitud habitual de la cúpula católica ante la grave situación de abusos sexuales a menores cometidos por sacerdotes.

Aunque más adelante analizaremos las razones que explican la evidente sobreabundancia de abusadores sexuales de menores —que deben ser distinguidos de los pedófilos— dentro de la Iglesia católica, sin duda es un ejercicio de cinismo inaceptable relacionar tales conductas con el «clima de pansexualismo y libertinaje sexual que se ha creado en el mundo». En la España represora y reprimida que soportó la dictadura de Franco y la coacción perenne del llamado «nacionalcatolicismo» —expresión que identifica a la gran mayoría del clero de la Iglesia católica española durante buena parte de la dictadura—, los sacerdotes que abusaron de menores fueron legión. Y en el siglo anterior. Y en el anterior. Y en el anterior... Una situación que no ha sido distinta en el resto de los países en los que el catolicismo ha tenido poder social.

Digamos también, por otra parte, que los abusos sexuales sobre menores se han cometido en todas las épocas y dentro de todas las clases, castas y roles, entre otras cosas por la concepción cosificada y de propiedad del adulto que se ha tenido del menor hasta hace bien poco[24]. Un marco social terrible que, claro, nada tiene que ver con el actual «pansexualismo y libertinaje sexual» y que no puede disculpar los actos de nadie, tampoco de los sacerdotes, ni de los de antaño ni de los de hoy, por muy *hijos del pansexualismo* que sean. El cardenal Castrillón, como todos sus colegas, conoce bien esta realidad y falta a la verdad a sabiendas a fin de difuminar la responsabilidad propia dentro de una nebulosa global y ajena.

Tiene razón, sin embargo, el prelado, cuando afirma que, en relación a los abusos sexuales a menores, «no hay todavía una estadística comparativa minuciosa respecto a otras profesiones», pero la cuestión es ¿para qué diablos hace falta? No hay la menor estadística comparativa respecto a los violadores en función del color de su cabello, pero resulta obvio que no se precisa: rubios, morenos, castaños, pelirrojos, intermedios y de cualquier otro color deben ser juzgados y castigados por su delito.

Todos los estudios sobre abusos sexuales a menores realizados hasta la fecha, en cualquier parte del mundo, muestran que un porcentaje notable de abusos los come-

24. Una concepción que dejó bien establecida el *sabio* Aristóteles hace veinticuatro siglos cuando, en su *Ética*, dejó escrito que «un hijo o un esclavo son propiedad y nada de lo que se hace con la propiedad es injusto».

ten personas muy cercanas a las víctimas —parientes, amigos, educadores y, claro, sacerdotes[25]—, pero, en general, no es especialmente relevante saber, por ejemplo, que los sacerdotes abusan la mitad de lo que lo hacen los amigos de la familia de la víctima o el doble del porcentaje protagonizado por los tíos de la víctima, sean cuales fueren sus oficios. Lo único relevante es que una persona —o miles— que ocupa un rol tan importante como el de sacerdote cometa un delito sexual y goce del amparo y encubrimiento de sus superiores hasta el extremo de quedar impune. En nada cambiaría lo inaceptable de esta situación dentro de la Iglesia el supuesto hecho de que el colectivo de coleccionistas de autos antiguos abusase un 26,57 % más que el clero. Comparar no exime de la culpa ni la aminora, pero es que, además, las estimaciones conocidas no colocan en buen lugar al clero, más bien ocurre justo lo contrario.

Para dar cifras, el cardenal Castrillón eligió los datos que se presentan en un libro de Philip Jenkins —debemos suponer que se refiere a *Pedophilia and Priests* (Pedofilia y Sacerdocio)[26]—, en el que se afirma que alrede-

25. Si recordamos lo dicho en la nota a pie de página número 15, referida a la investigación sobre los abusos sexuales a menores cometidos en España, que fue realizada por el catedrático Félix López de la Universidad de Salamanca, ya vimos que los religiosos católicos protagonizaron el 4,17 % del total de los abusos sexuales cometidos a españoles, mientras que los educadores sólo fueron responsables del 0,60 % del total.

26. Este libro, publicado en 1996, por el sociólogo protestante Philip Jenkins, de la universidad de Pensilvania, se basa en el análisis de informaciones disponibles referidas a 2.252 sacerdotes que, entre 1963 y 1991, trabajaron en la diócesis de Chicago. Las limitaciones metodológicas evidentes que presenta esa investigación

dor del 3 % del clero norteamericano tendría tendencia al abuso de menores y que el 0,3 % del total sería pederasta.

El dato no es poca cosa, aunque lo parezca. Esos porcentajes indican que al menos 1.416 sacerdotes norteamericanos —de entre un total de 47.200— han abusado, abusan o abusarán de menores y que 142 son pedófilos patológicos. Más adelante veremos que la mayoría de los expertos que han investigado esta cuestión cree que el porcentaje de sacerdotes que abusan sexualmente de menores en Estados Unidos es superior, quizás en torno al doble de la estimación de Jenkins.

Siguiendo con la argumentación del cardenal Castrillón, resulta muy discutible afirmar sin más que «la moral sexual cristiana y la ética sexual civil han sufrido una notable relajación en todo el mundo» como si ello fuese algo que ha sucedido a pesar de la Iglesia católica, cuando la realidad es que ha ocurrido, en buena medida, como consecuencia de los errores de base cometidos por la Iglesia católica.

La ceguera eclesial junto con una paranoica visión de la sexualidad llevó a instituir la represión como norma social y la prohibición radical de impartir educación respecto a una faceta tan fundamental para el desarrollo de la personalidad como es la esfera de lo afectivo-sexual, un error de bulto que, entre otros males, conduce a muchos a vivir una sexualidad cosificada y genitalizada —un sello que representa *la marca de la casa* en muchísimos de los sacerdotes con actividad sexual, ya sea ésta con adultos o

---

—como todas las que se ocupan de este mismo ámbito— limitan el alcance de sus conclusiones, aunque no le restan valor a la aproximación cuantitativa que presenta de la realidad que pretendió estudiar.

con menores—, que es justo aquello de lo que la Iglesia se lamenta. Son muchos los teólogos católicos que abogan por revisar y cambiar unos planteamientos «morales» en materia afectivo-sexual que ni se sustentan en las *Escrituras* en que dicen basarse, ni, mucho menos, en los conocimientos psicosociales y científicos en que todos deberíamos estar obligados a fundamentarnos.

Desde dentro de la propia Iglesia, voces muy cualificadas, como la del sacerdote y teólogo Benjamín Forcano, llevan años levantadas en contra de una «moral sexual católica» que hoy ya no acata ni sigue la sociedad en general y tampoco la mayoría de los católicos[27]. Para Forcano, «es ella [la jerarquía eclesiástica] la que sella, al parecer como inmutables, las normas recibidas, se empeña en hacerlas cumplir y vela para que no se altere el depósito de la ortodoxia católica. Crece así la opinión de una jerarquía dogmática, insensible, poco menos que incompetente para abordar temas que requieren una respuesta actualizada (...)

»¿Se puede sostener, hoy en día, científica, antropológica, filosófica, teológica y bíblicamente que el matrimonio es un contrato exclusivamente para procrear; que el goce sexual es, por sí mismo, antinatural e ilícito; que la relación sexual cobra razón de ser sólo en su subordina-

---

27. Según diferentes encuestas, entre un 60 a 75 % de los creyentes católicos no sigue las directrices vaticanas en materia de moral sexual (relaciones sexuales prematrimoniales, disfrute del placer como un derecho por sí mismo que no se limita a ser consecuencia inevitable de un afán procreador, control de la natalidad, anticoncepción, uso del preservativo como elemento sanitario —evitar contagio de sida y otras enfermedades—, masturbación, homosexualidad, divorcio, etc.).

ción a la procreación; que el grado de acercamiento a Dios depende del grado de apartamiento y renuncia de la sexualidad; que la masturbación es objetivamente pecado grave; que la homosexualidad es una desviación y que su actuación es una perversión; que la indisolubilidad del matrimonio es un valor absoluto, que nunca y por ningún motivo se puede derogar; que todo bautizado casado, que se "recasa" civilmente, vive en un estado de concubinato y de pecado público; que el condón no puede usarse ni siquiera en caso de sida, etc.? (...)

»Este siglo viene precedido —afirma el teólogo— de un hecho que marca la civilización occidental: la modernidad. Y la modernidad significa igualdad, democracia y pluralismo (...) Pero la Iglesia se atrincheró en la Edad Media y se puso a la defensiva contra la modernidad. Por lo que la Iglesia se opuso a la ciencia, la libertad, los derechos humanos y el progreso (...)

»Se quiere dar como conocimiento inapelable lo que es un parcial conocimiento del pasado. Inapelable porque en algún momento fue formulado, valió para entonces y está bien que así fuera. Pero el problema surge cuando se lo quiere mantener como válido para el presente. Se olvida que el *Evangelio* es universal, válido para todos los tiempos, pero que en su aplicación histórica utiliza el vehículo cultural de cada época, sin que eso suponga ecuación entre uno y otra (...)

»Muchas de las normas sexuales actuales se remontan a los primeros siglos (Patrística), se prolongan en la Edad Media y se mantienen hasta nuestros días. Pero hay que tener en cuenta que muchas de esas normas son expresión de la cultura de entonces y no precisamente del *Evangelio*. Esas normas son deudoras de un contenido cultural específico (platonismo, aristotelismo, estoicismo, maniqueísmo...) y no sería acertado darles valor como si procedieran del *Evangelio* (...) Yo no dudo de que muchos hombres de Iglesia, con autoridad institucional, cuando defienden la fidelidad a estas normas, lo hacen creyendo defender la fidelidad al *Evangelio*. Pero ése es el equívoco: defienden un modelo cultural (cosmológico, antropológico, filosófico, teológico, jurídico) hoy superado y en buena parte científicamente insostenible[28].

(...)

»La Iglesia Católica —concluye Forcano—, sin dejar de lado sus grandes principios y sin renunciar a su peculiaridad, tiene que elaborar una moral universal en conjunción con el resto de la humanidad. El cristianismo no tiene respuesta específica a muchos de los problemas y debe, como exigencia de su fe, compartir la búsqueda de una ética de la dignidad de la persona y de sus derechos. La Carta Universal de los Derechos Humanos recoge unas pautas de moral mínima que vincula a todas las personas y pueblos.»[29]

Por otra parte, recuperando otra vez el hilo de lo afirmado por el prelado colombiano, no hay duda alguna de que ese «sentimiento de rechazo y una sensibilidad coyuntural con respecto a la pederastia», de que habla el

28. Tal como ya se resaltó en el hoy tan olvidado concilio Vaticano II: «Hay instituciones, mentalidades, normas y costumbres heredadas del pasado que no se adaptan bien al mundo de hoy. De ahí la perturbación en el comportamiento y aun en las mismas normas reguladoras de éste» (*GS*, 7).

29. Forcano, B. (2002, 21 de junio). «¿Por qué la jerarquía eclesiástica se opone al cambio de la moral sexual?» Madrid: *La Clave*. De este mismo autor es clásica su obra: Forcano, B. (1981). *Nueva ética sexual*. Madrid: Ediciones Paulinas.

cardenal Castrillón, ha hecho que los habituales abusos a menores realizados por sacerdotes, que en décadas anteriores se asumían como algo *normal*, ahora ya no lo sean, y que —aunque en pocos casos en relación al total— se exijan «repercusiones penales y económicas por resarcimiento de daños». ¿Qué cabía esperar si no? ¿Que los menores siguiesen aguantando la cruz de cientos de sacerdotes delincuentes? Aunque, para ser justos con la realidad, también habrá que recordar que hacer lo que entre el clero —así como entre otras figuras implicadas en la educación infantil— se ha considerado siempre como *normal*, sólo ha llegado a considerarse delito desde hace pocos años.

Esa permisividad del pasado, por ejemplo, mantuvo lejos de la cárcel al diácono Charles Dodgson, más conocido como Lewis Carroll, a pesar de sus relaciones «inadecuadas» con la niña Alice Liddell, a quien dedicó obras tan geniales como *Alicia en el país de las maravillas* o *Alicia a través del espejo*. Dodgson y Alice vivieron en el siglo XIX y hoy, aunque la jerarquía católica pretenda residir dentro de una burbuja de interesada intemporalidad, estamos en el siglo XXI.

Por todo ello, más que culpar a terceros y a la «pansexualidad» de nuestro mundo, el cardenal Castrillón y sus colegas de la cúpula vaticana deberían comenzar a reconocer errores propios e impulsar un cambio radical —y honesto— en las prácticas para aliviar la tensión sexual que todo sacerdote, como varón adulto y sexualizado que es, no puede dejar de experimentar[30].

30. Resulta obvio que todos tenemos sensaciones e impulsos eróticos, así como también lo es que todo varón, católico o ateo, desde el más santo al más sinvergüenza, tiene de cinco a seis erecio-

Coincidimos con el prelado colombiano cuando afirma que la Iglesia siempre «ha intervenido en defensa de la santidad de vida de los sacerdotes, estableciendo con sus penas canónicas sanciones para estos delitos», pero también resulta indiscutible que siempre los ha encubierto, protegiendo al delincuente en detrimento de sus víctimas ¿dónde está la santidad de vida en este comportamiento? Asegura el cardenal Castrillón que existe un especial interés de la Iglesia por el problema de los abusos sexuales, «especialmente para con los menores». Pues bien, ¿hacia dónde ha estado mirando la jerarquía católica durante los últimos 1.500 años? Los abusos sexuales a menores es un problema tan enquistado y frecuente en la Iglesia católica que a nadie ha extrañado —aunque a todos haya indignado— la magnitud del escándalo desatado entre el clero de Estados Unidos.

Es más, resulta muy difícil adivinar alguna preocupación por las víctimas de los abusos sexuales del clero cuando Juan Pablo II, máxima voz de la Iglesia católica, en su carta anual a los sacerdotes[31], publicada cuando el escándalo sexual en Estados Unidos ya llevaba un año en

---

nes por noche mientras descansa, erecciones inevitables y de las que se guarda conciencia, dado que forman parte de cada una de las cinco o seis fases de sueño REM por las que pasamos a diario. Las poluciones nocturnas, eso es, eyaculaciones que suelen ir precedidas de sueños eróticos, son otra característica ineludible de todo varón, sea monaguillo o papa, debido a la necesidad orgánica de renovar la carga de espermatozoides mediante la descarga de parte del semen que se acumula cuando se pasa un tiempo sin mantener relaciones sexuales o sin masturbarse.

31. Cfr. *Carta del Santo Padre Juan Pablo II a los sacerdotes para el Jueves Santo de 2002*, fechada en el Vaticano el 17 de marzo de 2002.

su punto álgido, no cita ni una sola vez la palabra «pederastia» en las veintidós páginas de su discurso, limitándose a incluir, al final, un párrafo destinado al mero consumo interno pero que resulta frío, distante y absolutamente desconsiderado con las víctimas de los abusos sexuales[32].

Resulta obvio para toda persona sensata y de bien que la causa de los delitos sexuales del clero no es ese supuesto «*mysterium iniquitatis* que actúa en el mundo»; tampoco un sedicente seguidor de Jesús debería tomar como asunto central para su atención los «escándalos graves, que llegan a crear un clima denso de sospechas sobre todos los demás sacerdotes beneméritos, que ejercen su ministerio con honestidad y coherencia, y a veces con caridad heroica» en lugar de centrarse, precisamente, en las víctimas inocentes que cientos de esos sacerdotes, escasamente beneméritos, han causado sin piedad ningu-

32. «Además, en cuanto sacerdotes, nos sentimos en estos momentos personalmente conmovidos en lo más íntimo por los pecados de algunos hermanos nuestros que han traicionado la gracia recibida con la Ordenación, cediendo incluso a las peores manifestaciones del *mysterium iniquitatis* que actúa en el mundo. Se provocan así escándalos graves, que llegan a crear un clima denso de sospechas sobre todos los demás sacerdotes beneméritos, que ejercen su ministerio con honestidad y coherencia, y a veces con caridad heroica. Mientras la Iglesia expresa su propia solicitud por las víctimas y se esfuerza por responder con justicia y verdad a cada situación penosa, todos nosotros —conscientes de la debilidad humana, pero confiando en el poder salvador de la gracia divina— estamos llamados a abrazar el *mysterium Crucis* y a comprometernos aún más en la búsqueda de la santidad. Hemos de orar para que Dios, en su providencia, suscite en los corazones un generoso y renovado impulso de ese ideal de total entrega a Cristo que está en la base del ministerio sacerdotal.»

na y gozando del encubrimiento de su jerarquía; víctimas a las que de nada les valió que los sacerdotes, sobre el papel, estén «llamados a abrazar el *mysterium Crucis* y a comprometernos aún más en la búsqueda de la santidad». La cúpula católica demuestra en demasiadas ocasiones que no parece interesada más que en mirarse, protegerse y lamerse su precioso ombligo clerical, reflejo de una casta sacerdotal antievangélica[33] que horrorizaría al Jesús de los *Evangelios*.

Nadie puede negar que muchos miles de sacerdotes católicos realizan su labor con la calidad benemérita y heroica que pretende el Papa, pero también es indiscutible, por mucho que la jerarquía de la Iglesia pretenda minimizarlo, que la corrupción más abyecta lleva mucho tiempo instalada dentro de una Iglesia que la encubre con un prestigio que hoy se le debe discutir, y le pone plato y viandas sobre una mesa cubierta con el mantel blanco de un silencio cómplice e inaceptable.

33. Sobre la falta de legitimación neotestamentaria del modelo de sacerdocio profesional católico puede consultarse, por ejemplo, Rodríguez, P. (1995). *La vida sexual del clero*. Barcelona: Ediciones B, pp. 53-58. Las instituciones organizativas como el episcopado, presbiteriado y diaconado no comenzaron a conformarse hasta finales del siglo II; y la doctrina del sacerdote como «hombre especial» investido personal y permanentemente de sacro y exclusivo poder para oficiar los ritos y sacramentos no es de fe ni tiene su origen más allá de finales del siglo XII. Ello sin entrar a valorar que en diferentes versículos neotestamentarios —como *Heb* 5,6; *Heb* 5,9-10; *Heb* 7,22-25; o en *Ap* 1,6; 5,10; 20,6; o en *IPe* 2,5— la figura del sacerdocio profesional se señala como abolida, aplicándose el concepto de *hiereus* (sacerdote) a todos y cada uno de los bautizados, sin excepción.

La dimensión de las agresiones sexuales a menores en la Iglesia católica

Estoy escribiendo este libro en España, país donde los abusos sexuales a menores cometidos por el clero son un hecho *habitual* y *normal* desde hace siglos, así como lo es también la impunidad de la que goza ese clero delincuente. España, tal como ya se ha dicho, es un país en el que el 4,17 % de todos los abusos sexuales a menores ha sido cometido por sacerdotes católicos[34] y en el que, según las estimaciones ya citadas, un 26 % del clero con actividad sexual soba a menores mientras que un 7 % les somete a abusos sexuales graves (masturbación, sexo oral o coito)[35].

¿Y qué decir de lo que está ocurriendo en Estados Unidos? Más de mil sacerdotes acusados de abusar sexualmente de menores, y diferentes estudios cifran entre un 3 % y un 6 % el porcentaje de sacerdotes que abusan de menores. Más de mil millones de dólares pagados en pactos extrajudiciales secretos —así lo fueron hasta hoy— para indemnizar a sus víctimas; una sangría que ha llevado a varias diócesis a un estado de bancarrota financiera. Mientras la caja del escándalo sigue abierta, aflorando nuevos casos casi a diario, nadie es capaz de prever cómo y cuándo acabará este desfile de horrores.

En una investigación realizada por el diario *The Washington Post* entre las diócesis norteamericanas[36], se afloró

---

34. *Cfr.* López, F. (1994). *Abusos sexuales a menores. Lo que recuerdan de mayores.* Madrid: Ministerio de Asuntos Sociales, p. 100.

35. *Cfr.* Rodríguez, P. (1995). *La vida sexual del clero.* Barcelona: Ediciones B, pp. 20-21.

36. *Cfr.* Cooperman, A. y Sun, L. H. (2002, 9 de junio). «Hundreds Of Priests Removed Since '60s.» Washington: *The Washington Post*, p. 1.

que, en Estados Unidos, desde comienzos de la década de 1960, unos 850 sacerdotes habían sido acusados de una diversidad de abusos sexuales contra menores. De ellos, hasta el año 2001 habían sido removidos de sus cargos unos 350, cifra que en tan sólo los primeros seis meses del año 2002 se incrementó en otros 218 sacerdotes obligados a dejar sus puestos (a los que debe sumarse otros 34 formalmente acusados que en la fecha todavía permanecían realizando sus funciones sacerdotales).

Las cifras reales, según afirmó *The Washington Post*, sin duda deben ser notablemente superiores. Una abogada de Tejas, Sylvia Demarest, que comenzó a recopilar datos sobre denuncias contra sacerdotes a mediados de la década de 1990 —después de haber sido demandante en un caso de abusos sexuales, en Dallas, en el que se indemnizó con 119 millones de dólares a un grupo de monaguillos—, afirmó que ella, en 1996, ya había reunido una base de datos sobre casi 1.200 sacerdotes acusados de pederastia, y que pensaba que en la actualización del listado en la que estaba trabajando actualmente la cifra de sacerdotes norteamericanos ya acusados superaría los 1.500 nombres.

El propio cardenal Castrillón, en la rueda de prensa analizada anteriormente, citó a Philip Jenkins y su libro *Pedophilia and Priests* (Pedofilia y Sacerdocio) para hacer suyas sus estimaciones de que en torno a un 3 % del clero norteamericano tenía tendencia al abuso de menores y un 0,3 % del total sería pederasta. Unos porcentajes que, de entrada, nos sitúan ante al menos unos 1.416 sacerdotes norteamericanos —de entre un total de 47.200— abusadores de menores y unos 142 que serían pedófilos patológicos.

En cualquier caso, dado que no parece existir ningún

aspecto biológico, psicológico o social razonable que permita suponer que los sacerdotes norteamericanos sean especialmente perversos, o que lo sean en mayor medida que sus colegas del resto del mundo, cabría esperar encontrar al menos unos porcentajes similares entre el total mundial del clero católico —que está conformado por unos 405.000 sacerdotes ordenados—, una presunción que nos llevaría a estimar que en la Iglesia actual habría unos 12.150 sacerdotes que abusan de menores y, de ellos, 1.215 serían pedófilos. Una cifra y situación que, en cualquier caso, por hipotética que sea, y sin ánimo de contradecir al Papa, no parece adecuado definir como «pecados de algunos hermanos nuestros»[37]. Hermanos y pecadores, sí, pero «algunos», sin duda no.

Curiosamente, a pesar de lo evidente y de sus afirmaciones anteriores, el cardenal Castrillón, justo tres meses después de haber lanzado él mismo las cifras precedentes, durante un acto del centenario de Josemaría Escrivá de Balaguer, fundador del Opus Dei —prelatura de la que Castrillón está muy próximo—, celebrado en Madrid el 20 de junio de 2002, culpó a la prensa de haber magnificado la realidad de la delincuencia sexual del clero. «Nos cayó un elefante a los curas del mundo con este problema [el de los delitos sexuales del clero], que la prensa internacional ha magnificado, desconociendo la realidad y el regalo que es el sacerdocio para el mundo, la historia, la Iglesia y Dios.»[38] ¿Qué hay de magnificado en

---

37. Cfr. *Carta del Santo Padre Juan Pablo II a los sacerdotes para el Jueves Santo de 2002*, fechada en el Vaticano el 17 de marzo de 2002.

38. Cfr. Vidal, J. M. (2002, 21 de junio). «El "ministro" de los curas critica a la prensa.» Madrid: *El Mundo*.

todo lo dicho hasta aquí? Lo que se sabe es apenas una sombra de la realidad, pero basta esa pequeña sombra, o aunque fuese la mitad de ella, para tachar de hipócrita al cardenal Castrillón y de inmoral a la institución que minimiza una realidad tan brutal.

Ante un público tan entregado como devoto de la clerical norma, públicamente defendida por el prelado colombiano, de que la Iglesia «trata las cosas internas en su interior», Castrillón invitó a los sacerdotes a ser «ministros de esperanza» en la sociedad e «instrumentos dóciles» de Dios; instrumentos, dijo, que deben reconocer sus «límites y errores», aunque «llamados a la santidad».

¿Reconocerlos ante quién? Las víctimas y la sociedad en su conjunto —que con sus impuestos y donaciones mantiene al clero— se merecen ver materializada la justicia que sólo los tribunales civiles pueden impartir. Los prelados, si acaso, que se ocupen del *alma* del delincuente administrando la *justicia divina*, pero el resto de su ser siempre es y debe ser competencia exclusiva de la justicia civil. Y, en cualquier caso, si los sacerdotes están «llamados a la santidad», cosa que nadie duda, tal vía no está nada reñida, antes al contrario, con la penitencia de recuperar la virtud mediante la indemnización a las víctimas y el cumplimiento de la correspondiente pena de cárcel, que es lo que debe hacer cualquier otro ciudadano que cometa un delito sexual, ¿o es que el resto de mortales no estamos también «llamados a la santidad»?

Otros expertos, bastante más serios que el cardenal colombiano, como el ya mencionado Richard Sipe, sacerdote secularizado y psicoterapeuta especializado en el tratamiento a sacerdotes y a las víctimas de sus abusos, estiman en un 6 % el total de sacerdotes norteamericanos que ha mantenido algún tipo de contacto sexual con menores[39], siendo un 4 % el porcentaje de sacerdotes implicados en relaciones sexuales con adolescentes y un 2 % el del clero que ha usado sexualmente a menores que rozan la pubertad.

En medio del escándalo protagonizado por los sacerdotes norteamericanos, sus prelados no perdieron ocasión de unirse al festival de la indecencia. En apenas cuatro meses, cuatro obispos norteamericanos dimitieron por asuntos sexuales... y no eran los primeros. Anthony J. O'Connell, obispo de Palm Beach (Florida), admitió haber abusado sexualmente de dos jóvenes años atrás; este prelado había sustituido a su antecesor J. Keith Symons, que tuvo que abandonar el cargo por haber abusado de cinco monaguillos[40]. Rembert Weakland, arzobispo de Milwaukee, dejó su cargo tras saberse que pagó 450.000 dólares a un ex amante adulto que le acusaba de violación[41]. James Williams, obispo de Louisville (Kentucky), renunció tras ser acusado por uno de sus antiguos monaguillos[42]. James McCarthy, obispo auxiliar en la archidiócesis de Nueva York, dimitió de sus cargos tras reconocer haber mantenido relaciones sexuales con varias mujeres adultas[43].

39. *Cfr.* Cooperman, A. y Sun, L. H. (2002, 9 de junio). «Hundreds Of Priests Removed Since '60s.» Washington: *The Washington Post*, p. 1.

40. *Cfr.* Cuna, F. (2002, 10 de marzo). «Dimite un obispo de Florida tras admitir que abusó de dos seminaristas.» Madrid: *El Mundo*.

41. *Cfr.* Parrado, J. A. (2002, 25 de mayo). «El Papa acepta una nueva dimisión.» Madrid: *El Mundo*.

42. *Cfr.* Parrado, J. A. (2002, 12 de junio). «Dimite un tercer obispo en EE.UU. acusado de abuso sexual a un joven.» Madrid: *El Mundo*.

43. *Cfr. El País* (2002, 13 de junio). «Dimite un obispo de Nueva York por haber tenido relaciones sexuales con varias mujeres.» Madrid: *El País*.

Durante esos mismos días, otros dos prelados, de las ultraconservadoras iglesias irlandesa y polaca, siguieron el mismo camino. En Irlanda, Brendan Comiskey, obispo de la diócesis de Ferns, dimitió al hacerse público que encubrió los delitos sexuales contra varios menores perpetrados por uno de sus sacerdotes[44]. En Polonia, Julius Paetz, arzobispo de Poznan, renunció al cargo tras haber sido acusado de cometer abusos sexuales sobre decenas de seminaristas[45].

Unos meses antes, en Francia, el Tribunal Correccional de Caen había condenado a Pierre Pican, obispo de Bayeux Lisieux, a tres meses de prisión por haber encubierto a un sacerdote pederasta[46].

¿También estos prelados, nombrados para sus cargos por ser considerados *pastores* sólidos, honestos y formados, han caído víctimas de ese papal, aunque supuesto, «*mysterium iniquitatis* que actúa en el mundo»? ¿Cuántos son los prelados que tienen un currículo parecido y siguen en sus puestos? (la cruel estadística nos dice que entre los 4.159 prelados que hay en el mundo debería esperarse encontrar, al menos, unos 125 con antecedentes de abusos sexuales sobre menores). Pero casi más grave, ¿cuántos son los prelados que, como el prepotente arzobispo de Boston Bernard Law —cuya dimisión (los prelados no pueden ser cesados) ha sido solicitada al Papa por muchos de sus colegas—, han encubierto activamen-

---

44. *Cfr.* EFE (2002, 2 de abril). «Un obispo irlandés dimite por su falta de diligencia en casos de pederastia.» Madrid: *El País*.

45. *Cfr.* Amon, R. (2002, 29 de marzo). «El Papa "depura" a Paezt y renuncia a oficiar la misa.» Madrid: *El Mundo*.

46. *Cfr.* Ternisien, X. (2001, 5 de septiembre). «Mgr Pican condamné à trois mois de prison avec sursis.» París: *Le Monde*.

te los delitos sexuales cometidos por sus sacerdotes? El número que ahora cabe esperar es de cuatro cifras, sin duda alguna, y muy elevado, tal como reconocen en privado no pocos obispos.

Con todo, nunca debe perderse de vista que, en el ámbito de los abusos sexuales —sea quien fuere su autor—, igual como sucede en el de los malos tratos, la cifra del problema aflorado apenas es una punta del iceberg que representa el problema real; con frecuencia los expertos asumen que la cifra aflorada en este tipo de problemática no pasa de ser un 10 % de la real.

No es posible saber de ninguna manera la magnitud real de los sacerdotes católicos que cometen abusos sexuales a menores en todo el mundo. Sólo podemos aplicar a la nómina total de sacerdotes de la Iglesia actual las estimaciones parciales que diferentes especialistas han obtenido para países concretos, algo que no sería excesivamente descabellado si tenemos en cuenta la virtud del cálculo estadístico, capaz de facilitar conclusiones globales equilibradas a partir de los mecanismos compensatorios que subyacen en esta técnica de investigación y análisis.

Si a la nómina mundial de 405.000 sacerdotes ordenados le aplicamos los porcentajes propuestos por Philip Jenkins —y asumidos por el cardenal Castrillón— para Estados Unidos, estimaríamos en 12.150 (3 % del total) los sacerdotes que abusan de menores y, de ellos, 1.215 (0,3 %) serían pedófilos.

Si nos basamos en la estimación que para el mismo país propone Richard Sipe, el total de sacerdotes que han mantenido contactos sexuales con menores sería de 24.300 (6 % del total), siendo 16.200 (4 %) los implicados en relaciones sexuales con adolescentes, y 8.100 (2 %) los que han usado sexualmente a menores que rozan la pubertad.

Si aplicamos al conjunto del clero católico mundial los porcentajes para España estimados por este autor[47], obtendríamos que, en todo el mundo, 60.750 sacerdotes (un 15 % del total) soban a menores —una práctica que en la mayoría de los casos pasa *desapercibida* para el menor o éste le quita importancia *olvidándola* con rapidez por no ser demasiado agresiva... aunque es un delito penal tipificado—, y 16.200 (4 %) cometen abusos sexuales graves sobre los menores (masturbación, sexo oral o coito).

El lector puede acogerse a la estimación que prefiera, o a ninguna de ellas, pero sea cual fuere la realidad del problema de los delitos sexuales protagonizados por el clero sobre menores, nadie, con cifras o sin ellas, puede negar que la magnitud es tremenda. Y la Iglesia, sin la menor duda, es perfectamente consciente de ello. Por la estructura de poder y control de la propia Iglesia, no hay posibilidad ninguna de que el Vaticano, y cada uno de sus prelados, desconozcan lo que viene sucediendo desde hace mucho y con una intensidad inaceptable.

47. Recordemos que son los siguientes: un 26 % del clero con actividad sexual soba a menores, y un 7 % les somete a abusos sexuales graves (masturbación, sexo oral o coito). Si realizamos el cálculo proporcional de esos porcentajes en relación al número total de sacerdotes de España, en lugar de referirlo al número de sacerdotes «con actividad sexual» (un 60 % del total), obtendremos que, como estimación global, un 15 % de los sacerdotes españoles soba a menores y un 4 % comete abusos sexuales graves (masturbación, sexo oral o coito).

La gran mayoría de los sacerdotes que abusan sexualmente de menores no son pedófilos

En los medios de comunicación de todo el mundo, cuando se trata el asunto de los delitos sexuales cometidos por sacerdotes contra menores, se usa habitualmente la palabra «pederastia» para definir tales conductas, pero, tal como veremos a continuación, la mayoría de esos sacerdotes no son pederastas, sino abusadores sexuales.

Esta distinción no sólo es necesaria para aclarar conceptos, sino que resulta fundamental a efectos de poder valorar la causa básica y entorno del delito sexual. Un pederasta está sumido en una psicopatología que domina sus impulsos —aunque en nada nubla su entendimiento y comprensión del daño que causa—, pero un abusador sexual de menores puede controlar perfectamente sus impulsos y no lo hace; no es, por tanto, como el pederasta, un enfermo —que delinque conscientemente—, sino un sinvergüenza que delinque buscando placer sexual con un menor por no atreverse a buscarlo con un adulto.

La pederastia, denominada pedofilia en términos clínicos, es una parafilia o comportamiento sexual patológico, cuya característica esencial, según se define en el DSM-IV[48], «supone mantener actividades sexuales con

48. Las siglas DSM-IV corresponden al *Manual diagnóstico y estadístico de los trastornos mentales (IV Revisión)*, un texto de referencia en el ámbito clínico mundial que publica la American Psychiatric Association. La edición en español que hemos utilizado aquí es la publicada por Masson (Barcelona) en 1995. Las características diagnósticas de la pedofilia figuran bajo el código F65.4 —que se corresponde con el 302.2 del DSM-III R—, en las páginas 540-541.

niños prepúberes —de 13 o menos años— (...) La gente que presenta pedofilia declara sentirse atraída por los niños dentro de un margen de edad particular. Algunos individuos prefieren niños; otros, niñas, y otros, los dos sexos. Las personas que se sienten atraídas por las niñas generalmente las prefieren entre los 8 y los 10 años, mientras que quienes se sienten atraídos por los niños los prefieren algo mayores (...) Algunos individuos con pedofilia sólo se sienten atraídos por niños (tipo exclusivo), mientras que otros se sienten atraídos a veces por adultos (tipo no exclusivo) (...) Estas actividades [se refiere al listado de abusos sexuales que suelen perpetrar, y que omitimos] se explican comúnmente con excusas o racionalizaciones de que pueden tener "valor educativo" para el niño, que el niño obtiene "placer sexual" o que el niño es "sexualmente provocador" (...)

»Excepto los casos de asociación con el sadismo sexual, el individuo puede ser muy atento con las necesidades del niño con el fin de ganarse su afecto, interés o lealtad e impedir que lo cuente a los demás. El trastorno empieza por lo general en la adolescencia, aunque algunos individuos manifiestan que no llegaron a sentirse atraídos por los niños hasta la edad intermedia de la vida. La frecuencia del comportamiento pedofílico fluctúa a menudo con el estrés psicosocial. El curso es habitualmente crónico, en especial en quienes se sienten atraídos por los individuos del propio sexo. El índice de recidivas de los individuos con pedofilia que tienen preferencia por el propio sexo es aproximadamente el doble de los que prefieren el otro sexo.»[49]

Así, pues, la pedofilia es una patología sexual que se

49. *Ibíd.*, pp. 540-541.

da casi exclusivamente en varones; suele iniciarse en la etapa media de la vida y proseguir hasta y durante la vejez; se incrementa cuando el sujeto está sometido a situaciones que le causan ansiedad; suele cronificarse, por lo que su tratamiento psicoterapéutico es ineficaz en muchos casos; e inclina a repetir los abusos sexuales periódicamente.

Entre las causas que pueden desencadenar este tipo de conductas psicopatológicas y delictivas nos encontramos con varones que presentan una gran dificultad para relacionarse afectiva y sexualmente con otros adultos, y que experimentan una tremenda inseguridad y ansiedad ante tal perspectiva mientras que con menores pueden detentar todo el poder y control en las relaciones. Hay también sujetos para los que, debido a su inmadurez emocional, baja autoestima, inseguridad y otras deficiencias en su estructura de personalidad, los menores llegan a adquirir tan elevado valor emocional que sólo pueden lograr satisfacción afectivo-sexual con ellos en lugar de con adultos. La falta de control sobre los impulsos es otra fuente de conflictos, que normalmente suele estar asociada a la ingesta excesiva de alcohol u otras drogas. También hay un porcentaje de casos que fueron abusados de pequeños y reproducen este tipo de perversión cuando son adultos, ya que asumieron este modelo de conducta como el único capaz de dar placer a un adulto.

Cuando se analiza el entorno psicológico y social en el que han sido formados y se desempeñan muchos sacerdotes, especialmente diocesanos, vemos que, lamentablemente, algunas de las causas desencadenantes de pedofilia recién citadas son más frecuentes de lo que se piensa entre el clero, pero, sin embargo, por los muchos casos de sacerdotes abusadores que se ha podido estudiar, resulta claro que sólo una pequeña parte de ellos son pedófilos. La mayoría del clero que abusa de menores está conformado por sujetos que, por condicionantes psicosociales y eclesiásticos diversos, se lanzan a buscar esporádicos desahogos sexuales con aquellos *objetos* que menos se les pueden resistir, eso es, menores, deficientes psíquicos y adultos de ambos sexos con personalidad débil[50].

Avala esta tesis la realidad, suficientemente documentada, de que gran parte de los menores abusados sexualmente, en particular los varones, eran preadolescentes o adolescentes —casi adultos físicamente, pero manipulables emocionalmente— y no niños/as, así como también el hecho de que un gran número de esos abusadores mantengan, además, relaciones sexuales con adultos siempre que tienen ocasión. Por esta razón, algunos definen esta conducta del clero como *efebofilia* o atracción homosexual hacia adolescentes.

En el acto de abusar sexualmente de un menor subyace siempre un ejercicio de poder, de prepotencia y hasta de magisterio —con frecuencia buscan la coartada de erigirse como «educadores sexuales» del menor—, que hace perfectas migas con los atributos incuestionables que

50. A lo largo de mi libro *La vida sexual del clero* ya documenté más que suficientes ejemplos de todas estas conductas delictivas ejercidas sobre personalidades frágiles por edad y/o condición. Valga recordar también que, en el punto 302.2 de un anterior *Manual Estadístico y Diagnóstico* de la Sociedad Americana de Psiquiatría (DSM-III), se señala que «los actos sexuales aislados con niños no merecen el diagnóstico de pedofilia. Tal tipo de actos puede hallarse precipitado por discordias matrimoniales, pérdidas recientes o soledad intensa. En estos casos, el deseo de relaciones sexuales con un niño puede ser entendido como la sustitución de un adulto preferido pero no disponible» (p. 286).

una parte notable del clero cree inherentes a su ministerio sacerdotal.

La diferente etiología que subyace bajo la conducta del pedófilo y del varón que no padece esta patología pero abusa sexualmente de menores, la explica Jorge Barudy, psiquiatra y experto en maltrato infantil, de la siguiente manera: «La pedofilia suele incubarse tempranamente, cuando el bebé ha tenido una relación patológica con una figura *maternante* —no necesariamente la madre— que lo ha sobreprotegido y gratificado a través de un apego excesivo[51]. Estas figuras *maternantes* se apropian física y psicológicamente del niño, muchas veces para calmar sus propios vacíos afectivos. Un bebé sometido a esto queda fijado en esta experiencia y crece con pocas posibilidades de un desarrollo psicosexual normal. De adultos suelen tener personalidades muy infantiles y ser poco agresivos. El tratamiento en estos casos es muy complejo. Son refractarios al cambio.»[52]

En cuanto a los abusadores, que suelen ser personas con una vida social normal, «las últimas investigaciones —expone Barudy— han mostrado que el pretender relaciones sexuales asimétricas, es decir, con alguien más débil, es un mecanismo por el cual estos sujetos se defienden del miedo, de la angustia y de la depresión (...) Esta

51. La importancia de la deformación patológica de la personalidad, en el ámbito psicosexual, que pueden acarrear este tipo de madres castradoras, notablemente frecuentes entre los progenitores de sacerdotes, ya fue señalado, en relación al clero católico, por Mynarek, H. (1979). *Eros y clero.* Barcelona: Luis de Caralt, p. 211, y por Rodríguez, P. (1995). *La vida sexual del clero.* Barcelona: Ediciones B, p. 170.

52. *Cfr.* Rodríguez, C. (2002, 25 de mayo). «Qué esconde el fenómeno de la pedofilia.» Santiago de Chile: *El Mercurio*, p. A10.

reacción tuvo su origen en la infancia, cuando ellos vivieron el terror de la violencia intrafamiliar y la única manera que tuvieron entonces de manejar esta ansiedad e impotencia fue a través de la autoestimulación sexual y de la masturbación compulsiva. Al crecer, ese sujeto va a mantener el patrón de recurrir a la sexualización de las relaciones para manejar la angustia y la depresión. Pero no será con cualquier persona sino con seres más frágiles, que no sean una amenaza para él y lo hagan sentir poderoso. Se trata de una persona con una autoestima muy dañada»[53].

Cuando el sujeto que abusa sexualmente de un menor es un sacerdote, la conducta resulta doblemente perversa. En primer lugar, el abuso se comete desde una posición de poder y confianza, desde quien tiene un ascendiente indiscutible sobre el menor victimizado, traicionando a todas las personas implicadas y, justo por el rol que juega, logrando que su delito se silencie bajo la sumisión que ancestralmente se le rinde al poder. En segundo lugar, como guía y espejo ético de una colectividad, el sacerdote traiciona a su comunidad, pero, precisamente por su imagen de liderazgo moral, es capaz de imponer a la colectividad una negación de los hechos que daña a las víctimas y, al fin, desacredita a la institución que representa.

La dinámica que se genera en estos casos de abusos es tanto más perversa en la medida en que los creyentes, a fin de que no se haga trizas la concepción idealizada que tienen del sacerdote como representante de Dios, se ven impelidos a negar la realidad y volverle la espalda a las víctimas, y también a sus familiares cuando éstos denun-

53. *Ibíd.*

cian públicamente el delito. Negar y silenciar es la única manera que suelen encontrar las comunidades de creyentes, con sus obispos al frente, para recuperar la autoestima colectiva mediante una honestidad de la que sin duda carecen. A lo sumo, y jamás es bueno para nadie, se acaban formando dos bandos irreconciliables en la comunidad: los que creen a pies juntillas en la inocencia del sacerdote abusador —muy a menudo con una ceguera inconcebible que no se ve alterada por las pruebas— y los que creen en el relato de la víctima o víctimas.

Un tercer bloque, en realidad, lo conforma cada una de las víctimas, ya sea de modo individual o junto a su familia. Lo más corriente es que la víctima del abuso lo calle y sufra en silencio y en solitario, debiendo pasar muchos años antes de que pueda adquirir el valor suficiente para enfrentarse al delito y sus efectos y al delincuente, por muy sacro que sea el sujeto en cuestión; pero en la mayoría de los casos el abuso acaba semienterrado en el mundo no consciente, aunque dejando sus marcas indelebles en la manifestación cotidiana de la vida afectiva consciente. En los casos en que la familia de la víctima conoce el abuso, lo más habitual es que no se dé credibilidad a su denuncia o que se obligue a silenciarlo para no producir «escándalo». El sufrimiento de la víctima, aunque sea el propio hijo o hija, no importa, lo fundamental es salvaguardar la imagen del sacerdote y de la Iglesia. ¿Quién les dijo a esos creyentes de pacotilla que esa actitud era cristiana?

Un asunto que siempre suele aflorar cuando se trata la cuestión del clero pedófilo es el de determinar si existe alguna relación entre esta conducta patológica y delictiva, la orientación sexual del abusador y la obligación de guardar el celibato católico. En el siguiente apartado abordaremos una breve reflexión al respecto.

¿Existe relación entre celibato, homosexualidad y pedofilia?

Es común entre los críticos de la Iglesia, pero también entre muchos expertos católicos, atribuirle al celibato obligatorio una gran responsabilidad en el incremento de abusos sexuales a menores que se dan entre el clero, mientras que la Iglesia lo niega absolutamente. Encontrar una respuesta a la pregunta que da título a este apartado es, sin duda, más complicado de lo que parece a primera vista.

Dado que ya abordamos en otro libro los problemas psicosociales, también afectivo-sexuales, que puede llegar a producir el celibato obligatorio en el clero, especialmente en una parte del clero que presenta un claro perfil de inmadurez, escaso control de los impulsos y otras alteraciones emocionales, con percepción vital de fracaso, aislamiento social...[54], nos limitaremos ahora a señalar algunos otros aspectos de la cuestión.

En primer lugar, la pedofilia no es consecuencia de una conducta de represión sexual, es una parafilia que nada tiene que ver con el hecho de ser célibe ya que se puede dar tanto en solteros como en casados; y aunque se presenta mayoritariamente en varones, también se da en mujeres; tampoco tiene relación con ningún tipo de actividad profesional o creencia. Así es que nada tiene que ver, por tanto, la pedofilia con el celibato sacerdotal obligatorio. Pero no debe olvidarse que los pedófilos son una minoría entre el conjunto de sacerdotes que abusan sexualmente de menores.

54. *Cfr.* Rodríguez, P. (1995). *La vida sexual del clero.* Barcelona: Ediciones B, pp. 75-92.

Dicho lo anterior y habiendo sido comprobado que la mayoría de los delitos sexuales contra menores los cometen sacerdotes que no son pedófilos estrictamente hablando, sino personas «no enfermas» que dan rienda suelta a sus impulsos sexuales aprovechando su posición de poder y la fragilidad de sus objetivos —y que no desdeñan o desdeñarían ninguna ocasión de poder mantener relaciones sexuales con adultos—, cabría ver aquí una cierta relación de causa-efecto entre varios elementos complementarios, a saber:

Una institución, la Iglesia, que impone una obligación, el celibato, a sujetos con un perfil de inmadurez que, en algún momento de su vida, a causa de vivencias estresantes debidas al desarrollo de su profesión sacerdotal, pierden el control de sus impulsos sexuales y tienden a cometer abusos de poder (sexuales o de otro tipo). Sin ser el celibato por sí solo la causa del problema —ya que no produce el mismo efecto en todo el clero, sino sólo en parte del que cumple un cierto perfil de fragilidad psicosocial—, sí que se convierte, ante determinadas estructuras de personalidad, en el detonante que llevará a agredir sexualmente a menores. Quizá la razón, como siempre suele suceder, está en el punto medio de las opiniones encontradas. Respecto a los abusos sexuales contra menores —que no pedofilia—, el celibato puede verse como un elemento totalmente ajeno (así es en la mayoría del clero) o como causa impulsora, según sea el caso.

Con todo, no cabe olvidar un marco de referencia que es fundamental para entender los comportamientos a que nos referimos: 1) La propensión a los abusos sexuales será tanto más posible en la medida en que la Iglesia siga satanizando la sexualidad y percibiéndola como un mero ejercicio de genitalidad, mantenga una visión de superioridad del clero frente al resto de los humanos, y sostenga una imagen cosificada y deudora de sometimiento de los niños y de la mujer. 2) Resulta un hecho incuestionable que la mayoría del clero no respeta el celibato y mantiene algún tipo de actividad sexual a lo largo de su vida. La Iglesia actual alimenta profundas carencias estructurales que dañan a muchos, carencias que no desaparecen con el simple hecho de negarlas hipócritamente, que es lo único que se ha hecho hasta la fecha.

¿En una hipotética Iglesia democrática, que respete los derechos humanos, con sacerdotes maduros y con derecho al celibato opcional —a casarse o no—, desaparecería la pedofilia? Sin duda no, pero quedaría muy reducida. Del mismo modo que se reducirían muchísimo los abusos sexuales a menores perpetrados desde posiciones clericales de poder, aunque no llegarían a desaparecer del todo. La Iglesia se defiende argumentando que en el resto de la sociedad también se producen estos delitos, cosa que es cierta, pero también lo es que una estructura como la Iglesia, si actuase con criterios psicosociales modernos, con transparencia, con honestidad y con justicia, está en una posición privilegiada para poder reducir al mínimo posible la incidencia de los delitos sexuales de su clero contra menores. Pero, hasta hoy, no ha mostrado el menor interés para cambiar de verdad este estado de cosas.

Para ser justos, debe decirse que la Iglesia católica no es la única que tiene problemas graves con la sexualidad desbocada de su clero. Otras denominaciones cristianas también han reconocido tener idénticos problemas. Así, por ejemplo, según hizo público la revista evangélica norteamericana *World*, en su número de mayo de 2002, donde incluyó un crudo reportaje —precedido por advertencias de «discreción paterna» y «posible material ofensivo»— en el que mostraba que ministros evangélicos casados de diferentes denominaciones también han protagonizado abusos sexuales a menores. «La Iglesia protestante tiene un severo problema», advertía la revista, y añadía que algunos consejeros pastorales «abusan de sus aconsejados», y que «el abuso del ministerio para obtener provechos sexuales es un fenómeno creciente».

La presión de la prensa norteamericana sobre la Iglesia católica también provocó algunos «daños colaterales» a algunas denominaciones cristianas. Así, la agencia religiosa Episcopal News Service tuvo que reconocer que «casos de pedofilia han ocurrido en la Iglesia episcopaliana» y que se han cerrado acuerdos extrajudiciales por valor de unos 105 millones de dólares. Según esta agencia, las conductas sexuales incorrectas han hecho que el índice de divorcios entre sus ministros casados sea el mismo que el del conjunto de la población.

Para Ian Evison, del Instituto Alban de Bethesda, dedicado al asesoramiento de iglesias protestantes, «los protestantes somos prueba viviente de que puedes tener serios problemas de abusos aun sin celibato».

También la Iglesia mormona padece la misma *plaga* de pedofilia y sólo en Estados Unidos, durante el año 2001, tuvo que pagar unos tres millones de dólares para *resolver* «casos de conducta sexual inapropiada» de su clero.

Esta coincidencia en el problema de los abusos sexuales entre diferentes denominaciones cristianas —que quizá también exista en otras organizaciones religiosas no cristianas, pero no se han publicado datos al respecto— debería dejarse de emplear como una excusa o disculpa —ya se sabe lo de «mal de muchos, consuelo de tontos»—, porque lo que se está evidenciando de verdad no es tanto que «manzanas podridas hay en todas partes» como que en las estructuras religiosas hay una serie de disfunciones graves, de orden doctrinal y estructural, que impiden controlar y eliminar —quizá no sea justo del todo decir que incluso las fomentan— esas conductas aberrantes que el clero tanto gusta de criticar en el resto de la población.

Con frecuencia se escucha también que si la mujer fuese ordenada se acabaría con este estado de abusos, pues bien, aunque la ordenación de la mujer —que sería perfectamente legítima y deseable desde lo que se desprende de una lectura no patriarcal y manipuladora del *Nuevo Testamento*[55]— no es una cuestión de significancia respecto al problema que nos ocupa, sí cabe imaginar, al menos, que en una Iglesia con muchas mujeres sacerdotes disminuiría muchísimo el porcentaje de abusos sexuales a menores. En primer lugar, y como mal menor, tenemos que la cifra de mujeres abusadoras de menores es más reducida[56], con lo que habría menos casos. En segundo lugar, y como aspecto fundamental, la mujer, sacerdote o no, suele presentar un nivel de sensibilidad y honestidad superior al del varón, máxime cuando se afecta a la seguridad de menores, por lo que es muy probable que la impunidad y encubrimiento que hoy facili-

55. *Cfr.* Rodríguez, P. (1997). *Mentiras fundamentales de la Iglesia católica*. Barcelona: Ediciones B, pp. 313-324.
56. Los datos estadísticos sobre los abusos sexuales a menores señalan que los hombres son los abusadores más frecuentes, pero ello no descarta a las mujeres, responsables de un nivel de abusos menor aunque notable.

tan los obispos a los sacerdotes delincuentes sexuales disminuiría también mucho si el cargo de prelado lo ocupase una mujer[57].

Nos resta, ahora, abordar la cuestión más espinosa y compleja. La de la supuesta relación entre la pederastia y la homosexualidad.

Pero digamos, de entrada, que la pedofilia es una parafilia, una psicopatología, mientras que la homosexualidad no es tal, siendo una orientación sexual tan lícita y sana como la heterosexual, por mucho que la Iglesia se empeñe en criminalizarla como un «desorden». Es una evidencia científica, también, reconocer que existen comportamientos sexuales «desviados» o patológicos tanto entre quienes presentan orientaciones preferentemente heterosexuales como entre quienes se decantan por las homosexuales. También entre los varones de ambas orientaciones sexuales se dan conductas pedófilas con menores de uno u otro sexo.

Cuando el escándalo de los delitos sexuales del clero afloró con tanta intensidad en Estados Unidos que puso a la Iglesia contra las cuerdas, la primera línea de defensa en la que incidieron la mayoría de los obispos fue en responsabilizar de esas conductas delictivas al clero homosexual. Y la consigna más clara del Vaticano, y probablemente la única que se va a aplicar con cierto rigor, fue la de filtrar los aspirantes a seminaristas para evi-

---

57. Puede objetarse, con razón, que hay muchas madres que ocultan y encubren los abusos sexuales que sus parejas cometen sobre una o varias de sus hijas, pero debe tenerse presente que en estos casos estamos hablando de mujeres dependientes de su pareja, con problemas graves de relación, sometidas a varones violentos, etc., situaciones que no cabe imaginar en una hipotética mujer obispo.

tar la entrada al sacerdocio a los que presenten una orientación homosexual.

Desde los medios de prensa católicos se ha acusado a la prensa norteamericana de ocultar la palabra «homosexualidad» en casos de relaciones que lo eran, y de usar solamente la etiqueta de «pederastia» para definir todo tipo de relaciones sin importar la edad. «La prensa norteamericana habla de "sacerdotes pedófilos" —criticaba en una de sus informaciones la agencia de noticias Aceprensa—. Sin embargo, la inmensa mayoría de los casos que ahora han salido a la luz tienen que ver con actos sexuales entre un hombre y un chico adolescente, más que con un niño. Son actos de conducta homosexual cometidos con menores de 18 años. Pero la prensa no quiere tirar de esta manta. Por ejemplo, *Time* (1 de abril) ha dedicado al tema su portada y un reportaje de diez páginas, con todo tipo de detalles, sin que en ningún momento mencione la palabra "homosexualidad" ni "gays". En el reportaje de seis páginas de *Newsweek* (4 de marzo) se observa el mismo silencio. Eso sí, critican a fondo la "cultura del secretismo" de la Iglesia católica.»

Con independencia de que esa crítica se ajuste o no a la realidad, debe tenerse presente, de entrada, que el hecho de que los cientos de abusos sexuales del clero, aflorados hasta hoy, sean delitos que puedan considerarse de carácter homosexual o heterosexual no disminuye en nada la repulsa y castigo que merecen, ni la responsabilidad directa de la jerarquía católica que los ha encubierto. El delincuente sexual lo es siempre por las características de lo que hace, no por su orientación sexual.

Actualmente, los científicos del comportamiento rechazan unánimemente que exista ninguna relación directa entre la orientación homosexual y el abuso sexual infantil, ya sea efectuado por sacerdotes o por sujetos de cualquier otro colectivo. Los estudios científicos sugieren que los varones homosexuales no sienten más inclinación a relacionarse sexualmente con muchachos de la que puedan sentir los varones heterosexuales para desear chicas menores de edad.

Pero también es cierto que la mayoría de las víctimas de abusos sexuales del clero conocidas son varones —algunos estiman su porcentaje en un 80% del total de víctimas—, produciéndose así un patrón de conducta contrario al del conjunto de la sociedad, que muestra un claro predominio de las agresiones sexuales hacia las niñas[58]. Aunque el porcentaje de sacerdotes homosexuales dentro de la Iglesia católica es muy elevado, a juicio de todos lo expertos —que para Estados Unidos aportan cifras de entre un 30 % a un 50 %, frente a una tasa entre la población que estaría entre un 8 % a un 10 %; y en otras partes del mundo oscilaría en torno a una relación de al menos el doble o triple de homosexuales en la Iglesia respecto al resto de la sociedad—, explicar esta inversión de términos no es nada sencillo ni, menos aún, simple.

El que exista, de entrada, un mayor número de sacerdotes con orientación homosexual implica que pueda ser también importante el número de ellos capaces de abusar de menores varones, pero dado que no hay más sacerdo-

58. Una revisión de las investigaciones hechas en el área de abuso infantil, publicada por *British Medical Journal* en 1999, muestra que dos tercios de las víctimas corresponden a niñas. La mayoría de los atacantes son hombres, aunque hay casos de mujeres que abusan de menores, pero éstos son menos reportados. El estudio señala que «la mayoría de los pedófilos son heterosexuales y a menudo están casados y tienen hijos, aunque suelen tener problemas en su matrimonio, dificultades sexuales o alcoholismo».

tes homosexuales que heterosexuales, tampoco existe un motivo lógico que justifique una mayor presencia de delincuencia en una orientación sexual que en la otra. Si en la sociedad, tomada globalmente, los homosexuales abusan muchísimo menos de los menores que los heterosexuales, no cabe extrapolar dentro de la Iglesia una concepción homófoba tan absurda como imposible. La gran superioridad del número de menores varones víctimas de abusos del clero sobre el de mujeres en igual situación, que han aflorado hasta la fecha a partir de denuncias y procesos judiciales, puede deberse a varias causas muy ajenas al hecho de ser o no «homosexual».

En primer lugar, hay abundantes indicios que sugieren que se denuncian muchísimos más casos de abusos a menores varones que a niñas y jovencitas, por lo que las cifras que se usan de referencia son inexactas al no tomar en consideración este sesgo. Comentamos ya, al hablar de cifras referidas a España, que el perfil de las preferencias sexuales del clero estudiado se compone de un 53 % que mantiene relaciones sexuales con mujeres adultas, un 21 % que lo hace con varones adultos, un 14 % que prefiere menores varones, y un 12 % que elige menores mujeres. Sobre esta base, la cifra de sacerdotes abusadores de una u otra orientación sería prácticamente similar (con independencia del número de abusos por sujeto, que suelen ser superiores en quienes abusan de varones).

En la misma dirección iría lo apuntado por David Clohessy, director ejecutivo de un grupo de supervivientes a los abusos del clero, al señalar que cerca de la mitad de los 4.000 miembros de su grupo son mujeres, algunas de ellas madres de hijos de curas; y que a algunos sujetos, como el ex sacerdote de Massachusetts James Porter, condenado a veinte años de cárcel, se les ha atribuido un listado de más de doscientas víctimas de ambos sexos. «Las víctimas del sexo masculino obtienen más atención por resultar un asunto más salaz y porque un número superior de ellos tiende a iniciar procedimientos judiciales contra sus abusadores —dijo Clohessy—. Nadie piensa automáticamente que "es culpa del niño". Hay una cosa que nunca le preguntan a un niño de 13 años, "¿Qué ropa llevaba usted cuando ocurrieron los hechos?"»[59]

En nuestra sociedad, pero máxime en las comunidades más deprimidas social, cultural y económicamente —que son las que soportan la gran mayoría de los delitos sexuales del clero—, la afrenta sexual a un chico se vive con más virulencia, como más ofensiva, por ello, a pesar del tremendo limitador que es el pudor, cuando éste se supera es corriente acudir a la denuncia como vía para resarcir el honor mancillado del menor y de su familia. Cuando la abusada es una menor, los parámetros son diferentes. Las chicas pueden vivir el abuso con más vergüenza y con menos posibilidades de ser creídas —en especial si son preadolescentes o adolescentes— y, al margen del daño psicológico experimentado, que no tiene por qué ser muy diferente entre menores de ambos sexos, el que una chica, en una comunidad humilde, quede marcada por una historia sexual puede dañar seriamente su futuro social y amoroso, por lo que el guardar silencio puede ser una medida mucho más habitual que en el caso de los varones.

Bárbara Blaine, una abogada y trabajadora social de Chicago, fundadora de *Survivors Network of those*

---

59. *Cfr.* Boodman, S. G. (2002, 24 de junio). «For Experts on Abuse, Priests' Orientation Isn't the Issue.» Washington: *The Washington Post*, p. B02.

Abused by Priests (Red de apoyo para supervivientes de víctimas de abusos por parte de curas), manifestó que, en su opinión, los niños eran victimizados más a menudo porque «los curas tienen más acceso a ellos (...) El acceso es realmente la clave» y señaló que este tipo de abuso es, con frecuencia, un delito oportunista. Hasta hace muy poco, un cura hablando con niños en un camping o en un retiro de fin de semana no despertaba las suspicacias de los padres como podría haberlo hecho con las niñas[60]. El acceso, sin trabas sociales, que los sacerdotes tienen a los niños, a través de labores como las de maestro, entrenador, responsable de grupos juveniles, o director espiritual, es también otra posible causa para justificar la prevalencia de varones entre las víctimas del clero.

En el terreno de la deformación de la personalidad, como consecuencia de vivir la creencia religiosa de modo absurdo, asfixiante y cuasi patológico, también encontramos buenas razones. Algunos curas abusadores heterosexuales han explicado a sus terapeutas que escogieron a niños con la retorcida creencia de que, de esa forma, no rompían el voto de celibato ni su vocación se veía amenazada. Estos curas, con frecuencia fueron educados en hogares muy represivos, donde se les inculcó con fuerza la necesidad de mantenerse alejados de las niñas, y se les enseñó que los deseos sexuales que tenían que ver con mujeres eran demoníacos. «Parece increíble, pero esta racionalización específica es utilizada a menudo por algunos curas que, en sus mentes, no creían estar practicando el sexo "porque un niño no puede quedarse embarazado o ser un compañero para el matrimonio"», afirmó Leslie M. Lothstein, director de psicología en el

60. *Ibíd.*

Institute of Living en Hartford, Connecticut, centro al que son enviados muchos sacerdotes para someterse a tratamiento terapéutico[61].

Las causas citadas adquieren bastante más sentido, para explicar la elevada cifra de abusos sexuales a varones menores dentro de la Iglesia, que el responsabilizar de ello a la «gran cantidad de homosexuales» que conforman su clero.

La visión homofóbica de la jerarquía eclesial se ve representada en decenas de artículos militantes transmitidos por agencias de noticias católicas como Aceprensa. En uno de ellos se llega a afirmar que «Si los homosexuales u otros candidatos no idóneos no fueran admitidos en los seminarios ni ordenados, habría un resurgimiento de jóvenes viriles con deseos de santidad y de evangelización que responderían a la llamada de Cristo. Así lo confirma la experiencia de un creciente número de diócesis en EE.UU. [¿¡!?] Hay muchos factores que influyen en la caída de vocaciones en EE.UU. desde 1965. Sin duda, el factor más significativo es que la anticoncepción está tan difundida entre los católicos como entre los no católicos. Los católicos no tienen más hijos que el promedio de los norteamericanos. Y las vocaciones sacerdotales siempre y en todas partes han procedido sobre todo de las familias numerosas. El crecimiento de la población católica de EE.UU. se ha producido fundamentalmente por los inmigrantes y los conversos.»

La afirmación anterior, aunque es cierta en parte, resulta absurda en su totalidad. Responsabilizar a la anticoncepción de la falta de vocaciones es tanto como afirmar que el Dios de los católicos sólo tiene capacidad para

61. *Ibíd.*

hacerse escuchar entre los hijos de familias numerosas —básicamente «inmigrantes»— y que un simple preservativo pone freno a *sus* presuntos planes y a *su* poder de llamada. Tamaña cretinez, sin embargo, sí apunta hacia un hecho cierto y evidente: muchas familias numerosas, particularmente humildes —e «inmigrantes»—, por puras razones de economía familiar, si quieren dar estudios a sus hijos se ven obligadas a internarlos en seminarios y, en ese trance, siempre resulta posible captar a algunos. El incremento o no de vocaciones, por tanto, tiene mucho que ver con la posibilidad del clero de poder manipular, o no, a sujetos inmaduros cuyo futuro depende de la formación y apoyo dado por ese mismo clero. Y otra clave relacionada es la escasez de recursos familiares, por eso «las vocaciones sacerdotales siempre y en todas partes han procedido sobre todo de las familias numerosas», ésa fue la clave del clero católico, especialmente del de procedencia urbana, a lo largo de la historia, y ésa es la realidad del clero actual, cuando el mayor aporte de sangre fresca al sacerdocio proviene de familias humildes o de países del Tercer Mundo.

Una de las reflexiones que se derivan de lo anterior es que la Iglesia no puede elegir demasiado entre posibles candidatos al sacerdocio, ya que su déficit al respecto es inmenso, con lo que se eliminan muchos filtros de control bajo dos premisas fundamentales: «más vale obtener un sacerdote *inadecuado* que ninguno» y «aunque éste sea un varón *inadecuado*, el sacerdocio ya le cambiará tras ser ordenado». La realidad demuestra que son poquísimos, si es que los hay, los sujetos *inadecuados*, cualquiera que sea su inadecuación, que cambian su inclinación por ser sacerdotes. Antes al contrario.

Los sacerdotes que abusan sexual y económicamente

de feligreses no lo hacen por ser sacerdotes, sino gracias a que pueden basarse en su rol de sacerdotes; en la vida civil tendrían el mismo perfil de personalidad, pero en la mayoría de las profesiones les resultaría muy difícil encontrar víctimas tan fáciles y sumisas como dentro de la Iglesia. Los sacerdotes que violaron a cientos de monjas no eran una excepción, eran sólo varones que hicieron dentro de la Iglesia lo mismo que habrían hecho en la vida civil, sólo que el poder asociado a su estatus clerical facilitó y amplió su voluntad y capacidad depredadora. La jerarquía conoce perfectamente esta cruda realidad en todo el mundo, pero la encubre —así como sus consecuencias criminales— para poder seguir disponiendo de clero con el que cubrir los puestos de trabajo que necesita su estructura para mantenerse.

Ahora, la mirada aparente de la Iglesia se ha centrado en intentar detectar a los seminaristas homosexuales en el propio seminario para impedirles la ordenación, pero tal proyecto es criticable por al menos dos aspectos: 1) la homosexualidad no es una enfermedad ni un delito, así es que resulta injusto filtrar a homosexuales y no a heterosexuales —los abusos sexuales de sacerdotes sobre niñas y mujeres son también una realidad habitual e indiscutible—; el detectar para «corregir» es también un abuso y un absurdo, ya que sea cual fuere la orientación sexual ésta se manifestará en su día cuando se den los parámetros adecuados, y el que esa manifestación sea delictiva o no dependerá mucho del contexto en el que se haya crecido, madurado, formado y se ejerza la práctica sacerdotal.

Lo que para la Iglesia católica es un exceso —y un problema— «de homosexuales» no parece ser exactamente el origen de la cuestión que debe debatirse. «A causa de la insistencia de Roma en el celibato, el sacerdocio se está convirtiendo en una profesión gay», escribió Donald B. Cozzens, antiguo rector de un seminario norteamericano, en su libro *The changing face of the priesthood* (El cambiante rostro del sacerdocio), si bien parece ésta una apreciación exagerada en cuanto a la tendencia que denuncia, nos puede servir de base para afrontar la última cuestión del tema que nos ocupa.

La evidente concentración de homosexuales entre el clero —no sólo católico— debe de obedecer a causas lógicas que, a priori, cabría imaginar ajenas a la vocación sacerdotal en sí misma. Con frecuencia se habla de la Iglesia como «un refugio de homosexuales» y en esa etiqueta que se pretende peyorativa puede encontrarse parte de la explicación que buscamos.

Descubrirse homosexual, incluso hoy, supone enfrentarse a importantes dificultades de convivencia y supervivencia en un mundo que sigue siendo homófobo a pesar de su aperturismo. Pero esa dificultad se incrementa lo indecible si nos situamos dentro de una familia muy creyente —la homofobia, dentro de las doctrinas cristianas, siempre ha sido brutal—, implantada en un círculo social muy cerrado —ya sea de clase alta o baja—, en una comunidad pequeña, y de condición socioeconómica humilde; que es el entorno que más «vocaciones sacerdotales» produce.

¿Qué futuro le esperaba a un muchacho de ese ámbito que se intuía o descubría *diferente*? La respuesta es obvia, y si le sumamos a ello que los seminarios eran su única posibilidad de estudiar y poder medrar, dadas las carencias familiares, nos situaremos frente a una de las razones que explican que una parte notable del clero esté conformado por varones de orientación homosexual, más o menos reprimida, que buscaron refugio o disimulo para justificar, ante la sociedad —y a menudo ante sí mismos— su falta de interés por las mujeres o, si se quiere, su recalcitrante soltería, que desaparecía al fundirse en un universo de solteros profesionales.

En los seminarios, un mundo de hombres misógino hasta el tuétano, la inevitable expresión de la esfera afectivo-sexual produciría un efecto contrario al esperado, despertando *vocaciones* homosexuales adormecidas y mostrando un camino seguro, discreto y prestigioso para poder realizarlas. No pocos sacerdotes han confesado haber sido iniciados en su pubertad, en su parroquia o en su colegio, por otros sacerdotes, y/o que sus primeras relaciones homosexuales las completaron en el seminario.

Pero ser homosexuales, activos o no, sigue sin poder explicar la enorme concentración de abusos sexuales a menores varones que se da en la Iglesia, exactamente de la misma forma que ser heterosexual no justifica los muchos abusos del clero a niñas. Resulta absurdo criminalizar la orientación sexual, así es que la única posibilidad cabe buscarla en medio de una estructura formativa asfixiante, que deforma el mundo de los afectos, que distorsiona la esfera de la sexualidad, que induce una culpabilidad y neurosis inasumibles, que carga a personalidades inmaduras con la prepotencia de sentirse por encima de todo lo humano, que aboca a un ejercicio profesional vacuo y estresante para quienes llegaron al sacerdocio huyendo de «su problema»... Los sacerdotes que abusan de menores, pedófilos o no, son antes la expresión y el resultado de una formación y vida erróneas y patógenas que la consecuencia de alguna determinada orientación sexual.

Es obvio que no todos los sacerdotes, ni mucho menos, cometen conductas delictivas, pero es también una evidencia que el hacerlo o no depende, fundamentalmente, de la estructura de personalidad previa de un sujeto, que le permite vivir con cierta normalidad estructuras que no lo son, y del tipo de actividad profesional que desempeñe y de la carga de satisfacción que obtenga de ella. Cuanta más inmadurez y frustración tanta más probabilidad habrá de que un sujeto se comporte de forma indeseable, sea sacerdote, abogado, periodista o maquinista de un tren de vapor.

Un resquicio para el optimismo, ante la brutalidad de la realidad de los abusos sexuales del clero, lo abre un hecho importante: buena parte de los abusos que hoy afloran se produjeron hace años y de la mano de sujetos que se ajustaban bien al entorno de procedencia que mencionamos anteriormente. ¿Significa esto que con la desaparición de dos generaciones de sacerdotes desaparecerá también el problema? Sin duda no, aunque es probable que se entre transitoriamente en un período más honorable debido a diversas causas que sería prolijo abordar aquí; pero, en todo caso, la Iglesia tiene hoy una oportunidad única para reflexionar acerca de sus muchos errores y conflictos estructurales, de sobra conocidos, y poner las medidas adecuadas para minimizar la deformación psicológica de su clero y maximizar su madurez integral.

3

El corazón del problema: el Vaticano y el *Código de Derecho Canónico* obligan a proteger, encubrir y perdonar los delitos sexuales del clero

En la comparecencia que mantuvo el cardenal colombiano Darío Castrillón Hoyos ante la prensa acreditada en el Vaticano, el 21 de marzo de 2002, como prefecto de la Congregación para el Clero, aportó su versión oficial de la avalancha de escándalos sexuales protagonizados por el clero —un documento que ya analizamos detalladamente en el capítulo 2— y tuvo especial interés en remarcar que el *Código de Derecho Canónico* establece penas para el clérigo que haya abusado de un menor de 16 años que pueden ir «desde la suspensión a la expulsión del estado clerical».

Subrayó también el prelado que la normativa canónica impide la «cultura de la sospecha», eso es que un sacerdote pueda ser injustamente acusado de abusos sexuales, al estar previsto un proceso, destinado a confirmar las pruebas, que salvaguarda tanto los derechos de la víctima como los del culpable. Afirmó también, con claridad meridiana y no poca insistencia, que la Iglesia sigue la «tradición apostólica de tratar asuntos internos de manera interna», sin que ello signifique, dijo, que ésta se sustraiga a los ordenamientos legales de los países.

Ninguno de los asistentes a la rueda de prensa objetó nada a la perorata triunfal del cardenal, y la única razón admisible para justificar tal silencio debió de ser que ni uno solo de los periodistas presentes en la sala vaticana había hojeado jamás el *Código de Derecho Canónico*. De haberlo hecho, tal como vengo denunciando desde hace muchos años, se habrían encontrado ante un texto legislativo que vulnera los ordenamientos constitucionales y civiles democráticos en muchos ámbitos, entre ellos en lo tocante al modo de abordar los delitos sexuales del clero católico.

El encubrimiento activo por parte de los prelados de los delitos sexuales cometidos por sacerdotes de sus diócesis, y aflorado en cientos de casos durante los últimos años, resulta una conducta absolutamente ajustada al proceder que establece el *Código de Derecho Canónico* por el que se gobierna la Iglesia católica actual.

De hecho, para ser equitativos y justos, no debería considerarse inmoral —por usar un término suave y educado— al prelado que, al igual que hicieron todo el listado de colegas que irá apareciendo a lo largo de este libro, protege a los delincuentes sexuales de su diócesis, dado que se limita a proceder tal como le ordena el código de gobierno interno de la Iglesia católica. Lo verdaderamente inmoral y escandaloso es ese código inconstitucional e inaceptable, sancionado por la firma papal y promulgado en *Acta Apostolicae Sedis*.

De modo muy breve, recordaremos que lo que el *Código de Derecho Canónico* vigente entiende por «ley penal» está regulado en su Libro VI, *De las sanciones de la*

Iglesia, cánones 1311 a 1399. Servirá como ejemplo ilustrativo, a los fines de este apartado, revisar unos cuantos cánones, reproducidos textualmente a continuación, cuyo contenido e implicaciones jurídicas y de conducta son harto explícitas y alarmantes[62]:

«Canon 1312: # 1. Las sanciones penales en la Iglesia son: 1º penas medicinales o censuras, que se indican en los cann. 1331-1333; 2º penas expiatorias, de las que trata el can. 1336. (...) # 3. Se emplean además remedios penales y penitencias: aquéllos, sobre todo, para prevenir los delitos; éstas más bien para aplicarlas en lugar de una pena, o para aumentarla.

»Canon 1339: # 1. Puede el Ordinario, personalmente o por medio de otro, amonestar a aquel que se encuentra en ocasión próxima de delinquir o sobre el que, después de realizada una investigación, recae grave sospecha de que ha cometido delito. (...) # 3. Debe quedar siempre constancia de la amonestación y de la represión, al menos por algún documento que se conserve en el archivo secreto de la curia.

»Canon 1340: # 1. La penitencia, que puede imponerse en el fuero externo, consiste en tener que hacer una obra de religión, de piedad o de caridad. # 2. Nunca se imponga una penitencia pública por una trasgresión oculta.

»Canon 1341: Cuide el Ordinario de promover el procedimiento judicial o administrativo para imponer o declarar penas, sólo cuando haya visto que la corrección fraterna, la represión u otros medios de la solicitud pastoral no bastan para reparar el escándalo, restablecer la justicia y conseguir la enmienda del reo.

62. *Cfr.* Santa Sede (1994). *Código de Derecho Canónico*. Madrid: Biblioteca de Autores Cristianos.

»Canon 1347: # 1. No puede imponerse válidamente una censura, si antes no se ha amonestado al menos una vez al reo para que cese en su contumacia, dándole un tiempo prudencial para la enmienda. # 2. Se considera que ha cesado en su contumacia el reo que se haya arrepentido verdaderamente del delito, y además haya reparado convenientemente los daños y el escándalo o, al menos, haya prometido seriamente hacerlo.

»Canon 1395: # 1. El clérigo concubinario, exceptuando el caso del que se trata en el can. 1394[63], y el clérigo que con escándalo permanece en otro pecado externo contra el sexto mandamiento del Decálogo, deben ser castigados con suspensión; si persiste el delito después de la amonestación, se pueden añadir gradualmente otras penas, hasta la expulsión del estado clerical. # 2. El clérigo que cometa de otro modo un delito contra el sexto mandamiento del Decálogo, cuando este delito haya sido cometido con violencia o amenazas, o públicamente o con un menor que no haya cumplido dieciséis años de edad, debe ser castigado con penas justas, sin excluir la expulsión del estado clerical, cuando el caso lo requiera.

»Canon 1362: # 1. La acción criminal se extingue por prescripción a los tres años, a no ser que se trate: (...) 2° de la acción por los delitos de los que se trata en los cann. 1394, 1395, 1397[64] y 1398[65], la cual prescribe a los cinco

63. Se refiere al «clérigo que atenta matrimonio, aunque sea sólo civilmente, incurre en suspensión *latae sententiae*; y si, después de haber sido amonestado, no cambia su conducta y continúa dando escándalo, puede ser castigado gradualmente con privaciones o también con la expulsión del estado clerical».

64. Se refiere a quien «comete homicidio, o rapta o retiene a un ser humano con violencia o fraude, o le mutila o hiere gravemente...».

65. Se refiere a quien «procura el aborto...».

años[66]; (...) # 2. El tiempo para la prescripción comienza a contar a partir del día en el que se cometió el delito, o, cuando se trata de un delito continuado o habitual, a partir del día en que cesó.»

En la práctica cotidiana de todas y cada una de las diócesis —y a modo de resumen de las implicaciones reales de estos cánones—, sucede lo siguiente: un clérigo que, por ejemplo, haya violado a un menor (can. 1395.2) —en el caso de que ese delito no hubiere prescrito por haber transcurrido demasiado tiempo desde su comisión (can. 1362.1.2) y siempre tras un largo y privado proceso—, si resulta condenado, no podrá recibir del tribunal eclesiástico católico más «castigo penal» que una «amonestación» (can. 1339), y/u «otras penas expiatorias, que priven a un fiel de algún bien espiritual o temporal, y estén en conformidad con el fin sobrenatural de la Iglesia» (can. 1312.2) —eso es una mera penitencia moral sin relevancia civil—, realizadas siempre en privado a fin de que siga permaneciendo «oculta» la comisión de un delito que fue perpetrado de igual modo (can. 1340).

En todo caso, jamás está permitido emprender un «procedimiento penal» sin que antes el «Ordinario» —prelado— haya intentado, mediante «la corrección fraterna, la represión u otros medios de la solicitud pastoral» —eso son meras buenas palabras—, «la enmienda» del sacerdote para que cese en su «contumaz» conducta delictiva (cann. 1341, 1347). Bajo ese palabrerío canonista, lo que subyace es que, en la práctica habitual de las diócesis, la Iglesia siempre perdona y olvida de oficio el primer delito —que en nuestro ejemplo era la primera

66. En una reforma del CDC en 1993 se incrementó el tiempo de prescripción hasta los diez años.

violación a un menor— y, como sus fines son «sobrenaturales», mientras que las víctimas «naturales» son mera «ocasión de debilidad» para el clero, también perdona y encubre, sin excepción, todos los abusos sexuales que siguen al primero. La burla a las víctimas de los delitos sexuales del clero y a la Administración de Justicia es tan obvia que no merece siquiera mayor discusión[67].

Un prelado que ha protegido a un sacerdote que abusó sexualmente de menores puede y debe ser visto como un sujeto que, desde el derecho civil —el único que todos debemos acatar en cualquier sociedad democrática—, ha cometido un delito de encubrimiento; e incluso puede y debe pensarse que jamás puede ser admisible como líder y pastor de gentes quien calla ante el violador de un niño y le encubre hasta situarle en disposición de violar a muchos más; pero, dando al césar lo que es del césar, nunca conviene olvidar que ese prelado, en su conducta inmoral,

67. Sin la menor pretensión de ser exhaustivos, el *Código de Derecho Canónico*, en el ámbito de los delitos sexuales del clero, parece vulnerar, como mínimo, los artículos constitucionales —en este caso nos referimos a la Constitución española, pero no hay excesivas diferencias con las del resto de los países democráticos— que siguen: 14 (derecho a la igualdad ante la ley); 15 (derecho a la integridad física y moral); 24 (derecho a obtener la tutela efectiva de los jueces y tribunales en el ejercicio de los derechos e intereses legítimos); 33.3 (derecho a no ser privado de derechos si no es por causa justificada de utilidad pública o interés social, recibiendo indemnización en cualquier caso); 39.4 (derecho a que los niños gocen de la protección prevista en los acuerdos internacionales); 120 (derecho a que las actuaciones judiciales sean públicas y las sentencias sean siempre motivadas y pronunciadas en audiencia pública); 139.1 (derecho a la igualdad de derechos y obligaciones en todo el territorio); 149.1.5 (competencia exclusiva del Estado en materia de Administración de Justicia).

obedeció con fidelidad exquisita lo que le obliga su Iglesia a través de este peculiar ordenamiento legal promulgado en *Acta Apostolicae Sedis*. Y no lo digo, claro está, con ánimo de disculpa, sino que lo afirmo como prueba de la perversión del sistema eclesial en este aspecto.

A más abundamiento y razón en lo que afirmo, valga recordar que en ninguno de los muchos documentos oficiales y declaraciones públicas emitidas por la cúpula de la Iglesia católica, a propósito de los cientos de escándalos sexuales que ha protagonizado —en particular los que han aflorado en los dos últimos años—, se ha cuestionado siquiera este marco legislativo canónico que obliga de manera indiscutible a ocultar y proteger al clero que perpetra delitos sexuales[68].

Será ilustrativo recuperar ahora un fragmento de una entrevista que la periodista chilena Andrea Bostelmann le realizó al padre Augusto Rojas, profesor de Derecho Canónico de la Universidad Católica de Chile, en la que éste, con espíritu docente, le explicó que «el libro sexto del derecho canónico plantea las penas y delitos en la Iglesia. Es un verdadero procedimiento penal, muy parecido al derecho penal civil de los estados, con atenuantes y agravantes, eximentes incluso. Su principio es que en la Iglesia todas las penas tienen una finalidad medicinal. Se quiere que el delincuente se redima»[69], afirmando un aspecto que no por obvio resulta baladí: las «penas» de que trata el *Código de Derecho Canónico* no pretenden resarcir un estado

---

68. También se encubren los delitos de cualquier otra clase —como los relacionados con la acumulación ilegítima de bienes y patrimonio—, pero ésa ya es otra cuestión.

69. *Cfr.* Bostelmann, A. (2001, 13 de agosto). «La Iglesia no oculta los abusos sexuales.» Chile: *LUN*.

de injusticia o vulneración de derechos en la víctima y/o sociedad, sino, precisamente, buscar un presunto arrepentimiento del delincuente que, cual mera fórmula retórica, ampare poder eludir el pago que en justicia le correspondería asumir al trasgresor una vez juzgado y probado su delito bajo las adecuadas garantías procesales. La Iglesia, con su actitud, sólo contempla el derecho del delincuente a arrepentirse, pero no el de la víctima a ser tratada en justicia y en justicia ser indemnizada.

Algo más adelante, en esa entrevista, cuando Andrea Bostelmann le interroga a propósito de que en mi libro *La vida sexual del clero* afirmo que el derecho canónico impone la obligación del obispo de ocultar a la sociedad los delitos sexuales de los sacerdotes, el padre Augusto Rojas responde: «Conozco ese libro y creo que no es así. A la disciplina de cualquier consagrado o de cualquier sacerdote se le imponen una serie de prudencias a mantener en su vida pública o de pastoral. Son gente muy entregada, muy abnegada, pero el mismo derecho le dice que tenga cuidado al momento de interactuar con los demás. En estos casos el obispo es el juez por excelencia. Una vez que tenga todos los antecedentes, el sacerdote debe ser enfrentado en un tribunal en el que debe saber quién lo acusa y de qué. Los anonimatos no sirven.»

—Le vuelvo a citar a Pepe Rodríguez —contraataca la periodista—: dice que en resumen el castigo penal que la Iglesia católica le aplica a un clérigo, que por ejemplo haya corrompido sexualmente a un menor, se limita a la práctica de alguna amonestación, obra de religión (artículos 1312 y 1339), realizadas siempre en privado (1340), para que permanezca en secreto la comisión del delito. Es decir —agrega—, que la Iglesia siempre perdona y «olvida» de oficio el primer delito.

—Dice [el *Código de Derecho Canónico*] —responde Rojas— que como las penas, una vez probado el delito, son para que el delincuente se redima y se convierta, la Iglesia misma tiene la facultad de que si a la autoridad le parece, una vez amonestado, reparado el daño y restituida la justicia, la pena no tiene sentido y no se debe aplicar. Ese criterio es muy amplio y le corresponde aplicarlo a la autoridad.

—En los casos que se han conocido en el último tiempo, un sacerdote fue enviado rápidamente a México a tratamiento psiquiátrico; otro venía acusado de cargos similares en Argentina. Eso daría para pensar que hay un intento de tapar los hechos mediante traslados y que no hay sanción.

—Le insisto, la pena en la Iglesia es siempre para que la persona se redima. Distinto es el derecho penal civil, donde el tipo que se ha redimido debe ser castigado igual. La Iglesia sostiene que todo hombre está llamado a la conversión. Si el hombre vuelve a pecar, ahí hay que aplicar la disciplina.

—Si se comprueba un primer caso de abuso contra un menor y estamos de acuerdo en que es una patología psiquiátrica, ¿por qué no se actúa al tiro, si es obvio que volverá a pasar?

—No es que quedemos cortos con la disciplina para controlar estos casos. Quiero pensar que todo obispo, si ha sido puesto frente a la Iglesia local, es porque ha sido encontrado digno no solamente para tener un cargo, sino sobre todo porque tiene la capacidad de administrar y llevar adelante la labor que se le confía.

Dejando de lado la buena intención que el señor Rojas quiere verle a toda actuación de un prelado, por haber «sido encontrado digno», resulta patente que sus afirmaciones, correctas desde la perspectiva del *Código de Derecho Canónico*, se convierten en pruebas de cargo ante la jurisdicción civil y, también, frente al mero sentido común del más humilde de los campesinos. Veamos:

El que se impongan «una serie de prudencias a mantener en su vida pública o de pastoral» no es garantía ni sinónimo de que los sacerdotes van a cumplirlas, tal como la realidad se encarga de recordar a diario, y cuando la *imprudencia* es tipificable como delito penal ordinario, aspecto que concurre en todos los delitos sexuales, el prelado no puede ni debe, bajo ningún concepto, convertirse en «el juez por excelencia», ya que entonces se convierte en encubridor del delincuente, cometiendo él también, en ese acto, un grave delito.

Para mayor sarcasmo, ante el tribunal al que «el sacerdote debe ser enfrentado», los derechos de la víctima —en los casos de delitos sexuales— no son defendidos por una representación letrada independiente, sino por el denominado «promotor de justicia», un fiscal eclesiástico que, aunque pretende probar las acusaciones en curso —si es que resulta una persona honorable, que sin duda las hay, pero que no siempre cabe esperar encontrar—, está sometido a la misma obligación que el resto del tribunal, eso es encubrir el delito penal... ya que «en la Iglesia todas las penas tienen una finalidad medicinal».

El propio experto en derecho canónico, el padre Augusto Rojas, lo afirma de manera incuestionable al manifestar que «como las penas, una vez probado el delito, son para que el delincuente se redima y se convierta, la Iglesia misma tiene la facultad de que si a la autoridad le parece, una vez amonestado, reparado el daño y restituida la justicia, la pena no tiene sentido y no se debe aplicar». La apostilla no es menos suculenta: «ese criterio es muy amplio y le corresponde aplicarlo a la autoridad», al obispo que es «juez por excelencia». Tan amplio debe de ser ese criterio que lo habitual es que este tipo de procesos se salden con una mera amonestación para el sacerdote que ha delinquido, mientras que la justicia no es «restituida» sino por un silencio cómplice que protege al trasgresor.

Por si queda alguna duda, el canonista insiste en que «la pena en la Iglesia es siempre para que la persona se redima. Distinto es el derecho penal civil, donde el tipo que se ha redimido debe ser castigado igual. La Iglesia sostiene que todo hombre está llamado a la conversión»... ¿y eso supone que un delincuente sexual, por ser sacerdote, debe librarse de la cárcel mientras que el resto de mortales —que suponemos llamados también a la conversión— deben cumplir prisión por haber cometido el mismo delito? ¿Es ésta la Justicia que proclama la Iglesia? Claro que si «el hombre vuelve a pecar, ahí hay que aplicar la disciplina»... ¿qué disciplina? La mayoría de los sacerdotes que han cometido delitos sexuales son reincidentes y jamás se les había aplicado «disciplina» ninguna dentro de la Iglesia, salvo las famosas «amonestaciones», que son un perfecto sinónimo canónico del «nada de nada»[70].

70. Sin embargo, cuando el delincuente no es sacerdote, pero comete su mismo delito, la Iglesia exige que la Justicia penal civil le encarcele sin compasión allí donde logre detenerle. Un ejemplo: ante la explotación sexual que sufren menores de muchos países, el Consejo Pontificio para la Familia reclamaba, con razón, que «es necesario también poner freno, mediante oportunas medidas legales, tanto a nivel nacional como internacional, a las gravísimas ofensas a la dignidad de los niños: esas ofensas son la explotación sexual (...) y las violencias de toda índole (...) ¿No se trata de auténticos de-

, ; Un hecho que siempre se pasa por alto cuando se aborda la cuestión que nos ocupa es que, en buena parte de los casos de delitos sexuales del clero, las víctimas habían acabado denunciando sus problemas a otros sacerdotes, pero éstos, siempre que les resulta posible, la primera argucia que intentan es que la víctima cuente su testimonio bajo la formalidad del sacramento de la confesión. De esta manera se libran de declarar en cualquier ámbito, se protegen a sí mismos frente a su responsabilidad como encubridores, y se posicionan en la mejor de las ventajas, el silencio al que obliga el secreto de confesión, para poder proteger de por vida a su compañero trasgresor[71].

_____

litos contra la humanidad, que como tales, por consiguiente, deberían ser reconocidos y castigados, no sólo en el lugar en que se producen, sino también en los países de donde proceden los autores de esos delitos?» [*Cfr.* Consejo Pontificio para la Familia (2000, 11-13 de octubre). «Conclusiones del congreso teológico-pastoral "Los hijos, primavera de la familia y de la sociedad".»] No cabe la menor duda de que es tan pedófilo y delincuente quien viaja hasta Tailandia para abusar sexualmente de un niño como el sacerdote que lo hace sin salir de su parroquia; entonces ¿a qué viene tamaña desvergüenza e hipocresía? Si la Iglesia exige, para sus sacerdotes delincuentes sexuales, el perdón unilateral bajo mero arrepentimiento y procura que no sean juzgados por un tribunal civil, ¿por qué razón exige leyes y cárcel pura y dura para quienes dañan a menores del mismo modo que lo hacen muchos de sus sacerdotes? La respuesta es obvia: la mayor parte el clero católico se cree con derecho a estar por encima de cualquier justicia humana, haga lo que haga.

71. En la parte del *Código de Derecho Canónico* que regula quiénes pueden ser testigos en un proceso eclesiástico, el canon 1550 establece que: «1. No se admitan como testigos los menores de catorce años y los débiles mentales, pero podrán ser oídos si el juez por decreto manifiesta que es conveniente. 2. Se consideran incapa-

Esa maniobra indecente ya la documenté perfectamente en casos como el del actual obispo de Girona (España), Carles Soler Perdigó[72], encubridor de las muchas relaciones sexuales con menores que mantuvo Albert Salvans Giralt, un diácono de su parroquia que, gracias a la protección que le brindaron la cúpula del arzobispado de Barcelona, con el cardenal Ricard Maria Carles Gordo al frente, eludió la Justicia y acabó siendo ordenado sacerdote en la diócesis londinense de Westminster, donde a pesar de su historial, o precisamente por él, fue destinado a una parroquia de Kentish Town[73].

En uno de los documentos aportados por Asunción P. B., víctima de las tropelías sexuales de Albert Salvans, se lee: «Que Carles Soler Perdigó no sólo me intentó convencer por todos sus medios para que me olvidase de todo lo que había pasado con Salvans, sino que me forzó a tener que ir a confesarme con él, cosa que hice, efectivamente, pero durante toda la confesión, a pesar de la gran insistencia de mosén Soler, me negué rotundamente a comentar ni una sola palabra acerca de lo que había sucedido entre Albert Salvans y yo; historia que, por otra

---

ces: (...) 2º. Los sacerdotes, respecto a todo lo que conocen por confesión sacramental, aunque el penitente pida que lo manifiesten; más aún, lo que de cualquier modo haya oído alguien con motivo de confesión no puede ser aceptado ni siquiera como indicio de la verdad.»

72. *Cfr.* Rodríguez, P. (1995). *La vida sexual del clero.* Barcelona: Ediciones B, p. 130.

73. Otro diácono, Pere Cané Gombáu, compañero de correrías sexuales de Albert Salvans en la misma red clerical de corrupción de menores, también acabó siendo ordenado sacerdote fuera de España y lejos de las miradas indignadas de sus víctimas españolas; en este caso fue ordenado en Wisconsin, Estados Unidos.

parte, mosén Soler ya conocía perfectamente puesto que yo ya la había denunciado con todo detalle ante las autoridades del tribunal eclesiástico y en su propia presencia.»[74]

Un caso ejemplar respecto al uso ilegítimo del secreto de confesión para encubrir a un sacerdote delincuente es el que acabó, el 4 de septiembre de 2001, con la condena del prelado francés Pierre Pican, obispo de la diócesis de Bayeux Lisieux, a tres meses de prisión condicional y al pago de un franco simbólico en concepto de daños y perjuicios por no haber denunciado los delitos pedófilos de René Bissey, uno de sus sacerdotes (que había sido condenado a dieciocho años de cárcel por violar a un niño y abusar sexualmente de otros diez).

Los abogados del obispo Pican arguyeron que éste se enteró de los delitos de Bissey en el transcurso de una «conversación privada» que quedaba protegida bajo una jurisprudencia de 1891 que garantizaba el secreto profesional del clero, pero el Tribunal Correccional de Caen fue tajante y declaró que no hubo confesión ni confidencia entre ambos, por lo que el obispo no podía acogerse al secreto de confesión, un privilegio que según el tribunal, y ello es lo fundamental, no puede ser de aplicación cuando la protección de los niños está en juego[75].

---

74. Este documento, fechado el 10 de marzo de 1995, así como una amplia gama de documentos judiciales, eclesiásticos y otros que demuestran sin lugar a dudas la responsabilidad encubridora de éste y otros prelados en el caso, pueden obtenerse en su formato original en el web de este autor *http://www.pepe-rodriguez.com*, en la sección dedicada a la sexualidad del clero.

75. *Cfr.* Ternisien, X. (2001, 5 de septiembre). «Mgr Pican condamné à trois mois de prison avec sursis.» París: *Le Monde.*

Para el tribunal, el obispo Pican «se abstuvo de denunciar» los actos de pedofilia de un sacerdote bajo su responsabilidad, «lo que constituye, tratándose de la protección de niños, un trastorno excepcional del orden público» y «la opción de conciencia derivada del secreto profesional no podía ser aplicada» en esta circunstancia. En la sentencia se criticó al prelado Pican por haber «faltado a su deber de denuncia prevista en el código penal» (el artículo 434.3 del Código Penal francés obliga a denunciar las agresiones sexuales a un menor) y se condenó «el inmovilismo, la política de espera del acusado, imbuido por la secreta esperanza de que todo volvería a la normalidad sin que hubiera necesidad de intervenir».

Yann Rebillard, con 26 años en el momento del juicio, pero que fue víctima de una agresión sexual del sacerdote Bissey cuando sólo tenía 11 años de edad, puso el dedo en la llaga cuando, reflexionando en voz alta, dijo: «El señor Pican prefirió acudir en ayuda del autor del delito. Pero si el autor estaba deprimido, ¿pensó Pican cuál podría ser el estado de sus víctimas?»[76] El proceso judicial contra el prelado Pican dejó bien sentado que las víctimas del sacerdote pedófilo que protegió no merecieron su eclesial atención, tampoco el menor atisbo de apoyo o solidaridad humana ante su sufrimiento y el de sus familias.

Ojalá acabase siendo cierta la convicción que expresaba la mexicana Roberta Elizondo en *Milenio* (9 de abril de 2002), cuando afirmó que el milagro de «transustanciar delitos concretos en pecados abstractos bajo el manto de un discurso moral y religioso, por fortuna ya no

---

76. *Cfr. Le Figaro* (2001, 14 de junio). «Prison avec sursis requis contre l'évêque Pican.» París: *Le Figaro*.

dará para más». Pero mi optimismo no da para tanto. Quizás ese truco de prestidigitador totalitario, imbuido del modo de ser hipócrita a la manera católica, ya no engañe más a muchos, pero seguirá dando sus mismos frutos mientras no se modifique completamente la visión a que obliga un *Código de Derecho Canónico* inadmisible en cualquier estado de Derecho.

4

El encubrimiento de los abusos sexuales a menores como práctica cotidiana en las diócesis católicas

—¿Cuántos prelados encubren los delitos sexuales contra menores cometidos por sacerdotes de sus respectivas diócesis? —le pregunté en diciembre de 2001 a un obispo español con el que mantengo un delicado trato de confianza.

—Tantos como todos aquellos que han tenido algún caso de abusos sexuales en su diócesis, sin hacer excepción ninguna. La norma es evitar el escándalo, llevar el asunto con la máxima discreción posible y salvaguardar al sacerdote —respondió sin titubear el prelado.

Por si hubiese alguna duda ante esta tajante afirmación, el propio Papa —en unos días en que la Iglesia se veía ya acosada por decenas de escándalos sexuales, la mayoría por delitos contra menores, surgidos en todo el mundo, y cuestionada por la prensa independiente— avaló esa cualificada opinión al firmar una carta en forma de *Motu Proprio* titulada *Sacramentorum Sanctitatis Tutelae* (La Tutela de la Santidad de los Sacramentos), en la que reafirmaba la autoridad exclusiva de la Congregación para la Doctrina de la Fe para entender y decidir sobre ocho de las faltas más graves contra los sacramentos, entre las que incluyó de modo explícito, por primera vez, la pedofilia[77].

El cardenal Darío Castrillón, al comentar públicamente la carta apostólica *Sacramentorum Sanctitatis Tutela* —y su parte normativa, titulada *Normae de gravioribus delictis Congregationi pro Doctrina Fidei reservatis*, que tiene carácter confidencial y no se ha hecho pública— anunció que «se reserva a la Congregación para la Doctrina de la Fe la competencia sobre una serie de delitos graves contra la santidad de los sacramentos y contra la misión educativa propia de los ministros sagrados con los jóvenes, en particular la pederastia». Y que «la Congregación para la Doctrina de la Fe, al asumir esta competencia especial, ha enviado una carta a los obispos de todo el mundo y, además, les acompaña ahora al asumir la responsabilidad ante hechos tan graves, ya sea para evitar el riesgo de un descuido, ya sea para coordinar mejor a las Iglesias locales con el centro de gobierno de la Iglesia universal, con el objetivo de asumir una actitud homogénea por parte de las Iglesias locales, si bien respetando la diversidad de las situaciones y de las personas»[78].

77. Este documento, que es el *Motu Proprio* número 26 de su pontificado, firmado el 30 de abril de 2001 por el Papa, fue publicado, en latín, el 5 de noviembre de 2001 en las *Acta Apostolicae Sedis* (*Actas de la Sede Apostólica*, vol. XCIII, número 11), que es el boletín oficial del Vaticano. La parte expositiva de este documento puede verse en el anexo documental número 1 de este libro.

78. El documento original completo puede obtenerse en el web del autor, *http://www.pepe-rodriguez.com*, en la sección dedicada a la sexualidad del clero.

La carta de la Congregación para la Doctrina de la Fe que citó el prelado colombiano fue enviada a los obispos de todo el mundo, firmada por Joseph Ratzinger, el 18 de mayo de 2001, con el fin de intentar tomar las riendas para controlar una riada de escándalos que estaban sangrando la economía de las diócesis y mermando la credibilidad de la Iglesia. En ella, Ratzinger explicaba el contenido del documento *Motu Proprio* papal y declaraba que mediante la aplicación de las medidas propuestas «esperamos no sólo que estos graves delitos sean evitados, sino sobre todo que la santidad del clero y de los fieles se vea protegida por las necesarias sanciones y por el cuidado pastoral ofrecido por los obispos u otros responsables».

El guardián de la ortodoxia vaticana recordaba la voluntad papal de que todo prelado o superior de una orden religiosa que tuviese conocimiento de cualquier conducta sospechosa de pedofilia «debe abrir una investigación e informar a Roma», siendo tratado el caso por un tribunal eclesiástico ad hoc dentro de la Iglesia local. La exclusividad de conocer y decidir sobre esas conductas delictivas se depositaba en los tribunales eclesiásticos de las diócesis y/o en el Tribunal de la Congregación para la Doctrina de la Fe que, en todo caso, se reserva la competencia única en todos los procesos en apelación.

Pero la necesidad de controlar los delitos sexuales del clero chocó, naturalmente, con el ansia ancestral de actuar en secreto que caracteriza a la Iglesia y, en esa dirección, en la circular se destacaba de forma muy notoria la necesidad que esa instrucción tenía de gozar de la «máxima reserva para que el contenido de la carta no salga del estricto marco de la Iglesia». Obviamente, Ratzinger no citó siquiera la posibilidad de que esos «graves delitos» fuesen denunciados ante los tribunales de justicia civil ordinarios, sino que, antes al contrario, instó a todas las diócesis a valorar con el mayor secreto, en el seno de un tribunal eclesiástico, las posibles conductas escandalosas, y a informar de igual modo, en secreto, al Vaticano sobre los hechos y los infractores. Aunque esta normativa no hacía sino ratificar lo que ya ordena el *Código de Derecho Canónico*, el Vaticano, por razones evidentes, prefirió no difundirla ya que, a diferencia de centenares de instrucciones que sí publicita, ésta cuestionaba y comprometía la pretendida honestidad de la cúpula vaticana respecto al tratamiento del problema de los delitos sexuales del clero sobre menores.

Estamos de acuerdo con el sacerdote jesuita Antonio Delfau cuando, en un excelente y duro artículo editorial, fue categórico al afirmar que «nuestro mundo religioso no está por encima de la sociedad y de su legislación penal»[79], pero esos vientos de democracia no llegan hasta el Vaticano.

Un ejemplo del modo de actuar «por encima de la sociedad y de su legislación penal» que es habitual entre los prelados lo aportó una información, difundida el 1 de junio de 2002 por la cadena de televisión estadounidense ABC, en la que se demostraba que el obispo auxiliar de Cleveland (Ohio), A. James Quinn, aconsejó a otros religiosos, durante un seminario celebrado en 1990, que eliminaran las evidencias existentes sobre las denuncias anónimas por abusos sexuales contra miembros del clero de la diócesis.

79. *Cfr.* el artículo editorial titulado «Abusos sexuales de sacerdotes a menores» de la revista jesuita *Mensaje*, en su número de mayo de 2002, firmado por su director Antonio Delfau.

«Los documentos personales —se oyó decir al obispo Quinn en una grabación de audio presentada por la cadena ABC— deben ser examinados cuidadosamente para determinar su contenido, y las cartas no firmadas que alegan mala conducta deben ser eliminadas (...) En casos más serios, (...) deben considerar [los miembros del clero] el envío de los documentos a la Embajada del Vaticano [que goza de inmunidad diplomática] en Washington con el fin de prevenir citaciones de los abogados demandantes (...) Si creen que es necesario, si hay algo que no quieren que sea revisado, pueden enviarlo a la delegación apostólica [*embajada* del Vaticano], tienen inmunidad; si es peligroso, si ustedes consideran que es peligroso, lo deberían enviar.»[80] En junio de 2002, durante la cumbre de los obispos celebrada en Dallas, el prelado Wilton Gregory, presidente de la Conferencia Episcopal de Estados Unidos, ratificó esta vía para encubrir los delitos del clero.

Tal como afirmó con rotundidad el cardenal colombiano Castrillón, «las medidas y los procesos [definidos en *Sacramentorum sanctitatis tutela*] deben garantizar la preservación de la santidad de la Iglesia, el bien común, así como los derechos de las víctimas y de los culpables (...) Las leyes de la Iglesia son serias y severas y están concebidas en el marco de la tradición apostólica de tratar asuntos internos de manera interna, lo que no significa sustraerse a cualquier ordenamiento civil vigente en los diversos países, exceptuando siempre el caso del sigilo sacramental o del secreto vinculado al ejercicio del ministerio episcopal y al bien común pastoral»[81].

80. *Cfr.* Fokkelman, M. (2002, 2 de junio). «Un capellán austríaco dimite tras posar en una revista "porno".» Madrid: *El Mundo*.
81. *Ibíd.*

La pretensión de «garantizar la preservación de la santidad de la Iglesia», así como la excepción del «bien común pastoral», decantan siempre a los prelados a encubrir los delitos sexuales del clero, tal como ya se ha mostrado y veremos también en los apartados siguientes sobre la base de algunos ejemplos reales y recientes.

En todo caso, quizá valga la pena abrir un pequeño paréntesis para reflexionar sobre un problema dentro del problema: si, hasta la fecha, los obispos han encubierto con celo desmedido las conductas sexuales delictivas de sus sacerdotes, ¿qué pensar cuando los delincuentes han sido los propios prelados? ¿Quién controlará al controlador cuando es notorio que entre sus filas no han faltado tampoco los trasgresores sexuales?

Sirva recordar sucintamente algunos casos notables que han protagonizado diferentes prelados durante la última década:

Alphonsus Penney, arzobispo de la diócesis de San Juan de Terranova (Canadá), dimitió, en julio de 1990, por haber encubierto decenas de delitos sexuales cometidos contra unos cincuenta menores por más de una veintena de sacerdotes de su diócesis.

Hubert Patrick O'Connor, obispo de Prince George (Canadá), en febrero de 1991, fue formalmente acusado por la Policía de haber violado a varias mujeres y de cometer asaltos obscenos contra varias otras.

Eamon Casey, obispo de Dublín (Irlanda), dimitió, en mayo de 1992, tras conocerse que era padre de un adolescente y que de los fondos de la diócesis había pagado a la madre, en 1990, unos doce millones de pesetas «para gastos»[82].

82. *Cfr.* González, E. (1992, 9 de mayo). «Dimite el obispo más

Rudolf Bär, obispo de Rotterdam (Holanda), fue forzado a presentar su dimisión, en marzo de 1993, tras ser acusado de «homosexual»[83].

Hansjoerg Vogel, obispo de Basilea (Suiza), dimitió de su cargo, en junio de 1995, debido a que estaba esperando un hijo de su amante.

Roderick Wright, obispo de la diócesis de Argyll y las Islas (Escocia), dimitió, en septiembre de 1996, tras haber protagonizado una ruidosa fuga con una atractiva feligresa.

Hans Hermann Gröer, cardenal y arzobispo de Viena (Austria) y presidente de la Conferencia Episcopal austríaca, fue forzado a dimitir de todos su cargos, en abril de 1998, tras ser acusado, en 1995, de cometer una diversidad de delitos sexuales contra menores, por una decena de antiguos seminaristas de los que fue confesor (ver Caso 6).

John Aloysius Ward, arzobispo de Cardiff (Irlanda), fue sustituido al frente de su diócesis, por el Vaticano, en diciembre de 2000, por la presión social desencadenada por haber encubierto a dos curas pedófilos de su diócesis que acabaron encarcelados, aunque la causa oficial para dejar su puesto fue la convalecencia de una trombosis.

Pierre Pican, obispo de la diócesis francesa de Bayeux Lisieux, fue condenado, en septiembre de 2001, a tres meses de prisión por haber encubierto a un sacerdote pederasta[84] (ver Caso 4).

---

popular de Irlanda al conocerse que tenía un hijo en EE.UU.» Madrid: *El País.*

83. *Cfr.* Ferrer, I. (1993, 18 de marzo). «El obispo más popular de Holanda renuncia al cargo tras ser acusado de homosexual.» Madrid: *El País.*

84. *Cfr.* Ternisien, X. (2001, 5 de septiembre). «Mgr Pican condamné à trois mois de prison avec sursis.» París: *Le Monde.*

Anthony J. O'Connell, obispo de Palm Beach (Florida), dimitió en marzo de 2002 tras admitir haber abusado de dos seminaristas; con uno de ellos, a finales de la década de los setenta, se había metido en la cama, desnudo, cuando el joven acudió a él para pedirle consejo pastoral. O'Connell reconoció que su diócesis pagó a su víctima, en 1976, la suma de 125.000 dólares para ocultar los hechos (que incluían los tocamientos de O'Connell y los abusos sexuales de otros dos sacerdotes). «Ninguna de las personas que me nombró para este cargo lo sabía. Aunque siempre supe que estaba en mi pasado, no lo reconocí», dijo el obispo[85].

J. Keith Symons, el obispo anterior de Palm Beach al que O'Connell tuvo que sustituir en 1999, también debió dimitir tras verse obligado a admitir que había abusado de cinco monaguillos durante las décadas de los cincuenta y sesenta.

Julius Paetz, arzobispo de Poznan (Polonia), renunció al cargo, en marzo de 2002, tras haber sido acusado de cometer abusos sexuales sobre decenas de seminaristas[86] (ver Caso 8).

Brendan Comiskey, obispo de la diócesis irlandesa de Ferns, dimitió en abril de 2002, al hacerse público que encubrió los delitos sexuales que uno de sus sacerdotes cometió sobre varios menores[87] (ver Caso 5).

---

85. *Cfr.* Cuna, F. (2002, 10 de marzo). «Dimite un obispo de Florida tras admitir que abusó de dos seminaristas.» Madrid: *El Mundo*.

86. *Cfr.* Amon, R. (2002, 29 de marzo). «El Papa "depura" a Paezt y renuncia a oficiar la misa.» Madrid: *El Mundo*.

87. *Cfr.* EFE (2002, 2 de abril). «Un obispo irlandés dimite por su falta de diligencia en casos de pederastia.» Madrid: *El País*.

Franziskus Eisenbach, obispo auxiliar de la diócesis alemana de Maguncia, renunció a su cargo, en abril de 2002, a consecuencia de la denuncia presentada por la catedrática Anne Bäumer-Schleinkofer, en septiembre de 2000, acusando al prelado por abuso sexual y daños corporales. Fue la primera vez que la justicia alemana investigó a un obispo y, aunque el proceso fue sobreseído por el tribunal de Coblenza, en noviembre de 2001, por falta de pruebas, el obispado tuvo que reconocer que entre la denunciante y el obispo hubo «contacto corporal», quedando sin aclarar todo un trasfondo de otras posibles relaciones sexuales[88].

Rembert Weakland, arzobispo de Milwaukee, solicitó al Vaticano, en mayo de 2002, que aceptase su jubilación anticipada tras saltar a la luz que compensó con 450.000 dólares a un ex amante adulto que le acusaba de violación[89].

James Williams, obispo de Louisville (Kentucky), renunció en junio de 2002 tras ser acusado por uno de sus antiguos monaguillos, James Bennett, un joven de 33 años, que acusó al obispo Williams de haber abusado sexualmente de él veintiún años atrás, cuando fue su ayudante en una parroquia; al parecer no fue su única víctima, ya que otras noventa denuncias de otras tantas víctimas incidieron en lo mismo[90].

James McCarthy, obispo auxiliar en la archidiócesis de Nueva York, dimitió de sus cargos en junio de 2002 tras

88. *Cfr.* Alonso Montes, A. y Fresneda, C. (2002, 17 de abril). «Eisenbach deja el obispado "en bien de la Iglesia", aunque no reconoce los delitos.» Madrid: *El Mundo*.

89. *Cfr.* Parrado, J. A. (2002, 25 de mayo). «El Papa acepta una nueva dimisión.» Madrid: *El Mundo*.

90. *Cfr.* Parrado, J. A. (2002, 12 de junio). «Dimite un tercer obispo en EE.UU. acusado de abuso sexual a un joven.» Madrid: *El Mundo*.

reconocer haber mantenido relaciones sexuales con varias mujeres, que en este caso eran todas mayores de edad[91].

George Pell, arzobispo de Sydney, renunció temporalmente a su cargo en agosto d e 2002 tras ser acuasado de haber abusado sexualmente de un menor de 12 años en 1961. Tres meses antes, en junio de 2002, varios feligreses le habían acusado de encubrir delitos sexuales del clero, cuando fue obispo auxiliar en Melbourne, en 1993, ofreciendo dinero a las víctimas a cambio de silencio[92].

Edgardo Storni, arzobispo de Santa Fe (Argentina), fue procesado judicialmente en agosto de 2002 acusado de haber abusado sexualmente de al menos una cincuentena de jovencitos, todos ellos semiranistas. El Vaticano le investigó por esta misma conducta en 1994, pero silenció su expediente. En el momento de cerrar la edición de este libro, a principios de septiembre de 2002, en el Vaticano se había adoptado la decisión de removerlo de su cargo, pero todavía no la había materializado (ver Caso 9).

Esta relación, que no pretende ser exhaustiva —son simples casos que figuran en mi archivo—, y que podría ser notablemente ampliada realizando una búsqueda en bases de datos internacionales, comprende una buena representación de las conductas relacionadas con la sexualidad, delictiva o no, protagonizadas por prelados católicos. Sin duda los casos apuntados constituyen una minoría entre el total de prelados, cierto, pero también lo es que éstos son unos pocos casos que han trascendido a la

---

91. *Cfr. El País* (2002, 13 de junio). «Dimite un obispo de Nueva York por haber tenido relaciones sexuales con varias mujeres.» Madrid: *El País*.

92. *Cfr.* Fernández Olmos, M. (2002, 21 de agosto). «Dimite un obispo de Sydney tras ser acusdo de pederastia.» Madrid: *El Mundo*.

luz pública. Tan sólo con la notas que figuran en mi archivo podría alargar este listado con otros veintiséis casos parecidos que todavía no han aflorado al conocimiento público, pero no tiene especial interés hacer tal cosa. El total de casos asimilables que existen en todo el mundo, sin duda nos obligaría a ocupar decenas de páginas si pretendiésemos emprender una relación somera de los mismos.

Dejando de lado la anécdota, por muy abundante que sea, la pregunta sigue siendo la misma: ¿Quién controla al controlador? La presunción de honestidad es obligada, también para con los obispos, pero debe reconocerse que las conductas de muchos de sus representantes invitan a instalarse en la duda perpetua, tanto en lo tocante a la honestidad, ética y justicia que deberían regir en las conductas de sacerdotes y prelados —y/o superiores de órdenes religiosas— entre ellos y de éstos para con sus fieles, como en lo referente a la gestión transparente y honesta del dinero —aportado por creyentes y Estados— que éstos deberían hacer y, según se ve, están lejos de materializar.

Una institución que, como pregona el cardenal Castrillón, se arroga el derecho de acogerse a la «tradición apostólica de tratar asuntos internos de manera interna», contempla los delitos sexuales contra menores como «pecados» y «conductas privadas» antes que como delitos, y antepone el «bien común pastoral» al ejercicio de la justicia y los derechos de las víctimas y sus comunidades, no está en condiciones de asegurar que el encubrimiento de los delitos del clero es cosa del pasado.

Hoy, como ayer y, muy probablemente, mañana, el encubrimiento de los abusos sexuales a menores perpetrados por el clero seguirá siendo un asunto tabú para la

Iglesia, una cuestión embarazosa que deberá minimizarse y ocultarse dentro de la práctica cotidiana de las diócesis a fin de evitar escándalos públicos.

Unos pocos ejemplos, como los casos que seguirán, hablarán por sí mismos acerca de las conductas de los prelados que son habituales, en las diócesis, a la hora de abordar los delitos sexuales que algunos de sus sacerdotes cometen contra menores.

Caso 1 (Chile). Tomás González, el obispo que presumía más cualidades en los curas pedófilos que en sus víctimas

En poco tiempo, dos escándalos sexuales importantes, los primeros que afloraron en un país, Chile, donde la Iglesia está acostumbrada a controlar la sociedad, fueron a perturbar la vida de Tomás González, 67 años, obispo de Punta Arenas y uno de los prelados más influyentes de la Iglesia chilena.

En este apartado, aleccionador por excelencia, se pasará revista a un caso de manual en el que puede apreciarse perfectamente el proceso que sigue un menor abusado para aflorar su agresión; el camino que intenta su familia, tras darse cuenta de la existencia de las agresiones sexuales, para poder superar y reparar el daño recibido, así como los enormes problemas y presiones que se sufren; y las reacciones de apoyo y encubrimiento incondicional hacia el sacerdote delincuente que son habituales por parte de sus superiores.

El primer caso de agresión sexual de un sacerdote a un menor —el primero que se hizo público, claro— lo protagonizó el salesiano Antonio Larraín Pérez-Cotapos, de 61 años, segundo entre los diez hijos de una familia aristocrática y austera, a la sazón director de la escuela María Auxiliadora de Porvenir, capital de Tierra del Fuego, y con el mérito de haber logrado convertirse en el primer sacerdote procesado en Chile por un delito sexual.

El sacerdote comenzó a hacerse sospechoso cuando, en septiembre de 1999, llamó a Carmen Castro, de 50 años y madre de V. M., de 6, para advertirla de *rumores* que ella desconocía. «Entré a su oficina, hablé con él y sus primeras palabras fueron éstas: "Mira, Carmencita, andan rumores en el pueblo, que yo abuso de tu hija."»[93] Por prevención, Carmen le prohibió a su hija que fuera a la oficina del cura, pero, un mes después, en octubre, la niña regresó del colegio llorando. «Dime qué te pasó —preguntó la madre—. "El padre me llevó a la oficina y empezó a tocar mi cuerpo y mira cómo estoy y me duele mi vaginita..." Voy y cuando la veo y hago esto... Dios mío, pero qué le pasa a mi hija. Pesco a mi hija y lo único que le veo toda su ropa manchada con sangre.»[94]

Carmen, auxiliar de enfermería, corrió a llevar a su hija al hospital de Porvenir, su lugar de trabajo, y le solicitó al ginecólogo Iván González que examinara a la menor y que la aconsejara, pero el médico no revisó a la niña. «Él me dijo que esto era algo muy complicado, que si no tenía dinero para contratar un abogado me podían meter presa.»[95] La madre se hundió en la desespera-

---

93. Declaración personal para un programa sobre abusos sexuales del clero, del periodista Claudio Mendoza, emitido por *Informe Especial*, TVN Chile, el 4 de abril de 2002. *Cfr*. cinta 11-18:22)-2.

94. *Ibíd.*, cinta 11-25:31-25:47)-3.

95. *Cfr*. Matus, A. (2002, abril). «Escándalo en Porvenir.» *Paula* (858).

ción. «Yo me sentía desamparada. Me sentía culpable, porque mi hija hacía rato que me venía diciendo que se quería cambiar de colegio, y yo no la había tomado en cuenta.»

La niña acabó el año escolar sin aparentes conflictos, pero para el siguiente Carmen cambió de colegio a su hija. Se extrañó de que la antaño sociable menor ya no jugaba con chicos, desconfiaba de los adultos y no quería que ella la bañase; creyó que era un problema transitorio que desaparecería tras haber cambiado de colegio. Pero la madre se equivocó. En el acto de inauguración del año escolar, el 8 de marzo de 2001, la niña volvió a encontrarse frente al sacerdote Antonio Larraín y esa misma noche «la niña empezó a tener pesadillas y eso fue en ese momento del acto. Empezó a tener pesadillas gritando con sus manitas abiertas, "por favor, padre Antonio, no me toque. ¡Auxilio mamá! ¡Auxilio mamá!"»[96].

La madre acudió de nuevo con su hija al hospital, pero esta vez encontró mejores profesionales. Los doctores Luis Riquelme y Ada Cuevas remitieron urgentemente a la niña al hospital de Punta Arenas, donde la psiquiatra infantil Ada Vidal, tras una larga exploración psicológica, confirmó la sospecha de que había sido abusada sexualmente. También la doctora Daphne Secull, ginecóloga infantil, experta en abusos, y directora del hospital, comprobó que la niña presentaba síntomas de erotización precoz, una característica de los menores abusados.

96. Declaración personal para un programa sobre abusos sexuales del clero, del periodista Claudio Mendoza, emitido por *Informe Especial*, TVN Chile, el 4 de abril de 2002. *Cfr.* cinta 12-12:48)-6.

Ante la psiquiatra, la niña relató cómo el sacerdote Antonio Larraín la obligaba a acudir a su oficina, cerraba la puerta, y le metía la mano por debajo de las braguitas. Acabado el abuso, el cura la amenazaba con que si se lo contaba a su madre le pasaría «algo malo». El testimonio de la niña, según afirmó la psiquiatra, fue específico, detallado, coherente e identificó claramente a su agresor, características que daban plena credibilidad a su testimonio.

Al salir del hospital, la madre se dirigió al Servicio Nacional de Menores (Sename) y denunció los hechos, siendo también la propia institución quien, poco después, interpuso querella criminal contra el sacerdote, acusándole de abusar sexualmente de la menor V. M. C. entre los años 1997 y 1999[97].

Tal como sucede siempre ante este tipo de casos, la denuncia impactó con fuerza sobre la comunidad, que comenzó a dividirse en dos bandos, favorables y contrarios al sacerdote. El *manual de crisis* no escrito del clero dedicado a la enseñanza siempre postula que, ante la eventualidad de un colega acusado de pedofilia, el primer paso sea que un grupo de padres del colegio donde actúa el cura cuestionado —en este caso fue el Centro de Padres y Apoderados del colegio María Auxiliadora— inicie una campaña de recolección de firmas en apoyo radical del sospechoso.

También el conjunto de la comunidad religiosa de Punta Arenas cerró filas en torno a Antonio Larraín. El padre Rimsky Rojas, vicario de la diócesis, consideró las acusaciones como «un baldón gratuito en perjuicio de

97. *Cfr*. Martínez, R. (2001, 25 de abril). «Querella de Sename contra sacerdote.» Santiago de Chile: *El Mercurio*.

toda la Orden Salesiana» y tras afirmar que «esas denuncias constituyen una infamia», lanzó a la prensa —segundo comportamiento clásico de ese *manual de crisis* no escrito— la amenaza de que «se estaba estudiando la presentación de una querella por injurias [contra la madre denunciante y los periodistas], en caso de que las circunstancias así lo ameritasen».

El propio Antonio Larraín Pérez-Cotapos, al materializarse la acusación, alegó «absoluta inocencia» desde una entrevista concedida al diario *La Prensa Austral*, de Punta Arenas, y manifestó que se ha «interpretado muy mal algo que es totalmente del ambiente salesiano, como es el respeto y cariño incondicional a los niños y niñitas del colegio», tachó las acusaciones de ser «una infamia» y, en una muestra de modestia, anunció que «la denuncia no es tanto en contra mía, sino que es en contra de lo más sagrado del sistema salesiano, como es el espíritu familiar». Se ponía en marcha así la tercera norma del *manual de crisis* no escrito del clero: cualquier acusación grave no sólo es falsa siempre, sino que siempre tiene la intención de dañar al conjunto de la Iglesia socavando su credibilidad y prestigio.

En aplicación de la cuarta norma del *manual de crisis* no escrito del clero, que preconiza el difamar, de entrada, a los denunciantes, la prensa se hizo eco rápidamente de «fuentes cercanas a Larraín Pérez-Cotapos» que, claro, «coincidieron en señalar que en el caso de la niña afectada, "lo más probable es que efectivamente fue víctima de un abuso sexual, pero jamás por parte del director salesiano". Las mismas fuentes sostuvieron que la madre de la menor sufre ciertos trastornos psicológicos, no es casada sino que convive, y que el propio Larraín, "debido a situaciones conflictivas", le solicitó que retirara a su hija del colegio en 1999»[98]. Esas fuentes bienintencionadas siempre suelen medrar en puestos jerárquicos. Más abajo veremos que el obispo Tomás González las debe conocer muy bien.

En plena ebullición social del caso, otra madre, Leontina Maureira, de 32 años, que escuchó el testimonio de Carmen Castro en una radio local, también se animó a presentar una querella contra el sacerdote Antonio Larraín. En 1999, cuando su hijo estaba pasando las vacaciones de invierno en Punta Arenas con Humberto, su padre, el menor le hizo un comentario «donde me dice: "el padre toca el *poto* de los niños". Le pregunté: "¿y a ti te anda tocando?", y se dio vuelta e inocentemente el comentario quedó en el aire»[99]. Alarmado, Humberto avisó a su ex esposa que, al regresar el niño, le interrogó al respecto y obtuvo confirmación de que Antonio Larraín «lo tocaba y que tocaba a otros niños, que él vio que tocaba a otros niños sus genitales y él me dijo: "mamá no hables con el padre, porque me da miedo, me va a retar [reñir]"»[100]. A los abusos, el sacerdote le ponía creatividad, aunque uno de sus «juegos» es un clásico entre los sacerdotes agresores sexuales. Se trata de ofrecer golosinas escondidas en un «bolsillo mágico» del pantalón... sólo que cuando el niño introduce su mano para hacerse con ellas se encuentra con que el bolsillo no tiene forro y

98. *Cfr.* Mauricio Vidal, M. y Perales, M. (2001, 17 de mayo). «Impacto por presuntos abusos sexuales de sacerdote salesiano.» Santiago de Chile: *La Tercera*.

99. Declaración personal para un programa sobre abusos sexuales del clero, del periodista Claudio Mendoza, emitido por *Informe Especial*, TVN Chile, el 4 de abril de 2002. *Cfr.* cinta 18-6:01)-1.

100. *Ibíd.*, cinta 13-0:25)-1.

el cura no lleva calzoncillos, produciéndose un tocamiento genital por parte del menor[101].

La madre, claro, se lanzó a pedir explicaciones al salesiano Larraín, pero éste no sólo negó los hechos, sino que insinuó que el abusador «puede ser su tío o su papá. No se olvide usted que tiene conviviente [pareja de hecho]». Leontina, en medio de su indignación y dolor sintió aflorar un recuerdo largamente reprimido, ella también fue abusada de pequeña por un sacerdote. Furiosa, le amenazó con denunciarle si algo volvía a pasarle a su hijo, pero el cura parecía estar acostumbrado a estas advertencias y, con aplomo, le respondió: «Denúnciame no más. Yo te puedo meter presa, porque tú estás inventando y no tienes prueba de nada.»[102]

Afortunadamente, la jueza Pilar Gómez, que instruía el sumario contra el sacerdote Antonio Larraín no pareció escuchar esa amenaza prepotente, quizá porque andaba muy ocupada tomando declaración a testigos de mucha enjundia e importancia. Entre ellos estaba el sacerdote Héctor Berenguele, de 59 años, párroco de Por-

---

101. En su testimonio judicial, el sacerdote Larraín admitió que practicaba una diversidad de juegos con los niños y niñas que, para él, eran meras «manifestaciones inocentes de cariño», aunque esos juegos, casualmente, son habituales entre los educadores pedófilos. Según declaró ante la jueza, los juegos consistían en reprimendas o recompensas. El «90 grados» implicaba que el menor elegido debía agacharse para que él le diese unas palmadas en las nalgas; «la inyección» consistía en pellizcar al menor en las nalgas —parte del cuerpo que, como todo el mundo sabe, es la depositaria de las «manifestaciones inocentes de cariño»—; en «la peinadora» los menores tenían que despeinarle y volver a peinarle; en «el bolsillo mágico» tenían que extraer caramelos de dentro de alguno de sus bolsillos; etc.

102. *Cfr.* Matus, A. (2002, abril). «Escándalo en Porvenir.» *Paula* (858).

venir y salesiano como Larraín. El padre Berenguele afirmó ante la juez que en el año 2001 obtuvo los testimonios de seis familias que, bajo juramento —no bajo confesión—, le hicieron conocedor de los abusos sexuales que habían sufrido sus hijos por parte de Antonio Larraín Pérez-Cotapos, teniendo la convicción de que su hermano de congregación, con quien compartía casa y misión, mentía al declararse inocente[103]. La jueza, tras oír este testimonio, el 15 de mayo de 2001, ordenó que el salesiano Larraín cesara como director del colegio María Auxiliadora hasta que se aclarase su situación procesal.

La famosa *caridad cristiana* que usa el clero cuando se ve acosado no tardaría en cobrarse la primera víctima. A finales de año, cuando Héctor Berenguele viajó a Santiago para asistir a un retiro, Bernardo Bastre, Superior salesiano, le anunció que ya no regresaría a Porvenir, ni siquiera para recuperar sus pertenencias, que le fueron enviadas a su nueva parroquia en Gran Avenida. Ese sacerdote honesto, ante el encubrimiento intolerable de la jerarquía hacia su *colega*, decidió colgar los hábitos. «Quedarse, aseguran quienes lo conocen, sería para él hacerse cómplice de delitos inexcusables.»[104]

Otro testigo, Rosa Oyarzún, profesora del colegio María Auxiliadora y catequista del colegio durante dieciocho años, declaró ante el juzgado «haber sorprendido a Larraín con la niña V. M. sobre sus piernas y con los calzones abajo, mientras la restregaba contra su cuerpo»[105]. Calló en ese momento para no causarle dolor a

---

103. *Ibíd.*
104. *Ibíd.*
105. *Ibíd.*

Carmen Castro, la madre, pero cuando su conciencia la llevó a contarle a la jueza lo que conocía, fue despedida del colegio inmediatamente.

Un tercer testigo, Teresita del Carmen Navarrete, de 17 años, relató que mientras fue alumna del colegio presenció los «juegos» de Antonio Larraín. «Ahí aprovechaba de manosear a las niñas más chicas. Las acostaba en su falda para darles "la inyección" y ahí les agarraba las piernas y les metía la mano debajo del *jumper*. Yo miraba y me reía no más. A mí no me lo hacía, porque yo era más grande»[106], declaró.

Como no podía ser de otra manera, finalmente, en un hecho sin precedentes en Chile, la jueza del Crimen de Tierra del Fuego, Claudia Madsen Venegas, dictó auto de procesamiento contra Antonio Larraín Pérez-Cotapos, como autor del delito de abusos sexuales, y ordenó su detención y encarcelamiento[107], aunque un día después recuperó su libertad tras pagar una fianza de 100.000 pesos[108].

La congregación salesiana, en ese momento, emitió un comunicado afirmando que, tras haber indagado internamente los hechos se llegó a la conclusión de que «no existen antecedentes serios que permitan sostener la

---

106. *Ibíd.*

107. *Cfr. La Prensa Austral* (2001, 26 de septiembre). «Someten a proceso al sacerdote Larraín.» Punta Arenas: *La Prensa Austral*.

108. A pesar de la apelación presentada por la defensa de Larraín, la Corte de Apelaciones de Punta Arenas ratificó también, por unanimidad, esa resolución de la titular del Juzgado de Porvenir de someter a proceso penal al sacerdote salesiano [*El Mercurio* (2001, 11 de diciembre). «Abusos: Ratifican proceso a sacerdote.» Santiago de Chile: *El Mercurio*].

acusación»[109]. Anteriormente, y también «internamente», había distribuido dos circulares: una informando de la existencia de las denuncias; la otra, ordenando a sus 233 sacerdotes y hermanos que guardasen silencio absoluto sobre el asunto.

El coprotagonista de esta historia, Tomás González, obispo de Punta Arenas y también salesiano, como el procesado y sus avaladores, no perdió ocasión de apoyar a su amigo: «El padre Larraín no es reo, él recién salió en libertad y se le está acusando de un acto que no cometió. Creo firmemente en su inocencia (...) ésta es una situación bien injusta del Poder Judicial en contra de la Iglesia Católica. Afortunadamente existe la justicia divina, eso es lo que nos consuela. No entiendo por qué razón no se le permite a la congregación atestiguar en este caso.»[110]

Ésta no había sido, ni mucho menos, la primera vez que este prelado se había atrincherado a favor del sacerdote procesado. Desde que se hizo pública la denuncia, el prelado González manifestó dudas sobre las verdaderas intenciones de Carmen Castro, sugiriendo a través de la prensa que «el autor del abuso sexual contra su hija podría ser uno de los convivientes de la mujer»... a pesar de que la mujer asegurase vivir sola con sus hijas, pero ya

109. Una pronta y eficaz conclusión hallada sin tomar en cuenta el testimonio de los acusadores, incumpliendo así incluso las más elementales recomendaciones mínimas del derecho canónico. Las propias madres de las víctimas, Carmen y Leontina, se lamentaron públicamente de que el Superior salesiano, Bernardo Bastres, en su visita a Porvenir, no aceptase escuchar sus declaraciones a pesar de que se le pidió audiencia formal con la debida antelación.

110. Campos, J. (2001, 27 de septiembre). «Sacerdote sometido a proceso por abusos.» Punta Arenas: *La Prensa Austral*.

se sabe, para la Iglesia, una mujer separada es el mismísimo diablo. En declaraciones al diario local *La Prensa Austral*, el prelado se permitió dudar del equilibrio emocional de la madre de la víctima abusada por el sacerdote, tachándola de alguien «con una personalidad con dificultad. En buen chileno podemos decir, en pueblo chico, infierno grande»[111].

El obispo Tomás González, haciendo un alarde del sentido de la justicia, llegó a asegurar que «éstas son acusaciones totalmente falsas, porque son casos viejos, de hace más de dos años. Se está culpando al padre Antonio de una manera poco seria, ya que son sólo suposiciones» y los problemas que se esconden tras estas denuncias «radican en las familias. A ellas deberían examinar, por-

---

111. Guardando plena comunión eclesial con su obispo, tal como ordena el *Código de Derecho Canónico*, los abogados del sacerdote Larraín, Juan Carlos Sharp y Francisco Cárdenas, en sus escritos de defensa también pusieron en duda la veracidad de los testimonios acusadores, tanto debido al tiempo que tardaron las madres en denunciar como, básicamente, por su condición de mujeres separadas unidas a «convivientes». Para tan ilustres letrados, dado que la existencia de abusos sexuales era un hecho probado por los informes clínicos del Sename, la madre de la niña agredida, Carmen Castro, podría estar pretendiendo «proteger al verdadero culpable», que suponen podría ser un ex novio de su hija Pamela, de 17 años; y el responsable de los abusos sexuales al hijo de Leontina Maureira, según ellos, habría que buscarle entre «los hombres que visitan su casa». El salesiano Larraín, en su declaración, no dejó de insinuar tampoco que su denunciante era una mujer «con problemas mentales» que «busca obtener el dinero que recibió de una herencia»; y que la menor abusada era quien «le prodigaba muestras de afecto constante, pues veía en él una figura paterna» y que había sido inducida por la madre a inculparle, «pues proyectaba» en el sacerdote a su ex marido, «de quien deseaba vengarse».

que todas estas acusaciones se producen porque ellos tienen problemas de este tipo al interior de sus familias y los esconden acusando al padre»[112].

Tomando ya un cariz eclesial-genetista novedoso, el obispo, entrevistado por *Radio Camelot*, afirmó el 17 de junio de 2001 que debía analizarse la forma en que fueron concebidos los menores agredidos. «Uno se pregunta hoy día que se ha hecho tanto hincapié en el genoma humano ¿cuándo se concibieron estas criaturas, quiénes los concibieron? ¿Eran personas de alguna manera que vivían, no sé, una adicción o tenían algún desequilibrio personal?» Si la cavilación del prelado no fuese una absoluta cretinez, sin duda cabría preguntarse lo mismo acerca de su linaje.

El 26 de septiembre de 2001, el salesiano Antonio Larraín Pérez-Cotapos incrementó su nómina de acusadores al añadirse al proceso los casos de otros tres menores que sufrieron también abusos sexuales en el Colegio María Auxiliadora de Porvenir. Y ante tal desafío a la Iglesia, según lo veía el obispo de Punta Arenas —que en el seminario fue compañero de curso de Antonio Larraín y había calificado a las madres de los menores abusados como «personas que le hacen mal a la Iglesia católica»—, éste se tornó más desafiante si cabe.

La periodista Orietta Santamaría, intentó lidiar al prelado, en una entrevista[113], con sentido común, pero el cielo no parece entender de esas nimiedades. «Obispo,

112. *Cfr.* Santolaya, P. (2001, 28 de mayo). «Culpan a sacerdote salesiano, Antonio Larraín Pérez-Cotapos. Cinco nuevos casos de abuso sexual en Porvenir.» Santiago de Chile: *Las Últimas Noticias*.
113. *Cfr.* Santamaría, O. (2001, 28 de septiembre). «Obispo Tomás González habla desde la perspectiva "de la justicia divina": "no aceptaremos un fallo contra el padre Larraín".» Santiago de Chile: *El Día*, p. 9.

¿no cree que si la Justicia decidió procesar a este sacerdote debe de ser porque hay pruebas suficientes en su contra?», preguntó la reportera. Pero el prelado lo tenía muy claro: «Es fundamental que la Justicia averigüe la veracidad de las denuncias, porque no ha investigado a fondo quiénes son las dos personas que presentaron las denuncias. Una de las señoras presentó la queja dos años después de que ocurrieran los supuestos hechos y eso ya atenúa la situación.»

«Supongamos que los tribunales de Punta Arenas fallan y dictan sentencia contra el sacerdote, ¿qué va a hacer la Iglesia?», insiste Orietta Santamaría. «Si el fallo es negativo —ruge el prelado— vamos a ir a la Suprema en Santiago. Naturalmente que nosotros no aceptaremos esta sentencia desde el punto de vista de la justicia divina. ¡No vamos a hacer ningún proceso eclesiástico, porque no estamos de acuerdo en las culpas! ¡No habrá sanción de la Iglesia, porque el padre Larraín no tiene ninguna culpa! No tenemos ninguna certeza de los hechos que se le imputan, porque no los consideramos válidos.»

«¿Por qué usted insiste en que las acusaciones son poco serias?», le señala la periodista, a lo que el sagaz obispo responde: «Porque una de las niñitas primero dijo que había sido violada y después cambió su versión a abusos deshonestos[114]. ¡Hay que averiguar quién concibió a esta niñita! ¿Quién es el papá biológico? Se supone que los abusos ocurrieron cuando la niña tenía siete años de edad. Entonces, ¿con quién vivió esta niñita?»

114. Sería deseable que un obispo tuviese la mínima formación y sentido común para comprender que una menor abusada sexualmente se limita a relatar su experiencia, pero no la califica según la legislación penal, algo que en todo caso hacen sus familiares (con

«¿Usted supone que la niña fue abusada por otra persona, un familiar?», repreguntó la reportera alucinada. «¡Eso es lo que se debe investigar! No sé quién pudo ser y eso hay que averiguarlo», volvió a bramar el obispo González como si fuese poseso de la verdad.

Según su historial profesional conocido, Antonio Larraín Pérez-Cotapos, en sus treinta y cinco años de sacerdote, ha estado siempre muy próximo a los menores. En sus inicios fue vicario de la Educación de Linares y Talca, y después decano de la zona oriente del arzobispado de Santiago. Posteriormente fue nombrado director del colegio salesiano de Puerto Natales y, tras nueve años en el puesto, pasó a la parroquia Sagrada Familia de Macul. Destinado finalmente en Punta Arenas, pasó un año en la Pastoral Juvenil y ejerció de profesor en el Liceo San José. En 1996 fue designado director del Colegio María Auxiliadora de Porvenir. Según el vicario de la diócesis de Punta Arenas, parece que con anterioridad

---

fundiendo a menudo abuso deshonesto y violación, ya que, de hecho, para ellos, en su dolor, su niña fue *violada*) y más tarde lo hacen sus abogados, ajustando los hechos a la calificación penal apropiada. Ada Vidal, psiquiatra infantil que exploró a los menores agredidos, en el programa *Informe Especial* ya citado anteriormente, declaró, con razón, que «los niños, muchas veces, no tienen conocimiento de lo que significa el ser abusado sexualmente. Ellos refieren los hechos; el que le da la connotación de abuso es el adulto que recibe la información» [*Cfr.* cinta 20-17:05)-1]. En la misma emisión, la doctora Daphne Secull —ginecóloga infantil, experta en abusos, y directora del hospital de Punta Arenas— refirió que «los niños no pueden inventar algunas cosas. Tienen muchas fantasías, pero detalles específicos del abuso no tienen posibilidad de inventarlos, salvo que les haya ocurrido. Y, en general, cuando se refieren a una persona específica, es que esa persona cometió el abuso» [*Cfr.* cinta 18-18:50)-1].

también ocupó la dirección de escuelas en Linares y en Santiago.

Quizás el obispo González, buen conocedor de su amigo Larraín, podría explicar las razones de cambios y traslados en la vida de este sacerdote que implican sucesivas pérdidas de poder y aislamiento, algo que no sucede jamás salvo en los clérigos que son «internamente amonestados» por motivos como el que nos ocupa, aunque también es probable que Antonio Larraín guste de viajar por el país. Otra pregunta interesante surge ante el hecho de que los abusos sexuales conocidos en la escuela María Auxiliadora de Porvenir se produzcan poco después del nombramiento de Antonio Larraín como director del centro y no antes, ¿conoce la respuesta el obispo González? ¿Hubo abusos sexuales en las anteriores escuelas o destinos donde estuvo el salesiano? El tipo de casos de que se le acusa, la adecuada selección de las víctimas en función de su edad y situación familiar, el tipo de juegos usados con los menores, indicaría una experiencia previa que no se adquiere en la última fase de la vida, ni mucho menos.

Son meras hipótesis, especulaciones, que ojalá el tiempo pueda desmentir. En todo caso, en el momento de escribir este apartado, quien sus amigos apodan como el *Huaso* Larraín, todavía estaba pendiente de ser juzgado, así es que cabe otorgarle a su persona la presunción de inocencia que los hechos demandan.

Mientras la tormenta arreciaba sobre la cabeza de Antonio Larraín, el obispo Tomás González todavía no podía cerrar su propio paraguas; una nueva denuncia judicial afloró que su propio secretario, Víctor Hugo Carrera, también andaba en la cosa de los abusos sexuales a menores, algo que él ya conocía, pero que pretendía haber *solucionado* «internamente».

A finales de junio de 2001, Guillermo Pérez, padre de un menor, denunció ante la justicia al sacerdote Víctor Hugo Carrera, de unos 40 años, que ocupaba el cargo de secretario canciller del obispado de Punta Arenas —además de ser capellán de la cárcel, líder de un movimiento apostólico y responsable de un destacado grupo catequista de menores—, acusándole de haber cometido abusos deshonestos sobre su hijo, concretamente el 1 de mayo de 1999, cuando éste tenía 13 años[115]. En su escrito de denuncia ante el Juzgado se relataba cómo Carrera, tras trabar amistad con el menor, le condujo hasta una capilla, durante un «Encuentro de Niños por el Espíritu», y allí le besó y manoseó, para, acto seguido, obligarle a jurar ante una imagen de la Virgen que silenciaría la agresión sexual.

A pesar del patético intento de acallar al menor, sus padres se enteraron del abuso y fueron a encontrar al cura a su oficina dispuestos a partirle la crisma, pero Carrera no era de la pasta de su colega Antonio Larraín Pérez-Cotapos y se achantó nada más verles. «Lo único que hizo fue ponerse las manos en la cabeza y dijo que no sabía por qué lo había hecho», comentó la madre[116]; «... y pedirnos perdón y qué se yo, decir que era una mierda, qué se yo, que no servía para nada y que por eso se había metido a cura», apostilló el padre[117].

En octubre de 1999, después de cinco meses de inten-

115. *Cfr. La Cuarta.* (2001, 23 de junio). «Segundo caso en Punta Arenas: otro cura acusado de abusos deshonestos.» Santiago de Chile: *La Cuarta.*

116. Declaración personal para un programa sobre abusos sexuales del clero, del periodista Claudio Mendoza, emitido por *Informe Especial*, TVN Chile, el 4 de abril de 2002. *Cfr.* cinta 59-3:50)-2.

117. *Ibíd.* cinta 58-09:10)-4.

tar denunciar el delito ante el obispo sin lograr ser recibido, el padre habló por fin con Tomás González, que —tal como dicta otra de las normas del *manual de crisis* no escrito del clero— le escuchó, tranquilizó y, finalmente, pasándole el brazo por encima del hombro, le despidió con el consabido «todos tenemos debilidades humanas».

La debilidad de Carrera, sin embargo, quedaba amparada bajo la fortaleza de su obispo, y por ello siguió con sus labores como si nada hubiese ocurrido. Harto de esperar y dolido de ver que el abusador seguía trabajando con menores, el padre del chico, en septiembre de 2000, buscó el apoyo del vicario general de la diócesis, Rimsky Rojas, que le sugirió mandar una carta al obispo —en la Iglesia jamás hay prisas para evitar o afrontar abusos sexuales de su clero— con copia al consejo diocesano de Punta Arenas. *Sólo* un mes después, el obispo González le respondía usando el habitual lenguaje obispal: «este asunto se tratará de resolver de la mejor manera posible, respetando a todas las personas involucradas».

Pasaron meses —que ésa es, siempre, para los prelados, «la mejor manera posible» de resolver esos problemas— sin moverse una hoja, hasta que, en mayo de 2001, tras ver que la Justicia le ajustaba las tuercas al salesiano Larraín, los padres del menor informaron al obispo de su intención de acudir ante la justicia ordinaria. Esta vez, tal como siempre sucede cuando se procede en estos términos, el siempre tan ocupado obispo González no esperó ni un día para intentar detener la denuncia comunicando que Carrera había sido enviado a «un centro especializado con el fin de brindarle ayuda ante lo que le aqueja». Los padres del menor no sabían, porque el obispo se lo había ocultado, que, en diciembre de 2000, Víctor Hugo Carrera había sido enviado por su obispo a México D.F., donde pasó tres meses sometiéndose a tratamiento psicológico en un centro católico, para luego pasar a Buenos Aires.

La opción no complació a los padres del menor y en el mes siguiente, junio de 2001, acudieron al Juzgado. Al obispo le entraron las prisas por cubrirse las espaldas, y lo que no había hecho en más de dos años lo finiquitó en un mes escaso. En agosto de 2001 el Tribunal Eclesiástico de la diócesis de Punta Arenas cerró el expediente abierto a Víctor Hugo Carrera, que en una carta —enviada desde su refugio de Buenos Aires, al tribunal eclesiástico presidido por su amigo González—, había reconocido «el hecho negativo y ha manifestado su sincero dolor y arrepentimiento...», aplicándole la consiguiente pena canónica por la comisión de los abusos sexuales de los que había sido acusado. La «sanción medicinal» que le aplicó su antiguo jefe, el obispo González, consistió en prohibirle durante cinco años su regreso a la diócesis de Magallanes y pedirle que se sometiese a «un tratamiento psicológico y moral».

El obispo de Punta Arenas, Tomás González, al concluir el proceso canónico instruido por el Tribunal Eclesiástico de la diócesis —presidido por él y conformado por tres sacerdotes diocesanos y otros tres de la congregación salesiana—, explicó que las sanciones impuestas no eran condenatorias, como en la justicia ordinaria, sino penas «de tipo medicinal» con vistas a la recuperación del inculpado ante su falta. «La Iglesia no condena, sino que salva», aclaró el prelado. «La principal atenuante en favor del sacerdote, para que no fuera suspendido de por vida en su ministerio, fue que reconociera su culpabilidad en los hechos. Al pedir perdón por lo ocurrido mostró su disposición a recibir la sanción del tribunal», declaró González[118].

Daba comienzo así un *culebrón* en el que el sacerdote Víctor Hugo Carrera Treviño sería procesado en rebeldía —al permanecer fuera de Chile—, como autor del delito de abusos sexuales contra un menor de 15 años. Se solicitó su extradición buscándole por Italia —adonde le envió el obispo González para seguir con su tratamiento psicológico; supuestamente en Pescara—, pero el señor obispo de Punta Arenas declaró que sería inútil traer al sacerdote para comparecer ante la Justicia, en caso de prosperar su petición de extradición desde Italia. «No se sacará nada en limpio. Al contrario. Ya nos ha tratado tan mal la prensa, que nosotros como Iglesia católica estamos muy dolidos. No estamos de acuerdo con la espectacularidad que se le da al hecho.»

Para Tomás González, la diócesis ya había culminado un proceso canónico contra el sacerdote abusador, éste había reconocido el hecho y solicitado perdón público, y había sido enviado fuera del país para ser tratado psicológicamente además de prohibírsele regresar a la diócesis por cinco años[119]. ¿Qué más se podía pedir?, argumetaba el prelado, presuntamente incapaz de comprender —o aceptar— que se pretendiera dar el mismo trato judicial a un delincuente eclesiástico que a uno civil.

118. *Cfr.* Martínez, R. (2001, 11 de agosto). «Tribunal Eclesiástico: Impiden regreso de sacerdote por abusos.» Santigo de Chile: *El Mercurio.*

119. *Cfr.* Martínez, R. (2002, 7 de mayo). «Solicitud de extradición por abuso de menor: obispo dice que sacerdote pidió perdón.» Santiago de Chile: *El Mercurio*, p. 8.

Juzgar al abusador sexual era «un ataque a la Iglesia» que no agradaba nada a monseñor y por ello no tenía excesivo interés en poner a su subordinado Carrera ante el tribunal que le buscaba. «Hace seis meses me preguntaron dónde estaba el padre Carrera y yo respondí, pero tal vez por estos días ya no se encuentre en Italia», afirmó González antes de agregar que el sacerdote «no es responsable de los hechos que se le imputan», protagonizando así un descarado cambio de tercio, puesto que él mismo le había sancionado canónicamente, nueve meses antes, por la comisión del delito sexual del que se le acusaba. González ya había olvidado que, meses atrás, al confirmar los abusos de Carrera, comentó que «de todo hay en la viña del Señor. Si hay alguien enfermo en una familia uno debe ayudarlo, y no condenarlo»[120]. Pero una cosa es ayudar y otra apoyar a un delincuente confeso para que eluda la acción de la justicia.

«A su juicio, ¿hubo delito?», le preguntó al obispo, un día después de haber hecho la declaración precedente, un periodista de *El Día*. «Naturalmente que el hecho es negativo —le respondió el prelado González— y como tal lo hemos analizado, pero no se acepta que se trate al sacerdote como un delincuente sexual habitual. Aquí no hubo violación, sino un "manoseo" (...) Si el menor hubiera tenido un hogar realmente acogedor, hubiera sido más difícil que sufriera este problema.»[121] Y se llega así a

120. *Cfr.* Vidal, M. (2002, 8 de mayo). «Sacerdote acusado de pedofilia no estaría en Italia.» Santiago de Chile: *La Tercera*, p. 9.

121. *Cfr.* Diéguez, A. (2002, 9 de mayo). «Tomás González, obispo de Punta Arenas, en defensa de cura cuestionado: "No acepto que al sacerdote se le trate como delincuente sexual."» Santiago de Chile: *El Día*, p. 7.

lo de siempre, para la perversa ideación de la sexualidad que tiene el clero, lo que en el derecho penal civil es un delito de abusos deshonestos, en la Iglesia es un «manoseo» sin importancia; besar a un menor por la fuerza y con engaño, abusando de la propia posición social, y tocarle los genitales «es negativo», pero no pasa de ahí. Por esta razón la Iglesia afirma que tiene pocos abusadores sexuales entre sus filas, porque un delito que se comete en proporción desmedida entre el clero, el del «manoseo» —abusos deshonestos—, no se considera tal, sino apenas un pecadillo que «está feo».

La culpa de esos *pecadillos*, claro está, siempre la tiene la víctima. «¿Usted protege a Carrera?», inquirió un periodista de *El Mercurio*, a lo que el obispo Tomás González respondió: «muchos que conocen al padre Carrera en otras labores me han preguntado: ¿no será que este chico de 13 años no tenía calor humano en su casa y andaba buscando otro tipo de acogida?»[122]. La desvergüenza del discurso insidioso de este prelado ofende al más mínimo sentido común.

En opinión del obispo Tomás González, «la Iglesia no encubre a nadie, sólo solicita que se respeten los derechos humanos de las personas, tal como lo hizo en el régimen militar (...) El delito no se acepta, pero sí se ama al pecador»[123].

Menos mal que Tomás González, obispo de Punta

122. *Cfr.* Sallorenzo, C. y Martínez, R. (2002, 10 de mayo). «Dos obispos se pronuncian ante casos de pedofilia.» Santiago de Chile: *El Mercurio*, p. 11.

123. *Cfr.* Vidal, M. (2002, 9 de mayo). «Sectores de la Iglesia y autoridades critican a obispo por defender a curas pedófilos.» Santiago de Chile: *La Tercera*, p. 11.

Arenas y prelado influyente, es un representante del sector más progresista de la Iglesia católica chilena[124], aunque eso ya no debe significar demasiado dentro de la Iglesia católica actual, dado que ultraconservadores como el cardenal norteamericano Bernard Law o el español Ricard Maria Carles han protegido al clero que ha cometido delitos sexuales contra menores del mismo modo en que lo ha hecho un «progresista» como el prelado chileno Tomás González. Después de todo, quizás el problema no resida tanto en ser ultraconservador o progresista, sino en la mentalidad prepotente y el sentimiento de ser elegidos que están por encima de lo terreno, que tan habitual es entre el clero, y máxime entre sus prelados.

En cualquier caso, también hay prelados en Chile —y en otros países, claro— que defienden en minoría lo que la sociedad demanda en su inmensa mayoría. Así, el obispo emérito de Talca, Carlos González, en una entrevista acerca del tratamiento que la Iglesia chilena había dado a sus primeros casos públicos de pederastia entre el clero, fue tajante al afirmar que: «una persona afectada por la pedofilia no debe estar en el ejercicio del sacerdocio. Es un contrasentido y a él se le aplican las duras palabras que dijo Jesús: "Más vale que lo arrojaran al mar." El sacerdocio es incompatible con esta condición (...) Los tribunales ordinarios son los que deben resolver esta materia y no tribunales eclesiásticos secretos. Nadie cree

---

124. Entre los trazos vitales del prelado Tomás González, nos encontramos con que fue un opositor del régimen militar de Pinochet, defendiendo los derechos humanos ante la dictadura; respaldó abiertamente la candidatura presidencial de Ricardo Lagos; y ha defendido a los parlamentarios que patrocinaron la ley de divorcio.

en lo secreto. Lo importante es que se investigue a fondo porque no es justo condenar por rumores»[125].

Caso 2 (Estados Unidos). El cardenal Bernard Law, un campeón entre los prelados encubridores de sacerdotes pedófilos

En el año 1984, la archidiócesis de Boston, la cuarta más importante de Estados Unidos, con alrededor de dos millones de católicos, 362 parroquias y más de 900 sacerdotes, recibió a su nuevo líder, Bernard Francis Law, un ultraconservador que encajaba perfectamente en la línea política que el papa Wojtyla estaba primando dentro de la cúpula de poder de la Iglesia.

Esos días todo parecía ir de maravilla en la archidiócesis de Boston, pero sólo era una apariencia externa. En realidad, tan pronto como el prelado Law ocupó su alto cargo, tuvo ya que emplearse a fondo en la «tradición apostólica de tratar asuntos internos de manera interna», según expresión del *papabile* y muy poderoso cardenal Darío Castrillón, o, dicho con menos ínfulas, aplicar la norma de que «la ropa sucia se lava en casa», según recomendación ad hoc del arzobispo de Jalapa (México), Sergio Obeso[126]. En cualquier caso, lo que llevaría a Law a la

125. *Cfr.* Sallorenzo, C. y Martínez, R. (2002, 10 de mayo). «Dos obispos se pronuncian ante casos de pedofilia.» Santiago de Chile: *El Mercurio*, p. 11.

126. El prelado Sergio Obeso, presidente de la Comisión Pastoral Social mexicana, refiriéndose al asunto de los delitos sexuales del clero, afirmó que «la ropa sucia se lava en casa» durante una conferencia de prensa, el 11 de abril de 2002, celebrada en el marco de la 73 Asamblea anual de la Conferencia Episcopal de México.

fama internacional y a la archidiócesis de Boston a una doble ruina, económica y de credibilidad, fue la singular aplicación del cardenal Law en encubrir obstinadamente a los sacerdotes delincuentes sexuales que tuvo por subordinados, y en negociar indemnizaciones secretas de millones de dólares para que las víctimas no denunciasen públicamente a tamaña panda de «sepulcros encalados»[127].

Dos pupilos del cardenal Bernard Law, los sacerdotes John Geoghan y Paul Shanley, agredieron sexualmente a un número ingente de menores dentro de la archidiócesis de Boston que, bajo el activo y eficaz encubrimiento del cardenal, se convirtió en una especie de *coto de caza* seguro para esos delincuentes y depredadores sexuales... que, al parecer, no fueron los únicos, ni mucho menos.

A principios de febrero de 2002, cuando el escándalo de la pedofilia del clero norteamericano ya estaba en su apogeo, el cardenal Law, intentando demostrar honestidad y arrepentimiento donde jamás la hubo, se comprometió a informar a las autoridades civiles de las acusacio-

---

127. Esta expresión, tal como sabrá cualquiera con una mínima cultura bíblica, no es de este autor, sino de Jesús, según relato de *Mateo*. «¡Ay de vosotros, letrados y fariseos hipócritas, que os parecéis a los sepulcros encalados! Por fuera tienen buena apariencia, pero por dentro están llenos de huesos de muerto y de podredumbre; lo mismo vosotros: por fuera parecéis honrados, pero por dentro estáis repletos de hipocresía y de crímenes» (*Mt* 23,27-28). Si Jesús se diese un paseo por la Iglesia católica actual, se horrorizaría de lo mucho que se han multiplicado y de lo alto que han llegado los «sepulcros encalados». De hecho, buena parte de este libro no se ocupa más que de algunos pocos ejemplos de «sepulcros encalados» que, por mor de la Iglesia católica, se han apropiado de la dignidad de prelados. Law no es el peor de ellos, ni mucho menos, pero sí el más conocido.

nes de abuso sexual a menores que se presentasen contra el clero de su diócesis, pero la promesa no satisfizo a casi nadie. Tampoco al Senado de Massachusetts, que ordenó a la diócesis que hiciese públicos todos los expedientes relativos a abusos sexuales cometidos durante los últimos cuarenta años dentro de su territorio. A finales de ese mes, el cardenal Law tuvo que dar acceso público a las «memorias» de dos décadas de su archidiócesis y lo que apareció no desmereció en nada a lo que ya se conocía a través del caso Geoghan —acusado de violar a 130 niños en los treinta años que pasó como sacerdote en la archidiócesis—; de acuerdo a los documentos hechos públicos, la archidiócesis de Boston *resolvió* al margen de la ley civil decenas de casos de abuso sexual en los que estaban implicados al menos ochenta y nueve sacerdotes.

Aunque el poderoso arzobispo de Boston lanzó un plan de «Tolerancia Cero al abuso sexual a menores» —¡con casi tres décadas de retraso!—, la mayoría de sus dos millones de fieles no le ha perdonado sus años de protección directa al sacerdote John Geoghan; «lo trató como si fuera pecador y no como lo que era: un delincuente», le echan en cara sus feligreses, al tiempo que han dejado de echar sus donativos en los cepillos, agravando una crisis financiera que ha llevado a la archidiócesis de Boston, según datos publicados por el *Business Week*, a la perspectiva de cerrar el actual ejercicio, el de 2002, con un déficit de 5 millones de dólares, algo antaño imposible de imaginar para esa rica archidiócesis, que se permitió el lujo de pagar 30 millones de dólares bajo mano para proteger a sus sacerdotes delincuentes —y evitar el escándalo— acallando a sus víctimas.

Según una encuesta realizada por el diario *The Boston Globe*, el 58 % de los fieles de la archidiócesis pedía la renuncia del cardenal Bernard Law... cuando comenzó el escándalo; hoy el descontento es mucho mayor y hasta se ha constituido un movimiento de reforma, integrado mayoritariamente por laicos y fundado por James Muller, cardiólogo ganador del Premio Nobel y fundador de la organización La Voz de los Creyentes, que reivindica el derecho a tener voz y voto en el destino de la Iglesia —una reforma que ya se estableció en el Concilio Vaticano II, pero que paralizó el papa Wojtyla— y exige responsabilidades a los obispos que encubrieron al clero pedófilo[128].

El caso del sacerdote John Geoghan se convirtió en una bomba cuando el juez que lo investigaba, tras una demanda de libre acceso a la información interpuesta por el diario *The Boston Globe*, accedió a hacer pública la documentación del expediente judicial, con lo que salieron a la luz pública miles de documentos que muestran con detalle las maniobras realizadas por la Iglesia para encubrir los delitos sexuales de Geoghan; entre ellos hay

128. Tras su convención del 20 de julio de 2002, en Boston, remitieron una carta al Papa pidiéndole que disciplinase a los obispos que encubrieron a pedófilos. Los objetivos básicos del movimiento de reforma, formado por La Voz de Creyentes y otros tres grupos más pequeños, son los siguientes: apoyar a las víctimas de abusos y a los sacerdotes que obran con integridad y estructurar la reforma de la Iglesia, en la que se incluye el participar en la selección de los obispos. Han creado también una base de datos de sacerdotes pederastas. Como primera medida de presión han optado por cortar las donaciones directas a las parroquias; en su lugar han creado una institución sin fines de lucro que canalizará el dinero recolectado a las organizaciones caritativas, que a consecuencia del escándalo de pedofilia habían dejado de recibir fondos a causa del enojo de los feligreses contra la Iglesia. [*Cfr*. Townsend, R. (2002, 22 de julio). «Los escándalos de la Iglesia católica en EE.UU. provocan un movimiento reformista.» Madrid: *El País*.]

informes psiquiátricos que califican a Geoghan como «pedófilo en potencia, obsesivo compulsivo con rasgos narcisistas» y, fundamentalmente, aparecieron los documentos que implicaban a Law y otros obispos y cardenales en el encubrimiento, puesto que conocieron los delitos, a través de decenas de acusaciones y quejas presentadas por padres de menores abusados por Geoghan, y no sólo no hicieron nada en absoluto para poner fin a los desmanes del cura pedófilo sino que, al contrario, actuaron en su beneficio[129].

Una diversidad de informes firmados por psiquiatras, y procedentes de los centros terapéuticos en los que Geoghan fue internado por su pedofilia, recomendaron una y otra vez que debía impedirse el ejercicio sacerdotal de Geoghan. «No se puede permitir el lujo de tenerlo en una parroquia. Más vale que le corte las alas antes de que esto explote», le aconsejaba el psiquiatra Edward Messner, en una carta fechada en 1989, al cardenal Bernard Law, responsable de la archidiócesis de Boston. Pero el cardenal, como ya había hecho antes y haría después, ignoró la advertencia del psiquiatra y trasladó al sacerdote pedófilo Geoghan a la parroquia de Santa Julia —situada en el suburbio de Weston[130]—, donde ejerció hasta llegar a la edad de su jubilación.

129. *Cfr*. Gómez Maseri, S. (2002, 2 de marzo). «Un pecado tapado por 30 años.» Bogotá: *El Tiempo*, p. 1/16.

130. Una norma vergonzosa, que es habitual entre los prelados, es enviar a los sacerdotes pedófilos reincidentes a barrios humildes y/o a países del Tercer Mundo. Piensan, con lamentable razón, que los hijos de las familias humildes no sólo pueden soportar más abusos, sino que les resulta mucho más difícil defenderse de ellos, suelen tener menos posibilidad de dialogar sobre ello con padres o tutores, tienen poca o ninguna credibilidad ante las autoridades civiles, y sus

Lo delitos sexuales de Geoghan que están documentados se iniciaron en 1962 y se prolongaron hasta 1995, año en el que se retiró del servicio activo como sacerdote. Durante ese período, según demuestran los documentos de la propia archidiócesis de Boston, el prelado responsable de la misma le cambió de parroquia al menos diez veces tras haber sido acusado de pedofilia en cada una de ellas. A más abundamiento, para evitar que las víctimas acudiesen a la justicia civil y se cuestionase «la santidad de la Iglesia», se pactaron acuerdos encubiertos con más de medio centenar de víctimas de Geoghan, pagando unos 10 millones de dólares a las familias afectadas.

John Geoghan cumple actualmente una condena de diez años de prisión, por haber agredido sexualmente a un menor dentro de una piscina, y está pendiente de ser juzgado por al menos otras 130 agresiones sexuales a menores cometidas durante las tres décadas en que ofició como sacerdote en seis parroquias de Boston.

Cuando el escándalo por el encubrimiento del cardenal Bernard Law al pederasta Geoghan todavía estaba en su punto álgido, vino a sumarse al festín del horror el sacerdote Paul Shanley, de 71 años y ya retirado, a quien el prelado permitió continuar como sacerdote durante

---

familias no tienen recursos para enfrentar un pleito judicial contra la poderosa Iglesia católica. Los prelados, cuando proceden de la forma en que lo hizo Law en este caso, son plenamente conscientes, y es su voluntad, de que están encubriendo a un delincuente y que éste reincidirá... pero los menores que se convertirán en víctimas del depredador sexual les resultan irrelevantes, apenas sombras sin sentido ocultas entre una multitud de gentes humildes que, para muchos obispos, quedan a años luz de sus mesas bien surtidas, sus vehículos de lujo con chofer, y sus vidas regaladas.

años a pesar de tener pleno conocimiento de que en su actividad *pastoral* incluía la de sodomizar y violar a menores.

Shanley, ordenado en 1960, había llegado a ser un cura popular, apodado como «el cura de las calles», debido a su trabajo pastoral de dos décadas entre adolescentes que habían abandonado su hogar y homosexuales, o, tal como constaba en un informe, entre «drogadictos, vagabundos y personas en búsqueda de su identidad sexual».

En la primera demanda presentada contra Shanley, el joven Gregory Ford, de 24 años, afirmaba haber sido violado por el sacerdote, que abusó sexualmente de él durante seis años, concretamente entre 1983 y 1990, en la parroquia de San Juan Evangelista, en Newton, una ciudad de las afueras de Boston. En el período que va desde sus 6 a 13 años de edad, Gregory fue violado en el interior del confesionario, en la rectoría y en el lavabo de la iglesia. La víctima acusaba también al cardenal Bernard Law de permitir que Shanley permaneciese como sacerdote en la parroquia de Newton, de la que no fue relevado hasta 1989, a pesar de que el cardenal estaba perfectamente al tanto de los delitos que cometía su subordinado desde, al menos, el año 1979.

Roderick MacLeish, abogado que representa a los primeros demandantes contra Shanley, durante una rueda de prensa celebrada el lunes 8 de abril de 2002, dio a conocer públicamente algunos de los datos contenidos en los 818 documentos aportados a la causa, bajo orden judicial, por la diócesis de Boston[131]. Ante ellos, no cabe

---

131. *Cfr.* Sukiennik, G. (2002, 9 de abril). «Documents: Church Knew of Abuse Claims.» Boston: *Associated Press*.

la menor duda de que los muchos delitos sexuales cometidos por Shanley fueron perfectamente conocidos por el cardenal Law y otros prelados.

Entre los documentos presentados ante el tribunal, y que estuvieron durante años en los archivos de la archidiócesis, había uno en que se implicaba directamente a Paul Shanley en la creación, en 1978, de la denominada North American Man-Boy Love Association (Asociación de Amor Hombre-Niño de América del Norte), que abogaba por el amor entre hombres y niños y que contó con un ardiente defensor en este sacerdote.

Uno de los documentos es una copia de la publicación *GaysWeek*, de 12 de febrero de 1979, que incluyó un artículo titulado «Men & Boys». En dicho artículo se abordaba una reunión de 150 personas, celebrada en Boston, en torno al asunto del amor «hombre-muchacho», y se afirmaba que diferentes portavoces que representaban a varias religiones avalaron tal tipo de relaciones. Entre esos *portavoces* se citaba a Paul Shanley, que estaba en la reunión como representante del programa del cardenal Medeiros contra la exclusión de las minorías sexuales. Según el artículo, Shanley explicó durante la reunión la según él lamentable historia de un hombre y de un muchacho «que era rechazado por la familia y la sociedad pero apoyado por su amante», que debió acabarse a la fuerza cuando los padres del muchacho la descubrieron y el hombre fue encarcelado. La Asociación de Amor Hombre-Niño de América del Norte se formó al acabar esa reunión de la mano de treinta y dos hombres y dos adolescentes.

En el mismo mes de la reunión de amantes de la pedofilia y la efebofilia, febrero de 1979, el cardenal Humberto Medeiros, entonces al frente de la archidiócesis de Boston, envió una carta al Vaticano, dirigida al cardenal

Franjo Seper, en la que informaba de un encuentro con Shanley en el que le recriminó que estuviese «confundiendo a la gente» con sus enseñanzas sobre la homosexualidad, en parte plasmadas en un vídeo que había producido bajo el título de «Cambiando Normas de Sexualidad». Decía también el cardenal en su carta que quería cambiar el destino de Shanley para impedirle trabajar cerca de los más jóvenes. «Yo creo que el padre Shanley es un sacerdote con trastornos», le comunicó al Vaticano, pero nadie movió ni un dedo para proteger a los menores del depredador sexual.

Años antes, en lo que es el documento más antiguo sobre denuncias de abusos sexuales contra Shanley, en 1967; un sacerdote de LaSalette Shrine, en Attleboro, Massachusetts, ya había escrito una carta a la archidiócesis de Boston mostrando su preocupación porque Shanley se había llevado a unos muchachos a una cabaña y había abusado sexualmente de ellos.

La documentación aportada por la archidiócesis de Boston también demostraba que en la década de 1980 se recibió un gran número de denuncias contra Shanley por delitos sexuales —entre los documentos que había en sus archivos, figuraban veintiséis denuncias formales y concretas contra el sacerdote, efectuadas por familiares de sus víctimas—, pero el cardenal Bernard Law se limitó a trasladarle de parroquia en parroquia y, no contento con encubrirle, también apoyó su promoción dentro de la Iglesia y hasta se aprestó a reconocer por escrito el gran trabajo realizado por su pedófilo subordinado.

El cardenal Law, en 1990, quizá ya harto de pagar millones para acallar a las víctimas de Shanley, ordenó el traslado del sacerdote, encubierto tras una baja médica, desde Boston a San Bernardino, California, pero no sólo guardó un piadoso silencio sobre la actividad pedófila del sacerdote y no alertó a sus colegas californianos sino que, uno de sus colaboradores, Robert J. Banks, escribió a los responsables de la diócesis de San Bernardino afirmando que «yo puedo asegurarle que el padre Shanley no tiene ningún problema que deba concernir a su diócesis».

La archidiócesis de Boston transfirió a Paul R. Shanley a la parroquia Santa Ana de San Bernardino, California, por tres años, sin informar a Phillip F. Straling, entonces obispo de la diócesis, ni a los sacerdotes locales, de los robustos y persistentes antecedentes pedófilos de Shanley. «Yo debería haberlo sabido —comentó el sacerdote de Santa Ana, ya retirado, Lawrence F. Grajek al diario *The Boston Globe*—. Hubiese restringido sus movimientos y sus competencias. De hecho, si tuvo problemas con menores, no le hubiese querido tener aquí.» Entre las responsabilidades de Shanley en San Bernardino estuvo, claro, la de trabajar con menores. Tal como es habitual, Phillip F. Straling, el que fuera obispo de San Bernardino y hoy lo es de la diócesis de Reno, Nevada, al ser interrogado por *The Boston Globe* acerca del traslado de Shanley a su diócesis, dijo no recordar nada... aunque «no lo hubiese aceptado de haber conocido las acusaciones formuladas en su contra».

El religioso permaneció en servicio activo a pesar de algunas advertencias de otros religiosos que alegaron que se trataba «de una persona enferma», y aún después de que en 1993 fuese sometido a una nueva evaluación clínica en la que se apreció «una gran dosis de patología psicológica».

El clero pedófilo de Boston, sin duda alguna, no sólo tuvo al cardenal Law por aliado. El obispo John B.

McCormack, de 66 años, que fue secretario del personal ministerial de la archidiócesis de Boston entre 1984 y 1994, también se ocupó de atender las denuncias contra sacerdotes por abusos sexuales, junto al cardenal Bernard Law, de 1992 a 1995. Entre sus ocupaciones, se las tuvo que ver con muchas denuncias por delitos sexuales contra los pedófilos más recalcitrantes de la archidiócesis, entre los que estaban John G. Geoghan, Paul R. Shanley y Joseph E. Birmingham.

No será baladí recordar que el obispo McCormack, en 1960, fue compañero de clase en el seminario de Shanley y de Birmingham; que junto a éste fue asignado a la misma parroquia de Salem —y ya desde 1970 encubrió a su compañero negando las denuncias que le llegaron sobre abusos sexuales a menores cometidos en la alcoba de la rectoría que compartieron—; y que con Shanley, según los archivos de la archidiócesis de Boston, McCormack compartió una buena amistad, demostrada, entre otras cosas, en más de una docena de cartas de apoyo enviadas a Shanley cuando éste fue trasladado a California en 1990. «La única cosa en la que puedo pensar —le escribió el obispo al pedófilo deportado, buscando su consuelo— es en las palabras de Shakespeare "es mejor haber amado y perdido que no haber amado jamás".»[132]

Obviamente, este prelado, al igual que su jefe Law, también antepuso el encubrimiento a la justicia. Varios documentos evidencian que McCormack ignoró las advertencias de su ayudante principal, la religiosa Catherine Mulkerrin, que en varios memorandos le aconsejó que advirtiese del riesgo a los responsables de las parro-

132. *Cfr.* Pfeiffer, S. (2002, 12 de abril). «Law aides often dismissed complaints of clergy abuse.» Boston: *The Boston Globe*, p. A1.

quias en las que Shanley y otros sacerdotes pedófilos habían desempeñado o desempeñaban todavía su labor sacerdotal.

«Sé que parezco un disco rayado —escribió Mulkerrin en un memorando dirigido al obispo McCormack—, pero necesitamos poner en los boletines parroquiales que "hemos tenido conocimiento de que un sacerdote que estuvo aquí entre los años 19XX y 19XX pudo abusar de niños, por favor póngase en contacto con...".» Pero ninguno de los dos prelados, ni Law, ni McCormack, siguieron la sugerencia de la religiosa, que debía ser de las pocas personas honestas y sensatas que en esos días pululaban por las oficinas de dirección de la diócesis de Boston[133].

En 1995 Shanley fue trasladado a Nueva York para ejercer de subdirector de la *Leo House*, un alojamiento para transeúntes, utilizado especialmente por sacerdotes y estudiantes jóvenes. Durante el segundo año de permanencia de Shanley en la *Leo House*, el cardenal Law redactó una carta dirigida a John O'Connor, cardenal de Nueva York, a fin de proponerle que el sacerdote pedófilo fuese ascendido al cargo de director del albergue. En la

---

133. John B. McCormack, ya en su papel de obispo de Manchester, New Hampshire, el 16 de febrero de 2002, cuando todavía se creía seguro porque todos los documentos que podían probar su carrera de encubridor permanecían a buen recaudo en los archivos secretos de la archidiócesis de Boston, afirmó ante la prensa, con total desvergüenza e hipocresía, que «la gente se pregunta no sólo qué ha hecho sobre esto [los delitos sexuales del clero] la Iglesia de New Hampshire en el pasado, sino también qué está haciendo para que la Iglesia sea un lugar seguro para los niños en el futuro». En el momento de escribir este libro, McCormack es uno de los prelados que los fiscales norteamericanos pretenden procesar a causa de sus actuaciones encubridoras en la archidiócesis de Boston.

misiva le expresaba que Shanley había realizado un buen trabajo y que contaba con el apoyo del resto del personal, que conocía su situación, pero también reconocía que el ascenso podría atraer la publicidad hacia él —situándolo a la vista de sus anteriores víctimas y/o de periodistas que se interesasen en investigar sobre su trayectoria—, la *Leo House* y la Iglesia. Pero O'Connor tomó la decisión de no promocionar a Shanley y la carta comprometedora quedó guardada en el archivo de la archidiócesis de Boston.

Roderick MacLeish, abogado de varias víctimas, basándose en esa carta entre Law y el ya desaparecido cardenal O'Connor, se preguntaba: «¿Por qué los dos hombres más influyentes del catolicismo estadounidense se enviaban en aquel momento correspondencia sobre alguien implicado en una conducta desviada?»[134]

El 29 de febrero de 1996, el cardenal Law le escribió a Shanley para informarle de que estaba acabando su período de baja por enfermedad y que le concedía el estatus de sacerdote jubilado desde el día siguiente a la carta.

«Durante treinta años en el ministerio que se le asignó, usted llevó la Palabra de Dios y Su amor a la gente, y yo sé que ésa continúa siendo su meta a pesar de algunas difíciles limitaciones», escribió el cardenal Bernard Law, empleando un desvergonzado eufemismo, «difíciles limitaciones», para referirse a la pedofilia del sacerdote. «Todos estamos verdaderamente agradecidos por su atención sacerdotal hacia todos los que ha servido durante esos años —enfatizaba el cardenal encubridor—. Sin duda, durante todos esos años de generosa y celosa

---

134. *Cfr.* Reuters (2002, 3 de mayo). «Abogado de víctimas de pederastia acusa a Iglesia Católica.» Madrid: *El Mundo.*

asistencia, las vidas y los corazones de mucha gente han sido afectados por su forma de compartir el espíritu del Señor. Es verdaderamente digno de aprecio por todo lo que ha hecho.» El prelado Law remataba así sus años de encubrimiento del delincuente sexual, poniendo una guinda bien personal a su felonía y desprecio por las víctimas de Shanley.

El clamor popular que solicitaba la dimisión de Bernard Law se incrementó sobremanera tras hacerse público el contenido de los documentos, antes mencionados, que demostraban el pertinaz encubrimiento de decenas de delitos sexuales por parte del cardenal. Al coro de voces católicas —notables muchas, anónimas muchísimas más— exigiendo que abandonase su puesto, se unió el Partido Demócrata de Boston y muchos empresarios próximos a la archidiócesis. Y lo mismo exigieron los diarios más influyentes. «Law no puede ignorar que una gran porción de la comunidad ha perdido la fe en su liderazgo. El cardenal Law debe dimitir», afirmó con contundencia un editorial del diario *The Boston Globe*. Otro editorial, éste del diario conservador *The Union Leader*, tampoco se quedó atrás: «Por el bien de la Iglesia católica, y en penitencia por permitir de manera injustificable que continuaran los abusos a menores entre sus feligreses, por más de tres décadas, el cardenal Bernard Law debe dimitir.»

Pero el cardenal encubridor no sólo no dimitió, sino que se cargó todavía de más arrogancia de la humanamente posible tras recibir todo el apoyo personal del papa Juan Pablo II y de su aparato de poder vaticano.

El 17 de abril de 2002, la Sala de Prensa del Vaticano publicó una declaración firmada por el cardenal Bernard Francis Law, en la que, a pesar del fuerte cuestionamiento de que había sido objeto —incluso por un buen número de sus colegas prelados—, se limitó a decir, entre otras vaguedades: «En los últimos días, he estado en Roma para buscar consejo. El centro de mis encuentros fue el impacto del caso Shanley, y de otros casos de abuso, ante la opinión pública en general y, en particular, ante los miembros de la archidiócesis. El hecho de que mi renuncia haya sido propuesta como algo necesario formó parte de mis consultas[135]. Tuve la oportunidad de encontrarme con numerosos representantes de la Santa Sede. El Santo Padre me recibió cariñosamente.

»El Papa y las demás personas con las que me he encontrado son sumamente conscientes de la gravedad de la situación. Tengo claro que la primera preocupación de la Santa Sede, así como de la Iglesia en la archidiócesis, es la protección de los niños. Como consecuencia de mi estancia en Roma, regreso alentado en mi esfuerzo por ofrecer el liderazgo más enérgico posible para asegurar, en la medida en que humanamente es posible, que ningún niño volverá a ser víctima de abusos por un sacerdote de esta archidiócesis.»[136]

135. A pesar de esta afirmación firmada por él, cuando Law regresó a Nueva Jersey, procedente de Roma, dijo a la prensa, envalentonado, que «ya que lo mencionan, el asunto de mi dimisión nunca afloró en la reunión del Vaticano». Según una información del periódico *The Boston Herald*, el cardenal llegó a poner su cargo a disposición de Juan Pablo II en marzo, pero el Papa se negó a contemplar su dimisión por temor a que se produjera un efecto en cadena en otras diócesis de Estados Unidos, igualmente sumidas en el mismo escándalo de delitos sexuales del clero encubiertos por sus prelados.

136. *Cfr. Zenit* (2002, 17 de abril). «Declaración del cardenal de Boston tras los escándalos de sacerdotes: Ningún niño volverá a ser víctima de abusos en su archidiócesis, promete.» Roma: *Zenit*.

Visto lo visto hasta aquí, y lo que veremos en el resto de este libro, a nadie debería extrañar que el papa Wojtyla apoye y proteja especialmente a clérigos con un historial como el del cardenal Bernard Francis Law.

En esos días se fortalecieron los rumores de que Law dejaría Boston antes de acabar el año 2002 para ser trasladado al Vaticano. La promoción de Law, uno de los cardenales predilectos de Juan Pablo II, llevaba ya tiempo gestándose y acabó de tomar cuerpo durante el cónclave celebrado el 23 y 24 de abril en el Vaticano. «El Papa todavía tiene que encontrar un puesto para él», comentaron al *The Boston Herald* fuentes de la curia. «Lo que está claro es que quiere rescatarlo y le está buscando una salida honrosa»[137]. Si se producía su traslado a Roma, Bernard Law no debería dimitir —técnicamente, al menos— y podría eludir el previsible calvario judicial que le esperaba en medio de decenas de procesos judiciales abiertos contra su diócesis, así como evitar las posibles responsabilidades penales que, finalmente, tal como muchos pronostican, le salpicarán por su conducta, que fue moralmente reprobable y penalmente imputable.

Vistas las pruebas recopiladas contra el sacerdote, Paul Shanley fue detenido el 2 de mayo de 2002 en San Diego, California, acusado de tres delitos de violación a menores. La orden había salido de la Fiscalía de Middlesex, Massachusetts, a causa del proceso iniciado por Gregory Ford poco tiempo antes. A esa primera víctima se sumaron rápidamente otras dos más, todas ellas por abusos ocurridos entre 1983 y 1990, un hecho que hizo pen-

---

137. *Cfr.* Fresneda, C. (2002, 27 de abril). «El cardenal de Boston será "desterrado" a un despacho en el Vaticano.» Madrid: *El Mundo.*

sar a la Fiscalía que las víctimas se incrementarían a medida que se investigase el pasado de Shanley.

El 8 de mayo de 2002, el cardenal Bernard Law se convirtió en el primer prelado católico estadounidense que comparecía ante un tribunal para declarar bajo juramento, en esta ocasión dentro de uno de los procesos abiertos contra Geoghan. El cardenal Law —el más antiguo de Estados Unidos y, por ello, el prelado de mayor jerarquía para los 62 millones de católicos norteamericanos—, debía afrontar, ante el Tribunal Superior de Suffolk, el interrogatorio de los abogados de varias víctimas de supuestos abusos sexuales cometidos por ese sacerdote.

La jueza Constance Sweeney había obligado al cardenal a declarar después de que la archidiócesis rechazara una propuesta de acuerdo, que algunas fuentes cifran en 45 millones de dólares, con ochenta y seis demandantes personados en un procedimiento civil. Según dijo la archidiócesis, el acuerdo indemnizatorio conllevaba un coste financiero inasumible para la Iglesia[138].

Bernard Law declaró, pero su actitud irritó a todos, particularmente a las víctimas de los sacerdotes pedófilos de su diócesis, por su peculiar mala memoria, sus signifi-

138. Lo de «inasumible» cabría transformarlo en «poco rentable». La Iglesia no tiene problemas en asumir pagos ocultos de millones de dólares para evitar que las denuncias se hagan públicas, pero cuando éstas ya son conocidas y el escándalo está en la calle, no ve rentable pactar y prefiere esperar el dictamen de una sentencia judicial, que, en caso de ser condenatoria, permite retrasar los pagos con recursos sucesivos que, además, incrementan mucho las ya altísimas minutas de los abogados de sus denunciantes. En el camino siempre se queda alguna víctima sin poder llegar al final, y ése es dinero que se ahorra la Iglesia.

cativos silencios y su demostración de total incapacidad para actuar y evitar los delitos que se estaban juzgando.

Ante el Tribunal Superior de Suffolk, Law reconoció que sabía desde 1984 que el sacerdote John Geoghan había sido acusado de abusar de varios niños en una iglesia local[139]. Pero, sin despeinarse y bajo juramento, afirmó que traspasó el caso a algunos de sus asistentes y que nunca más se molestó en preguntar qué había sido del cura pedófilo John Geoghan que, claro, fue trasladado de una parroquia a otra dentro de su archidiócesis, para ocultar los delitos, y no dejó de cometer abusos sexuales, sobre monaguillos y sobre menores que asistían a sus clases de religión, hasta que se jubiló... tras abusar, al menos, de unos 130 menores.

«Confié en las personas que me asistieron en esta materia e hice lo que creí apropiado», se disculpó el cardenal, aunque tras asegurar que nunca revisó el dossier personal de Geoghan, ni se interesó por saber qué había sido de él, ni incluso después de conocer las denuncias que presentaron familiares de siete niños, que se contaron entre las primeras víctimas que acusaron a Geoghan cuando Law ya estaba al frente de la archidiócesis.

Aunque estaba bajo juramento, el cardenal mintió en su declaración, algo que, para los prelados, ni siquiera debe ser pecado puesto que el propio apóstol Pablo lo hizo en defensa de la fe (*Rom* 3,7), tal como este encubridor lo hizo en defensa de sí mismo, que es tanto como decir de la Iglesia y, claro, de la fe, de «su» fe. A pesar de no molestarse ni en preguntar por la evolución del pedófilo, según declaró, el cardenal tuvo que negociar con más de medio centenar

139. *Cfr.* Cuna, F. (2002, 10 de mayo). «Críticas al prelado Law por su "mala memoria".» Madrid: *El Mundo*.

de víctimas de Geoghan y pagarles unos 10 millones de dólares en pactos ocultos; sin duda tanto trajín negociador y tanto dinero saliendo de sus cuentas —mejor dicho, del capital aportado por sus confiados feligreses— no hace creíble el desconocimiento al que pretendió acogerse. Esa maniobra ya le había salido bien a Law en 1993, cuando se defendió ante la prensa alegando su desconocimiento acerca del encubrimiento de un cura pedófilo que fue trasladado por varias parroquias bajo su control[140].

Con todo, la memoria sí se le disparó rauda a la hora de defenderse frente a su posible responsabilidad ante los abusos de otro de sus sacerdotes, Shanley, sobre el menor Greg Ford. El cardenal afirmó que el niño —que tenía 6 años al ser violado por primera vez— y sus padres actuaron con negligencia y ello posibilitó el abuso. «Ésa fue la primera defensa que el cardenal interpuso en su respuesta a estos cargos —declaró el abogado Mac-Leish—, que fue negligencia de los padres y la negligencia de un niño de 6 años. Llevo en este trabajo mucho tiempo y quedé absolutamente estupefacto.»[141] El letrado, seguramente, jamás se había topado con un prelado acusado de encubrimiento, en caso contrario, sabría que este tipo de satanización de la víctima y de su familia es muy habitual entre ellos, basta con recurrir a una buena hemeroteca para comprobarlo. De todos modos, de la «responsabilidad» de las familias de víctimas del clero trataremos más adelante en un apartado específico.

140. *Cfr.* Parrado, J. A. (2002, 6 de junio). «El cardenal Mahony anuncia duras medidas que incluyen el registro de huellas dactilares.» Madrid: *El Mundo.*

141. *Cfr.* Reuters (2002, 3 de mayo). «Abogado de víctimas de pederastia acusa a Iglesia Católica.» Madrid: *El Mundo.*

La memoria del cardenal, quizá merecedora de más altos encargos, a pesar de su precisión en detalles tan lejanos como insignificantes, no fue capaz de recordar asuntos de bulto como que un colega le advirtiese por escrito de la pedofilia de Geoghan. Tras un esfuerzo nemotécnico sin duda agotador, el cardenal Law no logró recordar una carta que le envió el obispo Johh D'Arcy apenas medio año después de haberse hecho cargo de la archidiócesis de Boston. En ella, bajo la advertencia de «Urgente, por favor, preste atención», el obispo D'Arcy le cuestionaba el traslado de Geoghan a una de sus parroquias cuando era conocida «su historia de homosexualidad y relaciones con niños pequeños».

Quizá cabría preguntarse ahora si el cardenal Bernard Law no es el prelado más despistado de la historia, o el más torpe, o el más vago, o el más irresponsable, o el más hipócrita, o el más mentiroso. O quizá la máxima expresión de todo ello a la vez.

Caso 3 (España). El cardenal Ricard M. Carles Gordo y otros obispos notables encubrieron una red clerical de corrupción de menores y protegieron a sus protagonistas

En la archidiócesis de Barcelona (España), entre los años 1985 a 1988, como mínimo, un número indeterminado de menores de edad —probablemente más de sesenta—, de ambos sexos, fueron corrompidos sexualmente por un grupo de sacerdotes y diáconos. Los hechos fueron denunciados ante el arzobispado barcelonés por al menos tres familias de víctimas —ya que la mayoría de los padres, algunos de ellos bien identificados por este autor, prefirió aceptar los abusos sexuales a que fueron sometidos sus hijos e hijas antes que enfrentarse a la Iglesia—, pero desde la cúpula eclesial se encubrió toda la red de delincuencia sexual, se engañó a las familias denunciantes —impidiéndoles que denunciasen los delitos ante la justicia civil y asegurándoles que los delincuentes serían expulsados de la Iglesia, cosa que jamás sucedió— y se protegió a todos los corruptores, tanto a quienes eran sacerdotes, y lo siguen siendo sin problemas, como a quienes eran diáconos y fueron posteriormente ordenados sacerdotes con el beneplácito de los prelados que conocieron sus tropelías sexuales.

Entre los prelados con máxima responsabilidad en la ocultación de la mayor red clerical de corrupción de menores que ha existido en España destacan los cardenales Narcís Jubany Arnau (ya fallecido, y que fue un excelente obispo, a pesar de cuanto se le pueda criticar) y Ricard Maria Carles Gordo (ex vicepresidente de la Conferencia Episcopal española, prelado poderoso que cuenta con el apoyo del Opus Dei, y con cierta popularidad internacional tras haber oficiado la televisiva boda de la infanta Doña Cristina), así como Carles Soler Perdigó, Jaume Traserra Cunillera y Joan-Enric Vives Sicilia.

Carles Soler Perdigó, actual obispo de Girona[142], era párroco en la parroquia de Sant Pius X de Barcelona cuando uno de sus diáconos, Albert Salvans, corrompió sexualmente a diversas menores de la parroquia, en algún caso copulando en una habitación de la propia parroquia. Soler conoció con todo lujo de detalles la

142. Nombramiento que el Vaticano hizo público el 30 de octubre de 2001, ascendiendo al entonces obispo auxiliar de Barcelona a titular de la diócesis de Girona, en sustitución de Jaume Camprodon.

gran dimensión de los abusos sexuales cometidos en su parroquia y lo encubrió con plena conciencia y voluntad. Haciendo lo mismo tras ser ordenado obispo —el 22 de septiembre de 1991—, y también desde su puesto como obispo auxiliar de Barcelona, tiempo en el que se tramitó el expediente secreto en el que se *juzgó* al clero delincuente implicado en este caso y que, naturalmente, fue *condenado* a «arrepentirse», en privado, claro está.

Jaume Traserra Cunillera, actual obispo titular de la diócesis de Solsona[143], desde su capital e influyente cargo de vicario general —tanto con el cardenal Narcís Jubany como con Ricard Maria Carles, que se vio forzado a cesarle en 1995—, recibió siempre con los brazos abiertos a Pere Cané —uno de los activos protagonistas de la red de corrupción de menores— en los momentos más conflictivos, y no dudó en mostrarse como valedor suyo y de Nous Camins —la asociación a la que pertenecían parte de los diáconos y sacerdotes que corrompieron a varias decenas de menores— cuando hizo falta, que no fueron pocas veces, llegando a enfrentarse con sus colegas prelados en defensa de los intereses de sus amigos.

Joan-Enric Vives i Sicilia, actual obispo coadjutor de la diócesis de Urgell[144], era, en la época en que actuó la

143. Traserra fue nombrado obispo auxiliar de Barcelona el 9 de junio de 1993, y el día 29 de julio de 2001 se anunció en la prensa su nombramiento como nuevo obispo de Solsona en sustitución de monseñor Antoni Deig.

144. Vives, que fue nombrado obispo auxiliar de Barcelona el 9 de junio de 1993, recibió el 30 de julio de 2001 el anuncio de su ascenso a obispo coadjutor de la diócesis de Urgell, con derecho a suceder a Martí Alanís, arzobispo y copríncipe de Andorra, cuando a éste le toque jubilarse en noviembre de 2003.

red clerical de corrupción de menores, el rector del Seminario Conciliar de Barcelona, y conocía perfectamente a los seminaristas de la Casa de Santiago —la institución a la que pertenecían algunos otros de los sacerdotes que organizaron la red corruptora— que, por otra parte, le informaban puntualmente de todo lo referente a las andanzas de Paco Andreo —sacerdote que perteneció a la red—, sus diáconos, y los miembros de Nous Camins. El obispo Vives siempre se manifestó, privadamente, horrorizado por lo que estaba pasando y era contrario a la actividad de todo ese grupo de corruptores, pero jamás movió un dedo para impedir unos abusos sexuales de los que tenía cumplido conocimiento.

El cardenal Ricard Maria Carles Gordo, como máximo cargo de la archidiócesis de Barcelona, fue y sigue siendo responsable directo del encubrimiento de los delitos sexuales mencionados y, también, de que los diáconos implicados fuesen finalmente ordenados sacerdotes en lugar de ser expulsados del clero, eso es, reducidos al estado laical[145], pena que ordena el *Código de Derecho Canónico* y que en su día quiso aplicar el cardenal Jubany, aunque fue traicionado y engañado desde su propia vicaría general, que actuó en beneficio de los abusadores.

Este caso, perfecta e indiscutiblemente documenta-

145. En virtud de los supuestos méritos que sin duda debe de tener el cardenal que ha sabido generar mayor descontento, fricción y crisis en la archidiócesis barcelonesa entre los creyentes, y también entre el propio clero, al mismo tiempo en que sus subordinados subían de escalafón como prelados, el 30 de octubre de 2001 el Vaticano también le premió confirmándole por dos años más en su puesto como cardenal de Barcelona, a pesar de haber sobrepasado con creces la edad para su jubilación obligatoria.

do[146], motivó la presentación de una querella contra los presuntos delincuentes y sus encubridores. Tras la correspondiente investigación de la Fiscalía de Menores de Barcelona, el asunto originó las Diligencias Previas nº 2083/95-J del Juzgado de Instrucción nº 21 de Barcelona, que finalmente fueron sobreseídas por estimarse prescritos los delitos investigados (de hecho, sólo se indagó sobre una de las víctimas de delito sexual —Asunción XXX—, pero no se tomó declaración al resto de las víctimas identificadas ni a los presuntos delincuentes y encubridores, con lo que el proceso judicial se cerró de un modo más que discutible, tal como se argumentó en el recurso de reforma contra el auto de sobreseimiento).

Así pues, todos los sacerdotes y diáconos que corrompieron sexualmente a los menores quedaron impunes debido a que, gracias a la protección del arzobispado barcelonés, cuando este autor conoció y pudo probar los hechos e hizo intervenir a la justicia ordinaria, ya había pasado demasiado tiempo desde la comisión de los presuntos delitos.

La existencia y modo de proceder de la red clerical de corrupción de menores que dio lugar a este caso es innegable, está bien acreditada y documentada, fue perfectamente conocida por la cúpula del arzobispado de Barcelona y, el caso, en su conjunto, es altamente elocuente acerca del habitual modo de encubrimiento que la jerarquía católica dispensa siempre a los sacerdotes envueltos en escándalos sexuales. Dado que la documentación probatoria de esta tropelía es mucha, recomendamos al lec-

---

146. *Cfr.* Rodríguez, P. (1995). *La vida sexual del clero.* Barcelona: Ediciones B, pp. 123-143.

tor interesado en conocer los detalles que la consulte directamente en el sitio web de este autor[147].

Los expedientes internos abiertos por el arzobispado de Barcelona para *juzgar* los delitos mencionados, se cerraron imponiendo «determinados remedios penales a los sacerdotes responsables de la extinguida fundación canónica Casa de Santiago y de la asociación civil Nous Camins», tal como se acabó reconociendo, con discreción y forzados por la publicación de mi libro, en

147. Entre la documentación del caso que puede consultarse, en su formato original, en el web del autor *http://www.pepe-rodriguez. com*, figuran: Escrito de denuncia previo a la presentación de querella (16-5-1995). Declaración de Asunción XXX (víctima del diácono Albert Salvans). Declaración de denuncia de Asunción XXX contra Albert Salvans ante el fiscal del Tribunal Eclesiástico del arzobispado de Barcelona (junio 1988). Carta de Albert Salvans a Asunción XXX. Carta de Albert Salvans a los padres de Asunción XXX. Carta del padre de Asunción XXX al arzobispo Narcís Jubany. Carta del arzobispo Narcís Jubany al padre de Asunción XXX (3-11-1988). Carta de Carles Soler Perdigó a Assumpta XXX, madre de Asunción XXX (25-11-1988). Declaración de Asunción XXX ante la Fiscalía del Tribunal Superior de Justicia de Catalunya (1-6-1995). Nota del arzobispado anunciando la conclusión de los expedientes eclesiásticos contra los implicados (21-7-1995). Escrito por el que el cardenal Carles le niega al Juzgado que investiga la corrupción de menores una copia del expediente canónico incoado a Albert Salvans alegando que es «totalmente reservado e interno» (9-12-1996), (16 Kb). Escrito del fiscal instando a seguir las diligencias por corrupción de menores contra Albert Salvans (10-12-1995). Auto de sobreseimiento por prescripción del delito de corrupción de menores (3-2-1997). Recurso de reforma y de apelación contra el Auto de sobreseimiento por prescripción (21-2-1997). Nota de prensa del obispado de Girona en la que se reconoce la intervención de su actual obispo Carles Soler Perdigó en el caso de corrupción de menores protagonizado por Salvans (2-11-2001).

una escueta nota de la Secretaría General del Arzobispado[148].

Los «determinados remedios penales» no supusieron nada absolutamente para los sacerdotes implicados, que siguieron con su vida normal. A Francisco Andreo se le aconsejó que siguiese en África —realizando actividades con Nous Camins—, los diáconos que se libraron de las denuncias personales fueron ordenados sacerdotes en Barcelona con suma discreción. El diácono Albert Salvans, como ya se dijo, fue enviado para ordenarse a la diócesis británica de Westminster y destinado como sacerdote en Kentish Town. Pere Cané viajó hasta Estados Unidos para ser ordenado en Wisconsin. De las víctimas nadie se ocupó, y la archidiócesis ni siquiera tuvo que indemnizar a nadie entre las decenas de menores de ambos sexos que fueron corrompidos sexualmente por miembros del clero.

Caso 4 (Francia). Pierre Pican, el primer prelado condenado por encubrir los delitos sexuales de uno de sus sacerdotes

El Tribunal Correccional de Caen estaba a punto de sentar una importante jurisprudencia cuando, el 14 y 15 de junio de 2001, comenzó a juzgar a monseñor Pierre Pican, obispo de Bayeux Lisieux, de 66 años, a causa de una denuncia presentada, en julio de 1999, por los abogados de varias familias de víctimas de los delitos sexuales contra menores cometidos por el sacerdote René Bissey. Estaba acusado de «no denunciar agresiones

148. *Cfr.* BAB 135 (1995), julio-agosto [45], p. 441.

sexuales y malos tratos sobre menores de 15 años», de hecho, las víctimas de Bissey tenían entre 6 a 13 años.

Era un momento difícil para la Iglesia francesa, con cuarenta y nueve sacerdotes condenados o en vías de ser juzgados por haber cometido delitos sexuales contra menores recientemente, y no sentó nada bien que Pierre Pican tuviese el dudoso honor de ser el primer prelado que se sentaba en el banquillo de los acusados de un tribunal penal[149]; y el motivo tampoco era nada honorable: se le acusaba de no haber denunciado los delitos sexuales perpetrados por un sacerdote de su diócesis, René Bissey, que unos meses atrás, el 6 de octubre de 2000, había sido condenado, por un tribunal de Calvados, a dieciocho años de cárcel por «violaciones y agresiones sexuales cometidas por persona con autoridad sobre menores de 15 años», eso es por delinquir sexualmente contra once menores, en Normandía, entre los años 1987 a 1996.

A raíz de esa condena, un mes después, en noviembre, la Conferencia Episcopal francesa se vio forzada a hacer pública una declaración de intenciones según la cual ningún obispo podía encubrir hechos delictivos como los perpetrados por Bissey.

Al comienzo del juicio, situado de pie, frente a Pierre Pican, uno de sus abogados, Bernard Blanchard, afirmó con orgullo: «tengo el honor de defender a un obispo, mi obispo», para caer, acto seguido, en la habitual visión paranoide del clero cuando se siente cuestionado, refiriéndose a un proceso que «iniciado en círculos parisinos, se ha convertido en una cruzada conducida por gentes influyentes que buscan instrumentalizar la justicia». La

149. *Cfr.* Frade, C. (2001, 15 de junio). «Un tribunal francés juzga por primera vez a un obispo.» Madrid: *El Mundo.*

coartada de la «cruzada contra la Iglesia» es la cretinez que, sin excepción ninguna, alegan en su defensa los prelados de todo el mundo ante las críticas. Pero el testigo fundamental en el juicio no era, ni mucho menos, un «enemigo de la Iglesia», sino todo lo contrario.

El primero en comparecer ante el Tribunal de Caen fue Michel Morcel, que había sido segundo de Pican cuando ocupó el puesto de vicario general de su diócesis. Este sacerdote confirmó que, en 1996, había transmitido con claridad al prelado Pican la preocupación que embargaba a la madre de una de las víctimas de Bissey. Según contó el antiguo vicario, esa mujer, que era amiga suya, no tuvo intención de acudir a la policía, pero deseaba que el obispo impidiese que el pedófilo Bissey siguiese agrediendo sexualmente a los menores de la parroquia, ¡entre los que estaba su propio hijo, claro! Pero el obispo Pican, a pesar de que el padre Morcel aseguró haberle pormenorizado inconfundibles «actos de pederastia», se limitó a recomendarle que estuviese «cerca de ese hombre [Bissey] para hacerle tomar conciencia de sus responsabilidades».

No era ésa la primera noticia que Pican tenía del cura pedófilo. En 1990 había recibido una denuncia anónima de una de las víctimas, pero tal como llegó a afirmar durante el juicio contra su protegido René Bissey, el prelado envió esa carta «al archivo vertical», que en su jerga significaba la papelera.

Con todo, Pican, finalmente, se entrevistó varias veces con el sacerdote pedófilo. Pero lo hizo sin prisas, medio año después de que su vicario le advirtiera de los delitos que Bissey estaba cometiendo contra los menores de su diócesis. Debió de quedar algo convencido, el buen hombre, ya que apartó temporalmente de sus funciones parroquiales al pedófilo y le sugirió que visitara a un psiquiatra, trámite que se llevó a cabo el 13 de marzo de 1997. Pero el médico, a pesar de su secreto profesional, se puso en contacto con el obispo para indicarle que debería denunciar el caso a las autoridades. Asustado por el escándalo que se le avecinaba, el prelado envió al sacerdote pedófilo a un «retiro espiritual» y después a una casa de reposo. Tras este curioso itinerario, francamente inútil para un pedófilo, desde el punto de vista terapéutico, en septiembre de 1998 Pican volvió a colocar a Bissey al mando de otra parroquia, la de Mondeville, bajo la supervisión del padre Morcel, aunque pocos días después, afortunadamente, fue detenido por la policía.

Cuando el prelado Pican subió al estrado para ser interrogado, su descaro le llevó a intentar justificarse aduciendo que no fue consciente de la gravedad de los hechos puesto que creyó que sólo se trataba de «tocamientos»[150]. Un tanto perplejo, el juez observó: «Pero monseñor, nos estamos refiriendo a hechos que incluyen felaciones y penetraciones.» A lo que el obispo, sin el menor asomo de rubor, respondió: «En esos días, en la

---

150. Esa creencia perversa, de pensar que los «tocamientos» a un menor no tienen la menor importancia —aunque en todos los ordenamientos penales se contemplan como un delito—, explicita bien uno de los motivos que lleva a los obispos a afirmar que hay pocos sacerdotes que abusan sexualmente de menores. Siendo muchos los sacerdotes que cometen delitos sexuales graves contra menores (felación, violación, etc.), son siempre muchísimos más los que perpetran esos delitos de menor intensidad que para el obispo Pican sólo son «tocamientos». En el capítulo 2 ya se comentó y cuantificó esta diferencia, que en España implicaba que un 4 % del total del clero comete abusos graves contra menores (masturbación, sexo oral o coito), frente al 15 % del total que violenta a menores mediante tocamientos libidinosos.

Iglesia estábamos muy poco formados en esos asuntos.» Para que no quedase duda ninguna de su *honestidad*, Pican, lejos de mostrar algo parecido al arrepentimiento, recalcó que si volviese a encontrarse ante un caso parecido obraría de igual modo: «Aconsejaría al sacerdote que visitase al médico y a la Justicia, pero la denuncia [que el prelado denunciase al delincuente] es algo que no puedo admitir.»

A lo largo del juicio, el obispo Pican demostró que no le preocupó en absoluto el estado en que estaban las víctimas de Bissey, aunque sí se tomó muy a pecho que el sacerdote pedófilo estuviese algo deprimido, el pobre. Aunque, para que no hubiese malos entendidos, en un momento determinado, Pican afirmó que si no intervino directamente ante las víctimas y sus familias fue para evitar ser acusado de «presionarlas». Sin duda su conciencia le traicionó, ya que «presionarlas» es lo que, en la práctica, hacen los prelados al forzar que no se acuda a la justicia civil, que se perdone al agresor «que ya está muy arrepentido», que se guarde silencio porque «un buen cristiano no puede dañar a la Iglesia levantando un escándalo con sus miserias», etc.

Una de las víctimas, Jean Chevais, le espetó al obispo con indignación, «usted sacrificó a los niños sobre el altar del "no toquen mi Iglesia"», pero Pican, prepotente y distante durante todo el juicio, no le prestó atención, estaba más interesado en revisar los pormenores del techo de la sala de vistas.

En un principio, el prelado Pican se enfrentaba a una posible pena máxima de tres años de prisión y 300.000 francos (45.076 euros), pero dado que los delitos que servían de base al juicio por encubrimiento habían prescrito ya, el fiscal, Jacques-Philippe Segondat, realizó una petición de pena de entre cuatro y seis meses de prisión aplicables en caso de reincidencia y la imposición de indemnizaciones, argumentando para ello que el silencio del prelado impidió a algunas de las víctimas de Bissey poder lograr una reparación en justicia por haber prescrito los delitos silenciados.

El Tribunal Correccional de Caen, finalmente, le condenó a tres meses de prisión, aplicables en caso de reincidencia, basándose en el hecho de no haber denunciado ante la Justicia las agresiones sexuales cometidas sobre un menor de 15 años por René Bissey. A modo de condena simbólica, se le condenó también a pagar un franco, por daños y perjuicios, a cada una de las cuatro partes civiles personadas en el proceso.

En su sentencia, el tribunal consideró que el prelado «se abstuvo de denunciar» los actos de pedofilia de un sacerdote sujeto a su jerarquía, «lo que constituye, tratándose de la protección de niños, un trastorno excepcional del orden público», señalando también que «la opción de conciencia derivada del secreto profesional no podía ser aplicada» en este caso.

Mientras los abogados del obispo, Bernard Blanchard y Thierry Massys, con el fin de acogerse al secreto profesional y evitar así a su cliente la acusación de encubrimiento, alegaron que las acusaciones contra el sacerdote René Bissey habían sido «confidencias muy parceladas», el magistrado zanjó rápidamente la cuestión afirmando que «aquí no estamos ante una situación de confidencia, o entonces bautizamos todo de confidencia y los clérigos tendrían derecho a no decir nada de nada». «El conocimiento que obtuvo Pierre Pican de la existencia de otras víctimas no fue el resultado de una confidencia de René Bissey, sino de una investigación [del obispo Pican]», aseveró el tribunal antes de concluir, en pura lógica, desestimando la argucia de «la opción de conciencia derivada del secreto profesional».

La Iglesia católica, como era de suponer, reaccionó mostrando su «extrañeza» ante la condena, ya que, según afirmó Stanislas Lalanne, portavoz de la Conferencia Episcopal francesa, «ninguno de los niños que figuraban en el informe de acusación se habría librado del acoso de Bissey de haberse realizado las denuncias por parte de monseñor Pican». Tal observación viene a demostrar una vez más lo ya sabido: la Iglesia se opone a que los delitos del clero sean juzgados al margen de su fuero encubridor —en el *Código de Derecho Canónico* se consideran una mera «trasgresión oculta» (canon 1340.1)—, máxime cuando, como en este caso, la denuncia —que era obligatoria en virtud de la ley penal— no era «preventiva» del delito... de un delito que el obispo sabía que el agresor repetiría sin cesar, tal como había demostrado durante años.

El hecho de que la sentencia, a pesar de no haber aceptado la argucia del secreto profesional invocada por Pican, no cuestionase «el principio del secreto profesional ni la opción de conciencia», manteniendo así «el vínculo de confianza que debe existir entre el sacerdote y el obispo», fue muy bien visto por la Iglesia. Pero, en cambio, el dolor que durante años atenazó a las víctimas del padre Bissey y sus familias, no mereció ninguna opinión de tan cualificado sacerdote.

El fiscal, en un vano intento de evitar que los colegas de Pican pensasen lo que siguen pensando, declaró que ése «no es un proceso a la Iglesia. Es sólo el proceso a un hombre de Iglesia que, en mi opinión, ha faltado a su deber de denuncia prevista en el código penal», y condenó sin ambages «el inmovilismo, la política de espera del acusado, imbuido por la secreta esperanza de que todo volvería a la normalidad sin que hubiera necesidad de intervenir».

El ejemplo despreciable que había protagonizado el obispo Pierre Pican, acabó dando lugar a una sentencia memorable del Tribunal Correccional de Caen.

Caso 5 (Irlanda). Brendan Comiskey, el obispo que dimitió por haber sido «poco diligente» ante un cura pedófilo

En marzo de 2002, la cadena de televisión inglesa BBC emitió un reportaje en el que aparecieron cuatro varones que denunciaron haber sido víctimas de agresiones sexuales, durante su adolescencia, por parte del sacerdote Sean Fortune. Los testimonios acusaban también a Brendan Comiskey, de 66 años, obispo de la diócesis de Ferns (Irlanda), de haber tenido conocimiento de las primeras denuncias contra Fortune en los años ochenta y de no haber ordenado ninguna investigación hasta que, en 1995, varios jóvenes denunciaron ante la Policía al sacerdote agresor.

El sacerdote Sean Fortune, una figura destacada dentro de la diócesis de Fern, fue detenido y encarcelado en 1999, y murió entre rejas, aparentemente por suicidio mediante una sobredosis de fármacos y alcohol —igual método al empleado en 1997 por uno de sus colegas más *activos*, Brendan Smith—; su oportuna muerte, justo poco antes de tener que comparecer en el juicio donde debía responder de sesenta y seis acusaciones criminales de agredir sexualmente y violar a jovencitos durante casi dos décadas, dejó muchos puntos sin aclarar acerca de la conducta del obispo Comiskey respecto al sacerdote delincuente sexual.

Esa investigación truncada movió a que las víctimas de Fortune, irritadas por los años de silencio de su obispo, pidieran públicamente que el gobierno irlandés emprendiese una investigación más amplia sobre el prelado Comiskey para documentar otras posibles conductas de encubrimiento sobre distintos abusadores de la diócesis. Colm O'Gorman, una de las víctimas de Fortune, afirmó que él y otras cinco víctimas del sacerdote iniciarían un proceso judicial civil en el que demandarían al obispo Comiskey y al propio Juan Pablo II por su actuación encubridora.

El documental emitido por la BBC tuvo un efecto inmediato y la opinión pública comenzó a pedirle explicaciones al obispo Comiskey que, al contrario de lo que hizo anteriormente, reaccionó rápidamente y, el jueves 28 de marzo de 2002 —once días después de la publicación de la *Carta a los Sacerdotes para Jueves Santo*, en la que el Papa se mostraba «conmovido en lo más íntimo por los pecados de algunos hermanos nuestros»—, presentó su dimisión ante el Vaticano y cinco días después la hacía pública a través de la prensa[151]. El motivo alegado por Comiskey para dejar su cargo resultaba absolutamente extraño y ajeno a los usos habituales del clero: no había sido suficientemente diligente ante los casos de pedofilia de su diócesis. «Yo jamás pude lograr ningún resultado satisfactorio», dijo, «y ahora no soy la persona adecuada para lograr unidad y conciliación entre la diócesis y las víctimas del sacerdote».

151. *Cfr.* EFE (2002, 3 de abril). «Un obispo irlandés dimite por su falta de diligencia en casos de pederastia.» Madrid: *El País*.

Aunque su modo de actuar había sido exactamente igual al de sus colegas prelados del resto del mundo, su manera de asumir la crisis le situaba a años luz por encima de ellos, al menos en lo que hace a humildad y asunción de responsabilidades morales (la asunción de las penales no depende de uno mismo, sino de que puedan dirimirse ante un tribunal civil).

Al comunicar su dimisión, Cosmiskey se refirió a Fortune diciendo que creía «haber hecho lo mejor, pero está claro que no fue suficiente (...) El abuso sexual de niños es particularmente horrendo para mí. Pido perdón a las familias de todas las víctimas y a cuantos se hayan sentido de alguna manera heridos u ofendidos por el padre Sean Fortune (...) y a todos los que han sido abusados por sacerdotes de la diócesis», para admitir, acto seguido, que «el padre Fortune cometió tres graves faltas e hirió a numerosas personas» y lamentarse de que se vio ante un caso «prácticamente imposible de llevar».

Ante las primeras denuncias contra Fortune, el obispo Comiskey, asesorado por «un profesional sobre el tema», optó por prohibirle temporalmente el ejercicio sacerdotal, pero poco después, cuando un psicólogo estimó que Fortune «no tenía la psicología de un violador», le permitió regresar a su trabajo y, claro está, al reinicio de sus delitos. Éste, y cientos de otros casos similares, ponen sobre la mesa la dudosa capacidad científica de muchos de los asesores profesionales de los prelados, capaces de ofrecer dictámenes *gloriosos*. ¿Qué demonios significa que «no tenía la psicología de un violador»?, hace ya muchos años que la *personalidad* del pedófilo es descrita bajo criterios diagnósticos absolutamente ajenos a los que pueden presentar conductas de «violador». ¿En qué siglo estudió Psicología el asesor de Comiskey?

Por lo que sé, y por los asesores que he conocido personalmente, la Iglesia prefiere basarse en *creyentes de confianza* antes que en buenos profesionales, acreditados e independientes. A la jerarquía le horroriza que un técnico independiente pueda saber qué pasa en la trastienda eclesial y tampoco acepta de buen grado que los criterios profesionales limiten o contradigan sus intereses *pastorales*, así es que, en general, se producen dos errores básicos que acaban por pagarse caros: 1) los asesores son profesionales serviles y muy mediocres, con formación insuficiente y/o nada actualizada, que se limitan a decir aquello que los obispos necesitan escuchar; 2) los asesores son profesionales válidos pero se limitan a decir aquello que los obispos necesitan escuchar... si no quieren perder su trabajo rápidamente. Mientras el secretismo sea la máxima prioridad de la Iglesia católica, este problema no desaparecerá.

En tono de disculpa, Comiskey afirmó que «realmente eso [todo lo que hizo el prelado respecto al cura pedófilo] no fue suficiente. Me di cuenta de que con el padre Fortune era virtualmente imposible tratar. Me encaré regularmente con él, le aparté del ministerio durante un tiempo, busqué consejo profesional en varios lugares, escuché a quienes le criticaban y a quienes le alababan, probé con la compasión y con la firmeza. Busqué tratamiento y arreglé las cosas para que pudiera hacerlo, pero nunca conseguí obtener ningún resultado satisfactorio (...) Fortune no podía ser parte de la solución debido a que era una parte importante del problema»[152]. La pregunta subsiguiente es de pura lógica: si hizo tanto y vio que «con el padre Fortune

---

152. *Cfr*. Cullen, K. (2002, 2 de abril). «Prelate admits he failed to stop abuse of children.» Boston: *The Boston Globe*.

era virtualmente imposible tratar», ¿por qué razón le permitió seguir en el sacerdocio y le brindó la oportunidad de seguir abusando de decenas de menores sin límite ni control ninguno?, ¿es que en los seminarios católicos se arrasa el más elemental sentido común del clero?

Hecha pública la dimisión del obispo Comiskey, Thomas P. Doyle, sacerdote y abogado canonista —que ya en 1985 advirtió a los prelados de Estados Unidos del problema que se les iba a caer encima si seguían encubriendo los delitos sexuales del clero—, la calificó de «revolucionaria para Irlanda (...) y podría ser revolucionaria para el resto de la Iglesia», puesto que Comiskey había fijado «una nueva norma para asumir la propia responsabilidad». Doyle fue contundente al afirmar que «Comiskey es el primer obispo que ha puesto a las víctimas por delante de sus intereses (...) Él ha discernido con claridad y actuado con valor (...) Está diciendo que la Iglesia no gira en torno a los obispos sino en torno a la gente. Él ha sido el primer obispo en mostrar humildad (...) Otros obispos se han disculpado, pero el obispo Comiskey es el primero que ha admitido que las disculpas no son suficiente»[153].

Siendo ciertamente atípico y muy importante el gesto de dimisión de Comiskey, no era probable que, para la mayoría conservadora del episcopado mundial, pasase a ser un ejemplo a imitar. Primero por el arraigado instinto de autoconservación de los prelados, pero, en segundo lugar, porque el currículo de este prelado, tal como se encargaron de recordar inmediatamente algunas *caritativas* almas del ala más conservadora del Vaticano, estaba ensombrecido por episodios de abuso de alcohol y algún

153. *Ibíd.*

viaje sin aclarar a Tailandia, «donde se hospedó en un hotel frecuentado por prostitutas».

La Iglesia católica puede asumir y premiar la voracidad sexual sobre menores de cardenales como Hans Germann Gröer o Julius Paetz, premia siempre con ascensos a sacerdotes y prelados encubridores de los delitos de sus colegas, disculpa incluso el buen dinero del cepillo diocesano que dilapidaba el ya fallecido cardenal jesuita Jean Danielou con Mimí Santoni, la puta más cara de París[154], pero aceptar como ejemplo un caso de actuación honrosa ya era otra cosa bien distinta.

A pesar de sus errores nada justificables, a pesar de su reiterado encubrimiento de delitos sexuales contra menores, y a pesar de la responsabilidad penal que en su día pudiere depurársele, el obispo Brendan Comiskey demostró tener una dignidad y humanidad difíciles de encontrar entre los prelados.

154. *Cfr.* Rodríguez, P. (1995). *La vida sexual del clero.* Barcelona: Ediciones B, pp. 310-311.

5

El Vaticano encubre activamente los delitos sexuales de su clero más preciado

El presidente de la Conferencia Episcopal estadounidense, Wilton Gregory, al inaugurar la cumbre de los prelados en Dallas para afrontar el escándalo de la pedofilia, en junio de 2002, no escatimó palabras para pedir disculpas por «nuestra lenta reacción en reconocer el horror», y tampoco para advertir que «de hoy en adelante nadie que haya abusado sexualmente de un niño podrá trabajar en la Iglesia católica de Estados Unidos», pero su posición real no se apartó un ápice del tradicional secretismo encubridor del clero, por lo que no exigió a los sacerdotes delincuentes, ni a sus obispos encubridores, que compareciesen ante la autoridad civil.

«Si hay algún obispo que ha abusado de un menor —afirmó el prelado Gregory—, le pido que lo comunique a la Nunciatura [*embajada* vaticana] para que se cumpla con la Justicia y la Iglesia.»[155] La máxima autoridad de la Iglesia católica en Estados Unidos confirmaba

155. *Cfr.* Parrado, J. A. (2002, 14 de junio). «Nos preocupaba más el escándalo que prevenir.» Madrid: *El Mundo*.

así lo que es norma, una instrucción desvergonzada y delictiva que también su colega A. James Quinn, obispo auxiliar de Cleveland (Ohio), había aconsejado a otros religiosos en 1990 y que, tal como citamos anteriormente, quedó grabada en una cinta magnetofónica. La regla es que sólo el Papa puede juzgar la responsabilidad criminal de los obispos, algo que, en realidad, supone el encubrimiento eficaz de los prelados infractores.

Cuando al cardenal Francisco Javier Errázuriz, presidente de la Conferencia Episcopal chilena y arzobispo de Santiago, se le cuestionó acerca de si el hecho de que la Iglesia no denunciase a los sacerdotes pedófilos ante la Justicia pudiese suponer un delito de encubrimiento, el prelado, tras negar cualquier posibilidad de cometer tal delito, afirmó que «hay que tener presente que el obispo tiene una función de pastor y de padre, no sólo en bien de los fieles, sino también ante cada sacerdote de su diócesis. Quisiera saber qué papá va a la Justicia a delatar a su hijo»[156].

Para el Vaticano y su aparato de poder, todos los sacerdotes son «hijos queridos», ciertamente, pero en el seno de la Iglesia siempre hubo y habrá «hijos» más deseados y queridos que otros. Con el papa Wojtyla el perfil de los «hijos» preferidos se decantó ostensiblemente hacia el lado ultraconservador, con especial amor hacia quienes, desde sus puestos de funcionarios eclesiales o, preferentemente, de líderes de grupos ferozmente proselitistas y/o implicados en la captación de jóvenes para uncirlos a la cruzada de rearme moral dogmático, que siempre ha sido un objetivo prioritario de este pontífice.

156. *Cfr.* Errázuriz, M. J. (2002, 26 de mayo). «Monseñor Errázuriz y las denuncias de pedofilia. Cardenal: "Un obispo debe investigar la verdad."» Santiago de Chile: *El Mercurio*, p. C3.

Pero si esas tácticas de encubrimiento *inexistentes* —según ven la cuestión el cardenal Errázuriz y la mayoría de sus colegas—, son aplicadas de oficio por los prelados —actuando en beneficio del «bien común pastoral» y en cumplimiento de la «tradición apostólica de tratar asuntos internos de manera interna»— a todos los sacerdotes, aun al más modesto de ellos en la más remota de las parroquias, a fin de que sus «pecados» y «conductas privadas» con menores queden ocultos a la sociedad, no debería extrañar en absoluto, por tanto, que los «hijos» más preciosos para el Papa y su curia gocen, si ello fuese posible, de un encubrimiento —*inexistente*, claro— todavía más esmerado, aunque abordado desde la «humildad» que le es propia a todo acto realizado «a mayor gloria de la Iglesia».

Cuatro ejemplos complementarios, podrán ilustrarnos sobre ese *inexistente* encubrimiento y los titánicos esfuerzos que, desde el Vaticano, se han hecho para proteger a cuatro de los «hijos» predilectos de Juan Pablo II. Uno es el cardenal austríaco Hans Hermann Gröer. Otro es el influyente y poderoso sacerdote mexicano Marcial Maciel, líder de los Legionarios de Cristo. El tercero es el arzobispo polaco Julius Paetz. Y el último es el también arzobispo argentino Edgardo Storni.

Caso 6 (Austria). Los delitos sexuales del cardenal Hans Hermann Gröer, un protegido de Juan Pablo II que gozó del apoyo y encubrimiento del Vaticano

A finales de marzo de 1995, Josef Hartmann, un ingeniero de 37 años, denunció públicamente que Hans Hermann Gröer, cardenal arzobispo de Viena, había abusado sexualmente de él desde sus 14 años hasta que terminó sus estudios en el internado católico de Holla-brunn. El cardenal ultraconservador —guía espiritual de Josef y del resto de los alumnos de los cursos superiores— no lo era tanto en la intimidad y, cuando acudía a sus aposentos a confesarse, en un arrebato docente —que suelen esgrimir muchos abusadores—, comenzó por enseñarle al menor, desnudo bajo la ducha, «cómo limpiar el pene para evitar infecciones». Tras esa denuncia, otros ocho alumnos del mismo internado relataron haber sido sometidos a parecidos abusos sexuales por parte de Gröer. Pero no fueron los únicos, ni mucho menos.

El desencadenante de las primeras denuncias contra el cardenal fue su desvergonzada hipocresía de acogerse a la Biblia para, en una carta pastoral publicada en febrero de 1995, anatemizar que «los pederastas no llegarán al Reino del Señor». Las víctimas de la voracidad sexual del prelado Gröer, silenciadas durante muchos años, se armaron de valor para dejar en evidencia al máximo líder de la Iglesia católica austríaca.

Entre sus víctimas, un sacerdote, Fischer, aportó un testimonio especialmente importante, no sólo ratificando las aficiones sexuales de Gröer, sino, mucho más importante, declarando que el acoso sexual al que le sometió el ya obispo Gröer, en 1971, fue denunciado en 1985 a la jerarquía católica, pero se impidió cualquier investigación. Hans Hermann Gröer, absolutamente afín al papa Wojtyla, era una pieza clave para los planes del Vaticano en Austria y, trece meses después de ser formalmente denunciada su conducta sexual delictiva, fue nombrado arzobispo de Viena.

Ese nombramiento —que elevó hasta la cima de la Iglesia austríaca a un mediocre monje benedictino del que sólo era conocida su devoción extrema por la Virgen, en especial la de Fátima—, fue una decisión absolutamente personal del papa Wojtyla que, desoyendo todos los consejos en contra, lo destinó a suceder al cardenal Franz Konig. La estrategia del Papa polaco era meridiana: en una Iglesia que había evolucionado desde un conservadurismo extremo hasta la modernidad, Gröer era la losa necesaria para regresar a la mentalidad del siglo XVI. No importaba la calidad del hombre mientras el prelado resultante fuese ultraconservador. Esa política de nombramientos ha sido implementada hasta la saciedad, por Wojtyla, en todo el mundo.

Uno de los estudiantes del internado de Hollabrunn, que fue forzado a acariciarle los genitales a Gröer, acusó a la cúpula católica afirmando que «no me digan ahora que nadie sabía de la homosexualidad del cardenal, es una hipocresía»[157]. Tal como sucede en cientos de casos similares en los colegios o seminarios más dispares, en ese internado, según afirmó otra de las víctimas, «todos sabíamos que era peligroso acercarse a Gröer». Obviamente, también conocían esos hechos quienes en esos días eran los superiores de Gröer.

La fuerza de las acusaciones contra el cardenal no fue óbice para que el Vaticano en pleno saliese en su defensa. Donato Squicciarini, nuncio apostólico en Austria, fue un puntal temprano del apoyo incondicional que recibiría Gröer en nombre del Vaticano: «La Santa Sede —dijo— tiene mucha experiencia en este campo, y lo que sucede en Austria ha pasado en otros países. Estoy convencido de que también el caso de Gröer no tiene base (...) todo esto le dará más valor para seguir en

157. *Cfr.* Schnitzer, V. (1995, 3 de abril). «Más denuncias de homosexualidad contra el cardenal Gröer.» Madrid: *El País*.

su cargo como presidente de la Conferencia Episcopal.»[158]

Tal como siempre ha sucedido hasta el día de hoy, los colegas de Gröer se aprestaron a insultar y difamar a las víctimas de los delitos sexuales del cardenal. El obispo ultraconservador Kurt Krenn calificó a Hartmann de «alma enferma», afirmó que sus acusaciones eran «inconcebibles» y «malévolas» e instó a los denunciantes a solicitar «disculpas al cardenal»; el obispo Helmut Krätzl atacó a víctimas y medios de comunicación advirtiendo que las acusaciones contra su superior jerárquico eran «calumnias al estilo de la época nazi»; el obispo Christoph Schönborn habló de «injurias infames».

El cardenal acusado, mientras tanto, se mantuvo con la boca cerrada, incapaz de negar las evidencias y, tal como siempre había sucedido hasta entonces, esperanzado en volver a flote cuando la tormenta escampase. De la misma opinión era su amigo, protector y superior, el papa Wojtyla, que, a pesar de las muchas presiones que, desde dentro de las propias bases católicas, solicitaban que el cardenal Gröer abandonase su cargo en beneficio de la Iglesia, se negó a relevarlo.

Pero el empeño en salvar al abnegado general de la cruzada vaticana no tenía demasiado futuro. En la primera semana de abril de 1995, el cardenal Gröer, dos días después de haber sido reelegido presidente de la Conferencia Episcopal austríaca, a pesar de estar sumido en pleno escándalo sexual —y precisamente por ello—, dimitió del cargo; poco después el Papa se vio forzado a

158. *Cfr.* Schnitzer, V. (1995, 29 de marzo). «La Iglesia da su apoyo incondicional al arzobispo acusado de abusos sexuales.» Madrid: *El País*.

nombrar a Christoph Schönborn como obispo coadjutor de Viena. El recambio estaba preparado, aunque el apoyo del Vaticano a Gröer seguía intacto, así como el de su correligionario Kurt Krenn, que, desde su diócesis de San Pölten, no sólo se enfrentaba con los dos únicos prelados que recomendaron la renuncia de Gröer, sino que, con descaro atroz, sostenía que «no se trata de si lo hizo o no lo hizo; él tiene derecho a callar porque en esta situación lo que diga estará acompañado de la crítica de la opinión pública»[159].

El Vaticano dio por cerrada su investigación sobre los abusos sexuales de Gröer en la segunda mitad de febrero de 1998 y, dado que los hechos eran probados y públicos desde hacía tres años, desde 1995, el papa Wojtyla no se atrevió a cerrar en falso el expediente tal como hubiese deseado a fin de proteger a su estrecho colaborador. En esos días Gröer estaba invitado al Vaticano. El día 20 gozó de una audiencia privada con el Papa y el 21 asistió, junto al resto de los cardenales del mundo, a su reunión anual, en la que también accedió a la púrpura cardenalicia su amigo y defensor, el ultraconservador Christoph Schönborn, nuevo arzobispo de Viena.

La guinda de esta historia la puso el propio papa Wojtyla cuando, al aceptar la dimisión del cardenal Gröer, en febrero de 1998, en la carta con la que hizo público su relevo expresó su solidaridad para con el cardenal y defendió su dignidad. No contento con ello, el pontífice manifestó su deseo de que «el intento de destrucción [de la Iglesia austríaca] no tenga éxito» y «la cizaña de la sospe-

159. *Cfr.* Schnitzer, V. (1995, 12 de abril). «Los obispos austríacos piden a Roma que resuelva su crisis eclesiástica.» Madrid: *El País*.

cha, de la crítica y de la discordia» no prevalezca entre los católicos.

El papa Wojtyla, en la carta, recurrió a una cita bíblica para reforzar la ya habitual tesis paranoide de la jerarquía católica, que tacha de ataque organizado contra la Iglesia toda crítica fundada que recibe. «Atacaré al Pastor —citaba Juan Pablo II— y se dispersarán las ovejas de su grey.» Su decisión exclusivamente personal —en oposición a la curia vaticana— de poner como «pastor» al frente de la Iglesia de Austria a un *lobo* experto en depredar sexualmente a los más jóvenes se pagó finalmente, tal como dice el versículo, pero por una razón contraria a la aludida, con el abandono masivo de más de 50.000 católicos austríacos, que dejaron el catolicismo asqueados por el escándalo que había dado el cardenal Gröer con sus delitos, la Iglesia austríaca con su apoyo al trasgresor y su ataque a las víctimas, y el Vaticano con su encubrimiento descarado.

Su sucesor, el cardenal Schönborn, a pesar de todas las majaderías que había pronunciado para amparar a su jefe Gröer y para criminalizar y ensuciar la fama de sus acusadores, tras recibir el informe de la investigación realizada por Marcel Rooney, superior de los benedictinos, tuvo que reconocer que «hemos llegado a la convicción moral de que las imputaciones hechas contra el arzobispo emérito cardenal Hans Hermann Gröer son esencialmente ciertas (...) Espero que el cardenal Gröer sepa pronunciar unas palabras clarificadoras y de liberación, y rezo e invito a rezar para que consiga hacerlo».

Los rezos del cardenal no debieron de ser adecuados para el fin propuesto y Gröer permaneció mudo hasta que, forzado directamente por el Papa, que estaba a punto de emprender su tercer viaje a Austria, el prepotente Gröer, el 15 de abril de 1998, tuvo que pedir perdón «a Dios y a los hombres», pero sin reconocer ni admitir sus muchos delitos sexuales. Poco después abandonó Austria para obtener refugio en un monasterio benedictino sueco.

Aunque parezca mentira, este episodio vergonzoso no sucedió en el siglo XIX sino en el período que va desde 1995 a 1998.

Caso 7 (México). El Vaticano protege a Marcial Maciel, fundador de los Legionarios de Cristo y centro de diversas denuncias por abusar sexualmente de menores

La noche del lunes 15 de abril de 2002 una emisión del programa *Círculo Rojo*, del Canal 2 de Televisa, enfocó su atención hacia un tema que es tabú tanto dentro de México como en el mismísimo corazón del Vaticano: la manzana de oro que se esfuerza en parecer la organización Legionarios de Cristo también tiene gusanos, tal como le ocurre al resto de las manzanas más normales y mortales que integran la cesta de la humanidad.

Los periodistas Carmen Aristegui y Javier Solórzano le dieron voz y protagonismo al catedrático José Barba y al abogado José Antonio Pérez Olvera, que compartieron espacio con Juan José Vaca y Óscar Sánchez. Todos ellos coincidieron en una desgraciada experiencia que se resumía en una dolorosa frase: «Maciel abusó sexualmente de mí.»

Para José Barba y José Antonio Pérez Olvera no era ésta su primera aparición en la televisión mexicana. El 12 de mayo de 1997, en un programa de CNI Canal 40, el reportaje «Medio siglo» golpeaba por primera vez sobre el avispero. «Por el atrevimiento de haber contado con prudencia extrema esa historia (el temor, por ejemplo, hizo que omitiéramos tres testimonios sobre la adicción de Maciel a la *Dolantina*) —cuenta Ciro Gómez Leyva, director del programa—, CNI Canal 40 pagó un costo: presiones, hostigamiento y un boicot comercial que, bien a bien, algunas empresas no han levantado aún (...) Ya entonces era negocio ser periodista crítico y confrontarse con el presidente, el Ejército y la Virgen de Guadalupe (...) Pero enfrentar a los Legionarios de Cristo era otra cosa. Era atentar contra el manto protector que los principales anunciantes (poderosos Legionarios) habían puesto sobre Maciel. Vapulear al gobierno daba prestigio y *rating*, pero hacer enojar a los bancos, las compañías telefónicas, Bimbo, las cervecerías... ¡Por Dios, no!»[160]

Las agresiones sexuales que relatan las víctimas de Maciel que se han atrevido a hablar son todas parecidas y tuvieron lugar entre finales de la década de 1940 y principios de la de 1960, mientras los niños que Maciel había captado en México estaban internados en seminarios de España y de Italia. «A mí me planteó que tenía unos dolores supuestamente provocados por una involuntaria retención de esperma —relata Alejandro Espinosa[161]— y me dijo que necesitaba que le diera un masaje. Éste co-

160. *Cfr.* Gómez Leyva, C. (2002, 17 de abril). «Marcial Maciel regresa a la televisión.» México: *CNI en Línea*.

161. *Cfr.* Torres Robles, A. (2001). *La prodigiosa aventura de los Legionarios de Cristo*. Madrid: Foca, p. 271. Este libro es de lectura obligatoria para todos aquellos que quieran profundizar sobre la historia de los Legionarios de Cristo en general y sobre la deplorable historia de los abusos sexuales de Maciel en particular.

menzaba en la parte baja del abdomen, después bajaba la mano hasta que me llevaba a tocarle el pene y hacerle directamente una masturbación.»

Según confirman todos los que pasaron por la camilla de la enfermería donde solían tener lugar esos abusos, Marcial Maciel le explicaba a sus novicios que el papa Pío XII le había autorizado a «aliviar su dolor» de forma tan peculiar, un dolor que podía aminorarse «usando una mujer», aunque el sacerdote, «para convertir el dolor en virtud», prefería limitarse a las *terapias* de sus jovencitos pupilos[162].

Durante décadas, cada uno de los antiguos discípulos de Maciel acalló el dolor de los abusos sexuales pensando que sólo le había ocurrido a él, pero llegó un día en que tuvieron valor para sacar el tema a colación y se dieron cuenta de que muchos pasaron por el mismo calvario. «El padre [Maciel] me llamó a la enfermería —compartió

162. Forzar relaciones sexuales bajo excusas tan estúpidas como la de esa «involuntaria retención de esperma» —con dispensa papal, eso sí—, son muy habituales entre los líderes sectarios con perfiles de personalidad psicopatológicos. En un supuesto concurso ad hoc, la *oportuna* «retención de esperma» de Maciel tendría que competir con muchas otras ingeniosas tretas similares, como la de Jordi Boronat, un presunto extraterrestre barcelonés que precisaba realizar un coito con alguna de sus adeptas cuando se «estaba muriendo por estar agotándosele su energía cósmica», cosa que le sucedía con frecuencia, claro está [*Cfr.* Rodríguez, P. (1989). *El poder de las sectas*. Barcelona: Ediciones B]. Estas manipulaciones sólo funcionan cuando el líder adquiere poder absoluto sobre su grupo y, claro, cuando se ejercen sobre menores que, por diferentes circunstancias, pasan a depender de un adulto con gran ascendiente sobre ellos. Al margen de las sectas, tretas similares, bajo excusas terapéuticas o docentes, son muy empleadas por sacerdotes como base para cometer abusos sexuales contra menores.

el sacerdote Félix Alarcón con sus antiguos compañeros de seminario—, creo que fue en Roma, y ahí empezó todo. Aceptábamos su aparente sufrimiento urológico (...) y todo lo que vivisteis lo viví yo: tocamientos, masturbaciones, sexo oral (...) en los años de mi noviciado el padre [Maciel] ya tenía una adicción claramente probada a la *Dolantina*. Me sé la fórmula de ese narcótico como el Padre Nuestro (...) El drama era buscar la *Dolantina...*»[163]

Antes de fallecer, en febrero de 1995, el ex sacerdote español Juan Manuel Fernández Amenábar, ex rector de la Universidad de Anáhuac (controlada por los Legionarios de Cristo), dictó un testimonio en el que dejó constancia de los abusos sexuales de que fue objeto por parte de Maciel, de la adicción de éste al opiáceo *Dolantina*, y de su voluntad inequívoca de que esos actos ocultados fuesen denunciados y depurados.

En un escrito publicado en el diario mexicano *Reforma*, el sacerdote Alberto Manuel Athié Gallo[164] relató que en 1999 fue a hablar con el cardenal Justo Mullor, entonces nuncio en México, para pedirle consejo acerca de cómo hacer llegar al Vaticano la denuncia de un ex sacerdote que, antes de morir, le pidió que se hiciera justicia respecto a los abusos que sufrió de un sacerdote sien-

---

163. *Cfr.* Torres Robles, A. (2001). *La prodigiosa aventura de los Legionarios de Cristo*. Madrid: Foca, p. 277.

164. Alberto Manuel Athié Gallo es sacerdote de la archidiócesis de México y, entre otros muchos cargos, es asesor en materia de pastoral social para el Departamento Episcopal de Pastoral Social (DEPAS), nombrado por el presidente del Consejo Episcopal Latinoamericano (CELAM), posición que le lleva a prestar sus servicios en diferentes países, y también es asesor del Secretariado Latinoamericano y de El Caribe de Caritas Internacional.

do niño. Athié, según consejo del nuncio, envió una carta con la documentación adecuada al cardenal Joseph Ratzinger, a través de Carlos Talavera, obispo de Coatzacoalcos, pero «el caso nunca prosperó —escribió Athié en *Reforma*—. La explicación que dio Ratzinger [al obispo Talavera] fue que no consideraba prudente abrir el caso porque el acusado era una persona muy querida del Santo Padre y había ayudado mucho a la Iglesia. El sacerdote sobre quien caían las imputaciones era el padre Marcial Maciel, fundador de los Legionarios de Cristo, uno de los sacerdotes más influyentes de la curia romana y estratega de la Iglesia para América Latina. El acusador era ex legionario y ex rector de la Universidad Anáhuac: Juan Manuel Fernández Amenábar»[165].

Todas las denuncias de los ex Legionarios victimizados por Maciel cayeron en el silencio; tantos cardenales como las conocieron las ignoraron. Pero los antiguos discípulos de Marcial Maciel, hoy hombres de prestigio que nada pedían salvo hacer conocer la verdad a la Iglesia y escuchar una humilde petición de perdón de boca de Maciel, frustrados tras tantas llamadas inútiles a la puerta de la que sigue siendo su Iglesia, llamaron a la del periódico *The Hartford Courant*, de Connecticut —sede de los Legionarios de Cristo en Estados Unidos—, y fueron escuchados. El 23 de febrero de 1997, una sobria y rigurosa investigación de los periodistas Gerald Renner y Jason Berry contaba al mundo lo que Maciel y la jerarquía de la Iglesia católica se había empeñado en ocultar. Pero el poder de Maciel es tanto que pronto volvió a caer la noche sobre la polvareda que ese trabajo levantó. Para

165. *Cfr.* Turati, M. (2002, 8 de abril). «Reconocen pedofilia en Iglesia mexicana.» México: *Reforma*, p. 17A.

los denunciantes, el calvario se agravó con amenazas de todo tipo y decidieron recurrir directamente a la máxima autoridad: el Papa.

En una carta abierta, de noviembre de 1997, enviada al papa Juan Pablo II —«autor de la Carta Encíclica *Veritatis Splendor*», se recalca en el encabezamiento—, ocho ex miembros de la Legión de Cristo se ratificaban acerca de los abusos sexuales a que fueron sometidos por Marcial Maciel y exigían poner fin al encubrimiento total que, desde las más altas instancias de la propia Iglesia, se ha otorgado a ese sacerdote de tan cuestionada trayectoria[166].

Los acusadores de Maciel, que confiesan haber sido abusados sexualmente por el sacerdote durante sus primeros años de adolescencia, son todos hombres con una probada solvencia en sus vidas y profesiones. Félix Alarcón Hoyos es un sacerdote español que ejerce en Estados Unidos; José de J. Barba Martín, catedrático del Instituto Tecnológico Autónomo de México; Saúl Barrales Arellano, profesor de un colegio católico; Alejandro Espinosa Alcalá, importante ganadero; Arturo Jurado Guzmán, catedrático de la Escuela de Lenguas del Departamento de Defensa de Estados Unidos; Fernando Pérez Olvera, ingeniero químico; José Antonio Pérez Olvera, abogado; y Juan José Vaca Rodríguez, ex sacerdote, estrecho colaborador de Maciel durante tres décadas y ex presidente de Legionarios de Cristo en Estados Unidos. Lo que sigue son algunos párrafos de su extensa carta dirigida a Juan Pablo II:

166. Una copia completa de esta carta fue publicada, el 8 de diciembre de 1997, en la revista mexicana *Milenio*. Su versión completa puede leerse en el web de este autor, *http://www.pepe-rodriguez. com*, en la sección dedicada a la sexualidad del clero.

«Santo Padre, acudimos a Vos recordando que el Concilio Menor de Sárdica, inmediato al Concilio Primero de Nicea, autoriza a cualquier cristiano para apelar directamente al Papa (...) Quienes ahora Os escribimos somos varios hombres cristianos, doblemente víctimas en dos claras épocas de nuestra vida: primero durante nuestra adolescencia y juventud y, luego, en nuestra madurez, por parte de un sacerdote y religioso muy allegado a Vos, que repetidamente abusó, antaño, sexualmente y de otras maneras de nosotros, indefensos, lejos de nuestros padres o tutores, en países diversos y lejanos del nuestro (...)

»Somos un pequeño grupo de ex miembros de la Legión de Cristo los que, con pleno derecho, y ahora aún más en legítima defensa, nos decidimos a declarar la terrible y dolorosa verdad del oscuro mal oculto, casi desde la fundación de su institución, durante más de cuatro décadas, acerca de la encubierta conducta inmoral del mismo fundador y superior general de la Legión de Cristo, el Padre Marcial Maciel Degollado, en quien penosamente de alguna manera aún creíamos antes de descubrir que el caso de nuestro abuso particular no era aislado ni único, sino muy general, y que había sido envuelto en palabras engañosas, que nuestra poca edad entonces y la devoción y obediencia ciega que estábamos obligados a tenerle como padre y superior nos hicieron creer (...)

»Nosotros, aun fuera ya de la institución, no habíamos podido superar psicológicamente una dolorosa prudencia y discreción autoimpuesta durante largos años. Pero, Santo Padre, fue precisamente la carta de apoyo y felicitación de V. S. dirigida al Padre Marcial Maciel Degollado, publicada el día 5 de diciembre de 1994 en los siete diarios más influyentes de la Ciudad de México, avalada por Vuestra propia firma y por la reproducción muy visible del mismo escudo de armas pontificio, en la cual V. S. encomiaba al Padre como "guía eficaz de la juventud" y como quien "ha querido poner a Cristo (...) como criterio, centro y modelo de toda su vida y labor sacerdotal...", la que nos movió a romper, finalmente, el pesado silencio y revelar la penosa verdad; pues nos indignó que un Vicario más de Cristo a lo largo de varias décadas pudiera seguir estando a tan grave extremo engañado (...)

»Nos parecería inconcebible, Santo Padre, que nuestras graves revelaciones y quejas no Os importaran absolutamente nada (...) es por eso precisamente ante una Iglesia perenne (...) ante la que de nuevo insistimos en exponer privada y públicamente nuestra indignación por tanta desatención y aun por el arrogante silencio, cuando no ofensas, de representantes importantes de su jerarquía ante tan grandes abusos e injusticia (...) Tanto el Estado como la Iglesia deben considerar que si nuestros presentes testimonios son falsos, somos acreedores a sanciones civiles, penales y eclesiásticas. ¿Por qué, entonces, habríamos de insistir? ¿Hay, como se ha dicho hace meses, detrás de nosotros alguno o algunos grupos de poder interesados en desacreditar al padre Marcial Maciel Degollado, o, como él ha dicho, a la Iglesia a través de su persona? Bien sabemos que es éste en el padre Maciel Degollado un viejo empleo astuto de la yuxtaposición como método (...)

»Nosotros, además de católicos, miembros de la sociedad abierta, desprotegidos durante décadas por nuestro propio silencio, y desoídos después a lo largo del tiempo por diversas instancias eclesiásticas a las que inútilmente recurrimos, para la exposición de la verdad nos vimos constreñidos a aceptar el contacto con los libres medios de comunicación, no con ánimo de escándalo sino buscando también protección, ya que, hace años, uno de nosotros, y no veladamente, había sido amenazado de muerte por el mismo Padre Marcial Maciel Degollado; y de lo cual hay testigos. Por eso, Santo Padre, por nosotros mismos, por otras víctimas aún silenciosas; por la Iglesia y por la sociedad consideramos un deber moral insistir en manifestar la verdad "*opportune et importune*" (...)

»Si ha habido alguna conspiración (...) no ha sido de parte de nosotros, que consideramos nuestra acción como un difícil y arriesgado servicio a la Iglesia y a la sociedad, sino de parte de personas mismas constituidas en autoridad dentro de la Legión de Cristo y de la misma Iglesia: se trata de una conspiración de silencio, de vergonzoso encubrimiento y de una nueva e injustísima victimización contra nosotros por parte de personas de la jerarquía católica romana, de funcionarios ya informados del Vaticano y de altos miembros de la Iglesia mexicana (...)

»El mismo arzobispo de la ciudad de México, monseñor Norberto Rivera Carrera, nos difamó públicamente (...) y siendo monseñor Norberto Rivera Carrera el pastor eclesial correspondiente más inmediato a la mayor parte próxima de nosotros, jamás nos convocó para poder conocer de nosotros mismos nuestra versión completa de los hechos manifestados y cuestionarla bajo cualquier procedimiento jurídico (...) Si el haber comunicado nosotros a los medios, y no a él, arzobispo de la ciudad de México, los hechos impugnatorios, fuese la razón de su desatención, podría haberlo así manifestado (...) Y no nos dirigimos a él porque dicasterios eclesiásticos vaticanos superiores, directamente responsables del seguimiento de tales casos, tampoco han contestado nunca desde 1978 y 1989 a los testimonios, oficialmente protocolizados, de dos de nosotros abajo firmantes (...)

»Nosotros, como víctimas, pero adultos ya, reflexivos y obligados sólo a la verdad, basados en nuestra directa experiencia personal de muchos años muy cerca de la críptica vida íntima del fundador y general de la Legión de Cristo, el padre Marcial Maciel Degollado, afirmamos ante Vos, ante la Iglesia y ante la sociedad, sin negar el enigmático carisma que siempre lo ha acompañado y que, precisamente, no es privativo sólo de los espíritus buenos, que en gran parte su personalidad externamente conocida es un producto mítico de un esfuerzo institucional fabricadamente elaborado, más cercano en su esencia y modos, dirían algunos, a los procedimientos del nacionalista Joseph Goebbels que a la desnuda verdad del Evangelio de Cristo (...)

»Si lo que hemos dicho y estamos diciendo no es cierto, que esa misma justicia argumentadamente nos lo impute, que inflexiblemente nos lo pruebe y que seamos castigados duramente; y que ante Dios y ante los hombres brille íntegramente a favor del padre Marcial Maciel Degollado el esplendor de la verdad. Si, en cambio, sometidos todos, él y nosotros, al escrutinio completamente imparcial (...) se reconociese que decimos lo cierto, como afirmamos, en las acusaciones que hemos presentado, que entonces también la verdad resplandezca y que igualmente se aplique la justicia (...)

»Nosotros nos preguntamos ahora, consternados: ¿cómo es posible que una sabiduría tan antigua como la de la Iglesia haya podido ser engañada tan fácilmente a tan altos niveles jerárquicos, por tanto tiempo, en tantos lugares, a pesar de tantas víctimas y de tantos insistentes reclamos? ¿Es la Iglesia eficaz en su voluntad de investigar y conocer los irregulares y destructivos hechos morales de sus altos miembros? ¿O teme conocerlos? ¿O teme el escándalo? ¿Pero qué mayor escándalo que ese extensísimo museo oculto de almas en diáspora espiritual, deformadas y dañadas de por vida en lo más íntimo de su sacralidad por "lobos vestidos con piel de oveja" y disfrazados de pastores, corruptos y corruptores (...), aunque obviamente poderosos por su influencia económica, social y eclesiástica, no personalmente por el ejercicio de los valores que pregona el verdadero Evangelio de Cristo? (...) Y, Santo Padre, nosotros no hemos buscado el escándalo: es Cristo quien dijo: "Es inevitable que aparezcan escándalos, mas ¡ay de aquél a quien se debe el origen del escándalo!..." [*Lucas*, XVII, 1].

»Si esta carta, como rogamos a Dios, llegare a Vuestras venerables manos y fuere leída, al menos en parte, por Vos, lamentaremos el inevitable dolor que nuestra queja y la exposición de nuestro mal indudablemente causarán en Vuestro atribulado espíritu. Bien sabemos cuán pesada es la carga de Vuestro laborioso pontificado (...) Tal vez un día, ante el resultado de la investigación profunda de la triste verdad que hemos manifestado, alivien de alguna manera Vuestra pena las sabias palabras que San Juan Crisóstomo pronunció en su *Homilía en defensa de Eutropio*: "Son mejores las heridas causadas por los amigos que los falsos halagos de los enemigos" (...)

»Así pues, todos nosotros, católicos creyentes, los abajo firmantes, sin razón alguna de frustración en nuestros trabajos y esfuerzos personales, completamente libres de cualquier deseo de venganza por las ofensas corporales y espirituales antaño u hoy sufridas por nosotros de parte del padre Marcial Maciel Degollado, sin interés de medro de cualquier naturaleza, sin coacción alguna de nadie ni de ningún grupo de cualquier tipo de poder (...) juramos solemnemente delante de Dios que nos ha de juzgar, delante de Vos, que tenéis también la gravísima responsabilidad de sopesar y conocer profundamente a los hombres que proponéis como guías y modelos de vida, delante de la Iglesia Católica entera (...) y delante de toda autoridad divina y humana, religiosa y civil, que puede y debe, si quiere, someternos a duros y exhaustivos interrogatorios, juramos —repetimos— que en nuestras actuales declaraciones y revelaciones habladas y en nuestros testimonios individuales recientemente escritos acerca de la conducta inmoral del padre Marcial Maciel Degollado, hemos dicho solamente la verdad. Y, bajo deber de conciencia eclesial y social, por lo que durante tantos años tan cercanamente presenciamos y tan personalmente experimentamos, y contradiciendo, muy a doloroso pesar nuestro, las palabras Vuestras acerca de la ejemplaridad moral del padre Marcial Maciel Degollado (...) afirmamos virilmente, apoyados en la inequívoca doctrina del Evangelio de Cristo y en la tradición cristiana, que sería espiritual, psíquica y éticamente funesto en sumo grado para cualquier alma conducir su vida privada siguiendo el patrón de conducta íntima del padre Marcial Maciel Degollado con respecto al sexo, al placer del narcótico y a su negativa actitud ante la verdad y ante otros valores espirituales y humanos. Juramos esto por Cristo (...)

»Entendiendo cuán difícil será para Vos, Santo Padre, comprendernos mientras no se lleve a cabo la necesaria investigación y un juicio canónico, rogamos al Señor por Vuestra luz, salud, bienestar y paz. Y os expresamos que deseamos permanecer unidos a Vos, con nuestra esperanza puesta en el esplendor de la verdad y en el triunfo de la justicia.»

La carta está firmada en Estados Unidos y México, en noviembre de 1997, por Félix Alarcón Hoyos, José de J. Barba Martín, Saúl Barrales Arellano, Alejandro Espinosa Alcalá, Arturo Jurado Guzmán, Fernando Pérez Olvera, José Antonio Pérez Olvera y Juan José Vaca Rodríguez.

Dado que los hechos denunciados por los firmantes de esa carta incluyen aspectos que no prescriben jamás para el derecho eclesiástico, el 17 de octubre de 1998, Barba y Jurado, en representación del resto, se personaron en Roma, ante Gianfranco Girotti, segundo de Ratzinger, para formalizar su querella. Les acompañó como asesor profesional el sacerdote y abogado canonista Antonio Roqueñí, que era, además, juez eclesiástico del Tribunal Interdiocesano de México D. F., y entregaron un poder para pleitos a nombre de la abogada austríaca Martha Wegan, letrada autorizada para pleitear ante la Santa Sede. El prelado Girotti les exigió guardar secreto acerca de esa querella, tal como hicieron, pero el Vaticano, con su forma habitual de maniobrar, expulsó del tribunal eclesiástico mexicano al juez Roqueñí, sin explicación ninguna, tras más de veinte años de servicio en la institución. La sombra del cardenal Rivera Carrera, compadre de Maciel, obedeciendo órdenes del Vaticano, parecía planear sobre tan injusta venganza contra un canonista honesto que se limitó a realizar el trabajo que le exigía su cargo.

El 24 de diciembre de 1999, la letrada Martha Wegan comunicaba por escrito a sus clientes, los denunciantes de Marcial Maciel, que la tramitación de la querella contra tan conspicuo clérigo estaba «por ahora en suspenso»[167].

El encubrimiento del clero trasgresor no sólo es una inmoralidad y un delito, sino que es norma dentro de la práctica cotidiana de la jerarquía católica y, por supuesto, de la propia Santa Sede que, en este caso, como en otros muchos, tiene directa y plena responsabilidad en tan vergonzosa como inadmisible conducta encubridora.

Caso 8 (Polonia). Julius Paetz, un arzobispo sexualmente voraz que el Papa no pudo salvar

El 24 de febrero de 2002, el diario polaco *Rezeczpospolita* sacaba a la luz un problema que ya era conocido desde hacía más de dos años entre el clero de aquel país y, también, por el propio papa Wojtyla. El periódico denunció que Julius Paetz, de 67 años, arzobispo de Poznan desde 1996, había agredido sexualmente a varias decenas de sacerdotes y seminaristas de su propia diócesis.

El primer indicio público surgió cuando Tadeus Karzkosz, rector del seminario de Poznan, situado a escasos 200 metros del palacio episcopal, le prohibió al arzobispo Paetz la entrada al edificio debido a los abusos sexuales a que había sometido a algunos seminaristas.

Unos meses antes de que se precipitase el desastre, el papa Wojtyla, con excelentes contactos en su propio país, ya conocía la voracidad sexual de su amigo Julius Paetz dado que había sido informado directamente, por una personalidad próxima a la curia polaca que, además,

167. Una copia de éste y otros documentos del caso están reproducidas en el libro ya citado de Alfonso Torres Robles.

era una amiga suya de los tiempos en que ejerció de sacerdote en Cracovia.

Juan Pablo II, tras la amarga lección que tuvo que aprender, a su pesar, con la crisis originada por su otro amigo pervertido, el cardenal Gröer (ver Caso 6), se decidió a actuar con una celeridad jamás vista en el Vaticano. Envió a Polonia una comisión de investigación de máxima confianza, presidida por Antoni Stankiewicz, juez del Tribunal de la Rota en el Vaticano, y controlada por Joaquín Navarro Valls, portavoz del Papa y el hombre del Opus Dei que ejerce un poder inmisericorde sobre el propio Papa y su ultraconservador entorno.

Tras una semana de tomar declaraciones a los acusadores del cardenal Paetz, tanto los sacerdotes, como los seminaristas y fieles que fueron abusados sexualmente por el arzobispo, así como el director del seminario Tadeus Karzkosz, confirmaron todas las denuncias que habían llegado hasta la mesa del pontífice.

El arzobispo Paetz, tal como hacen todos los de su especie, sin excepción, como si de una reacción genética se tratase, negó las acusaciones y las atribuyó a «una campaña organizada para destruirme a mí y manchar a la Iglesia»; lamentando también el no poder defenderse de tanta villanía, procedente de sus propios sacerdotes —y víctimas de su voracidad sexual—, ya que «por pertenecer a la jerarquía de la Iglesia estoy obligado a ser discreto, mientras que los medios de información no han tenido ninguna limitación en sus ataques» (¿¡!?). Tampoco fue nada original cuando afirmó que era víctima de malas interpretaciones de su «amabilidad» y «espontaneidad», ya que decenas de sacerdotes pedófilos y/o abusadores habían usado la misma expresión, antes que él, para intentar justificar lo injustificable.

Con un país tan católico como Polonia, convulsionado por tan poco edificante comportamiento de su arzobispo —y con encuestas que apuntaban que el 74 % de los polacos deseaba la renuncia de Paetz y su abandono del sacerdocio—, Juan Pablo II prefirió no arriesgar la pérdida de miles de fieles, tal como sucedió en Austria cuando pretendió defender al corrupto cardenal Gröer hasta más allá de la decencia y, el 28 de marzo de 2002, aceptó la renuncia presentada por el arzobispo Paetz, nombrando para sucederle a Stanislaw Gadecki, que hasta ese momento era obispo auxiliar de la archidiócesis de Gniezno.

Aunque en un principio el arzobispo Paetz se negó a presentar su dimisión, llegando incluso a amenazar al Vaticano con «tirar de la manta», de inmediato se le obligó a mantener la boca cerrada y a abandonar su cargo eclesial.

Durante su discurso de despedida, celebrado ante unos trescientos sacerdotes y numerosos fieles que acudieron a oír su última misa como arzobispo, Paetz aseguró que su renuncia al cargo no era el resultado de ninguna «sentencia» de la autoridad eclesiástica, ya que la Santa Sede no le había entregado ningún pliego de cargos tras la visita de la comisión, ni su caso había sido sometido a un proceso canónico —hecho cierto, pero fue porque las pruebas eran tan contundentes que el Papa prefirió evitar el formalismo de un proceso y las actas correspondientes—; dijo haber dimitido «por el bien de la Iglesia en Poznan», por su «deseo de devolver la paz y unidad a la diócesis». Envalentonado ante sus seguidores, Paetz explicó que el Vaticano le quiso «echar una mano» y que, en su última visita a Roma, el cardenal Angelo Sodano, en nombre del Papa, le ofreció ocupar un puesto de prestigio en la Santa Sede, solución que, según él, rechazó «por motivos de edad y de salud».

Visto el caso en perspectiva, para muchos resultó claro que las andanzas sexuales del prelado Paetz ni eran novedad ni fueron desconocidas para el Vaticano desde muchos años atrás. Antes de llegar a Poznan en 1996, Paetz había sido obispo en Lomza, también en Polonia, adonde fue destinado por Juan Pablo II después de que, en 1982, el nuevo Papa, compatriota suyo, acabó con un destierro que hacía mucho le había apartado de todo poder pastoral para retenerle entre los lujosos muros de la antecámara pontificia, ocupando un cargo casi honorífico que si bien le alejaba de sus *tentaciones*, también le dio acceso directo a los papas Pablo VI, Juan Pablo I y Juan Pablo II; este último, finalmente, le devolvió la *libertad* enviándole a Lomza y luego a Poznan, con lo que las *tentaciones* del prelado volvieron a llevarle por mal camino. El problemático historial de Paetz, sin duda conocido en el Vaticano y por Juan Pablo II, no le impidió llegar a arzobispo, aunque al fin le pasó factura a él y a la Iglesia que le encubrió.

Con Paetz, Juan Pablo II se llevó otro disgusto doble, al igual que con Gröer, por haberle salido terriblemente mal un nombramiento que sólo obedeció a una decisión personal y subjetiva, adoptada en contra de buena parte de la curia, y por no haber podido protegerle ante los hechos y sus críticos, teniendo que sacrificar a un prelado de su confianza por culpa de una indiscreción interna que llegó hasta un periódico independiente.

Esta vez, a pesar de lo que deseaba el Papa, el encubrimiento no pudo ser. La voracidad sexual del arzobispo hizo imposible borrar sus huellas y minimizar el impacto que dejaron en su archidiócesis.

Caso 9 (Argentina). Edgardo Storni, el arzobispo que ponía a Dios como avalador de la bondad de sus abusos sexuales

A pesar del intento desesperado de Juan Pablo II y de su cúpula vaticana por cerrar en falso el saco de los escándalos sexuales imponiendo un férreo secretismo en torno a las conductas delictivas de su clero, la dinámica de denuncias contra los sacerdotes pedófilos y sus encubridores, abierta en Estados Unidos, no deja de pasarle factura a la Iglesia católica en todos sus frentes.

En Argentina, en agosto de 2002, algunas de las víctimas de Edgardo Gabriel Storni, de 66 años, arzobispo de Santa Fe, decidieron salir a la luz pública poniendo fin a su silencio y proclamando que el líder de su archidiócesis ocultaba conductas similares y tan reprobables como las de sus colegas Gröer y Paetz, forzados a dimitir por el propio Papa cuando ya no pudo protegerles más. Un proceso similar fue, precisamente, el que se abrió para Storni.

La afición del arzobispo Storni a los jovencitos era un secreto a voces, al menos desde 1994, pero nadie se atrevía a denunciarlo en voz alta. De hecho, me sorprendió mucho que, en abril de 2000, durante una estancia en Buenos Aires, tres periodistas de diferentes medios me preguntasen en privado si tenía conocimiento de las andanzas sexuales que se le atribuían a Storni; una historia que, curiosamente, me había relatado tiempo antes un amigo chileno. Lo fundamental de ese caso era bien conocido en ciertos ámbitos clericales y periodísticos argentinos.

También en el Vaticano sabían de la historia con todo lujo de detalles ya que, en mayo de 1994, José María

Arancibia, actual arzobispo de Mendoza, recibió el encargo de la Santa Sede de investigar, ayudado por otros dos sacerdotes, las denuncias de abusos sexuales que se habían hecho públicas contra Storni. La indagación se llevó a cabo desde Paraná, situando Arancibia su cuartel general en la casa del arzobispo de esa archidiócesis, que entonces era Estanislao Karlic, actual presidente de la Conferencia Episcopal de Argentina. Tras recopilar los testimonios de cuarenta y siete personas —seminaristas, sacerdotes y laicos— que denunciaron «los aberrantes abusos sexuales» cometidos por Storni, Arancibia envió el voluminoso expediente al Vaticano, a la Congregación para los Obispos, encargada de controlar a los prelados.

Pero ni Juan Pablo II ni el tribunal ad hoc que juzga esos delitos en el Vaticano tomaron cartas en el asunto. Tanto el Vaticano como la Iglesia católica argentina archivaron el asunto y lo mantuvieron bajo secreto, permitiendo que Storni siguiese en su cargo y dando rienda suelta a su peculiar relación *pastoral* con los seminaristas.

El arzobispo Storni, cuando su cuerpo así se lo pedía, solicitaba que un seminarista acudiese a su dormitorio para ayudarle a desvestirse y/o para hacerle un masaje; en el momento en que el incauto jovencito descubría las aviesas intenciones del prelado, éste intentaba sostener su agresión sexual tranquilizándole con frases de este calado: «Yo soy monseñor Storni, un padre para todos ustedes (...) nuestro amor tenemos que compartirlo. Dios ve bien esta muestra de amor entre dos hombres, entre un padre y su hijo. Él nos apoya desde el cielo.»

Tras ser enviado al Vaticano el expediente con las declaraciones de las víctimas sexuales de Storni, el arzobispo de Santa Fe se desplazó con urgencia a Roma para ser recibido en audiencia privada por Juan Pablo II. Pero, según afirmó en esos días Hugo Cappello, su vicario general, el Papa «le manifestó su total confianza en la persona y en la tarea pastoral del arzobispo». Con total desprecio de las pruebas que tenía en su mano, Juan Pablo II respaldó a su fiel y ultraconservador colaborador, que regresó a su cargo en Santa Fe para luchar, con fuerzas renovadas, en favor de asuntos que resultaban prioritarios para el Papa, como lograr prohibir la distribución de anticonceptivos en su diócesis y aumentar las subvenciones destinadas a los centros escolares católicos. Tanta eficacia bien podía soportar algunos *pecadillos* como esos «masajes» que intentaba procurarse de algunos seminaristas. La prensa y la sociedad santafesina también volvieron a mirar hacia otra parte, fingiendo no conocer una conducta delictiva que muchos, demasiados, sabían cierta.

La tranquilidad se acabó cuando, en agosto de 2002, apareció en las librerías el último trabajo de Olga Wornat —*Nuestra Santa Madre*[168]—, un libro que, basándose en los testimonios de una cincuentena de víctimas, acusa al arzobispo Edgardo Storni de haber abusado sexualmente de decenas de seminaristas. La investigación de Wornat hizo llover sobre mojado y se abrió rápidamente una investigación judicial a partir de los presuntos delitos sexuales documentados por la periodista. El Senado de la provincia de Santa Fe solicitó a la Procuración de la Corte Suprema de la provincia, tras una votación que alcanzó unanimidad, que investigase las denuncias contra Storni, un asunto penal que finalmente

168. *Cfr.* Wornat, O. (2002). *Nuestra Santa Madre. Historia pública y privada de la Iglesia católica argentina.* Buenos Aires: Ediciones B.

fue puesto en manos del juez Eduardo Giovanini y de fiscal José Luis Paz.

En su mejor estilo clerical, el vicario general Hugo Cappello le envió una carta a Olga Wornat a propósito de su libro: «como católica, es como la yegua que patea el vientre de su madre (...) No quisiera estar en su pellejo cuando tenga que rendir cuentas ante el tribunal divino.»

Tras concluir la reunión de la comisión permanente de la Conferencia Episcopal argentina, el 22 de agosto de 2002, a la que asistió Storni, su vicepresidente, Eduardo Mirás, se limitó a decir que el arzobispo denunciado «goza de nuestro respeto», señalando, además, que «de este tema, no vamos a hablar más».

Sin embargo, el silencio, tan habitual entre los prelados, no era compartido por todo el clero, aunque sí querían forzarlo quienes detentaban el poder. Ese mismo día, 22 de agosto, se producía una *apretada* —coacción o amenaza— contra el sacerdote José Guntern por parte de varios miembros del gobierno diocesano de Storni.

El sacerdote José Guntern, de 82 años, párroco de la Iglesia San Roque, denunció ante la Justicia «amenazas de muerte y coacción» tras haber sido sacado a la fuerza de su parroquia, a las diez de la noche, para ser trasladado hasta el arzobispado y obligado a firmar un documento en el que se retractaba de unas declaraciones suyas, realizadas en una radio local, en las que afirmaba que Edgardo Storni, arzobispo de Santa Fe, le había dado «un beso sexual» a un seminarista durante un retiro celebrado en 1994 en Calamuchita (Córdoba); un hecho que Guntern —al que la propia víctima pidió amparo— le recriminó al prelado en ese momento; enviándole después una carta personal en la que le solicitó que abandonase su cargo por haber cometido tales «deslices» con seminaristas.

La denuncia, tramitada por Julio César Costa, juez de Instrucción Penal de la Tercera Nominación de Santa Fe, puso en marcha una investigación entre los sacerdotes del entorno de Storni, ya que, según declaró Guntern, cinco sacerdotes del círculo de Storni les retuvieron a él y a otro sacerdote, Adalberto Lobato, en la sede del arzobispado y le amenazaron para que se retractase de su acusación. El juez Costa imputó al canciller del arzobispado Carlos Scatizza, al vicario general Hugo Cappello, a los vicarios Mario Grassi, Edgar Stoffel y Marcelo Mateo, y al notario Ricardo Chaminaud, por la presunta comisión de los delitos de coacción, falsedad y privación ilegítima de la libertad. La *encerrona*, según afirmó el vicario Grassi en el diario *El Litoral*, fue «un acto legítimo del consejo presbiteral, cuya intención era que aclarara [Guntern], si era posible, qué había querido decir con la palabra "desliz".»

La supuesta duda de ese grupo de funcionarios al servicio de Storni no era tal en boca de las víctimas que comenzaban a desfilar ante el juez Eduardo Giovanini; esos jóvenes, muchos de los cuales se vieron forzados a abandonar el seminario sin poder ver cumplido su sueño de convertirse en sacerdotes, sí sabían el significado exacto de la palabra «desliz» aplicada a Storni.

El 3 de septiembre de 2002, Martín L. —de 31 años, hijo de un notable juez provincial—, acudió ante el juez de instrucción Eduardo Giovannini para ratificar su denuncia por agresión sexual contra el arzobispo, conocido también en Santa Fe por los apodos de «el rosadito» y «el divino». Fue la primera víctima que compareció en la causa seguida contra Storni, y a su testimonio añadió un listado con los nombres de otros seminaristas que habían sido blanco del deseo sexual del prelado. Martín L. había sido objeto de «un acercamiento sexual», convertido en acoso sistemático, por parte del arzobispo durante un retiro espiritual celebrado en 1994 en Calamuchita. Entre los testigos citados a declarar por el juez para los días siguientes estaban decenas de jóvenes que fueron abusados o sodomizados por el prelado y también los sacerdotes y testigos oculares que en su día ya testificaron ante el obispo José María Arancibia.

Pablo O. también habló con claridad: «Una noche subí al dormitorio de Storni. Golpeé la puerta y me hizo pasar. Entré y me encontré que estaba acostado en la cama junto con un seminarista, los dos abrazados.» Otro testigo declaró: «Estábamos de vacaciones y vi cómo monseñor Storni llevó a uno muy jovencito a un arroyo. Lo manoseaba entero, mientras a nosotros nos enviaba a orar.»

Abriendo un nuevo frente judicial, Darío Boscarol, presidente del Concejo Municipal de Santa Fe, denunció a la cúpula del arzobispado por la presunta «administración infiel y malversación de fondos públicos correspondientes a las colectas»[169]. Según el escrito de denuncia presentado ante Julio César Costa, juez de Instrucción de la Tercera Nominación, Storni sería responsable de la malversación de fondos públicos por importe de 145.763 pesos (unos 40.000 euros), procedentes de colectas anuales efectuadas entre 1991 y 1999. Poco después, el 6 de septiembre de 2002, tras dos semanas de debate, la Cámara de Diputados aprobó por unanimidad una moción del socialista Alfredo Cecchi a fin de solicitar al gobierno

169. *Cfr.* Bordón, J. E. (2002, 5 de septiembre). «Nuevas denuncias. Dudan de la continuidad de Storni en Santa Fe.» Buenos Aires: *La Nación*, p. 10.

de Santa Fe información clara sobre las donaciones realizadas por la provincia en favor de la Iglesia católica y de otras instituciones religiosas. El caso se complicaba.

El papa Juan Pablo II, el 6 de septiembre de 2002, recibió a tres obispos argentinos en el marco de la visita quinquenal *ad limina apostolorum* de los prelados, entre los que, además de Jorge Casaretto (San Isidro) y Carmelo Giaquinta (Resistencia), estaba el arzobispo de Santa Fe Edgardo Storni. Pero las conversaciones mantenidas entre el Papa y Storni quedaron en el más absoluto secreto, sin que, por el momento, se produjese el esperado anuncio del relevo del prelado.

Es costumbre papal que, al recibir en visita *ad limina* a un prelado, tenga junto a él una o varias carpetas con los informes presentados por el propio visitante y los que sobre él han elaborado diferentes dicasterios vaticanos, así es que la situación judicial en la que se encontraba Storni —seguida a diario por medio de los mensajes cifrados que el español Santos Abril enviaba desde la Nunciatura bonaerense a la Secretaría de Estado del Vaticano— formó parte importante del encuentro privado entre ambos; máxime cuando el propio Papa ya conocía bien sus inclinaciones por haberle salvado *in extremis*, en 1994, a pesar de las pruebas acumuladas en contra del arzobispo.

Dado el importante precio que tuvo que pagar Juan Pablo II con su fracaso personal al intentar *controlar* los escándalos similares protagonizados por los prelados Gröer y Paetz, en el momento de entregar el original de este libro a la imprenta nadie dudaba, ni en el Vaticano ni en la Iglesia católica argentina, de la decisión que tomaría el Papa: forzar la dimisión de Storni para, acto seguido, ampararle bajo un cómodo cargo menor dentro del Vaticano.

Incluso en el caso hipotético de que los delitos sexuales de que se acusa a Storni hubieren prescrito ya en el momento de ser procesado, el feo asunto del arzobispo, de no atajarse a tiempo, podría convertirse en un escándalo de grandes dimensiones y llegar hasta la prensa internacional, algo que el Vaticano pretendía evitar a toda costa debido a que implica a la cúpula de la Iglesia católica en una conducta de encubrimiento de delitos sexuales que conoció en 1994 pero ante los que no hizo más que proteger a su autor en perjuicio de sus víctimas pasadas y futuras. Pese al hermetismo habitual en estos casos, «prácticamente todas las fuentes consultadas por [el diario] *Clarín* en el Vaticano creen que a monseñor Storni le queda poco tiempo al frente de la arquidiócesis de Santa Fe.»[170]

El 8 de septiembre de 2002, las noticias de prensa ya fueron más concretas: «El Vaticano relevará de su cargo al arzobispo Edgardo Gabriel Storni, número tres de la Iglesia católica de Argentina, que protagonizó un escándalo de abuso sexual contra al menos cuarenta y cinco seminaristas. Al parecer, Roma estudia destinarlo a otra función en alguna discreta oficina de la llamada ciudad santa.»[171]

Ese paladín de la hipocresía, obviamente, no perdía ocasión de amonestar a los demás acogiéndose a una moralidad que el arzobispo estaba muy lejos de practicar:

170. *Cfr.* Algañaraz, J. (2002, 7 de septiembre). «En el Vaticano creen que el obispo acusado de abuso sexual se irá.» Buenos Aires: *Clarín.*

171. *Cfr.* Irigaray, J. I. (2002, 8 de septiembre). «Expulsan al "número 3" de la Iglesia Católica argentina por abusos.» Madrid: *El Mundo.*

«permitimos que nos invadiera una cultura degradada —afirmó Storni, según reprodujo la *Agencia Católica Argentina de Noticias* el 26 de febrero de 2002—, vaciada de todo valor, de toda dignidad. Mientras atentaban contra nuestra inteligencia, aceptábamos la mentira y dejábamos paso a la superficialidad y el sensorialismo. Nos rebajaban, nos degradaban intelectualmente y lo permitíamos (...) se perdió la fe en Dios, la conciencia de la filiación divina del hombre y de la necesidad de vivir de acuerdo con las enseñanzas evangélicas (...) no hay moralidad si ésta no es trascendente y procede de una verdad primera y absoluta». Lo aseguró un experto en la cuestión, un prelado que intentaba convencer a los jovencitos que agredía sexualmente con la milonga de que «Dios ve bien esta muestra de amor entre dos hombres, entre un padre y su hijo.»

Tal como ocurre con la ideología de los prelados que, hasta la fecha, han tenido que dimitir por haberse hecho pública su actividad sexual agresora y depredadora, la del arzobispo Edgardo Storni también es ultraconservadora, alineándose con el ala más dura de la Iglesia católica y siendo bien conocido, entre otros asuntos, por haber protagonizado feroces ataques contra el divorcio y el aborto, además de ser el promotor de la expulsión de alumnas de colegios católicos por quedar embarazadas.

El papa Juan Pablo II, que promovió a Storni a la dignidad de arzobispo de Santa Fe el 28 de agosto de 1984, debería reflexionar muy seriamente sobre su gran habilidad para poner al frente de la Iglesia católica a hombres como Gröer, Maciel, Paetz, Storni... de los que le bastó su talante ultraconservador y su servilismo hacia la cruzada del papa polaco para acomodarlos bajo su manto de gloria... o más bien de vergonzoso encubrimiento.

6

La política del avestruz: trasladar de parroquia al sacerdote delincuente sexual y protegerle a fin de «evitar el escándalo»

La situación es la misma en todas las diócesis del mundo. Cuando la actividad sexual de un sacerdote, ya sea con adultos o con menores —aunque básicamente con éstos— comienza a ser conocida dentro de su comunidad, su superior, habitualmente el prelado al frente de la diócesis, le traslada rápidamente a otro lugar. Se acallan los rumores en el punto de partida... hasta que estallan en el punto de llegada. Y de nuevo otro traslado, a otra parroquia, a otra ciudad, a otro estado, a otro país..., la cuestión es evitar a toda costa que el escándalo se haga público, que llegue a los medios de comunicación, que salpique al obispo, que cuestione a la Iglesia.

Cuanto más delinque un sujeto, más empeño se pone en tenerle allí donde la posibilidad de denuncia sea menor. Así, por ejemplo, a un cura mujeriego se le va trasladando a parroquias de ciudades y pueblos que, tras cada escándalo, son progresivamente más pequeños, ya que en ellos —al margen de castigar al sacerdote con una menor posibilidad de ingresos a través del cepillo— la privacidad es más difícil y se dificulta mantener relaciones sexuales ocultas. A un cura que deja embarazada a una joven se le traslada inmediatamente a parroquias fuera de la propia diócesis, poniendo tierra y silencio de por medio.

A un cura que abusa sexualmente de menores se le suele trasladar a parroquias cada vez más humildes —bajo la creencia de que la gente con escasos medios económicos y culturales soporta mejor los abusos y no tiene recursos ni *credibilidad* para enfrentarse a la Iglesia—, aunque, cuando el escándalo comienza a estallar, o amenaza con hacerlo, es muy común enviar al clérigo a otro país. El destino más habitual del clero pedófilo español es Latinoamérica.

Los ejemplos de este comportamiento irresponsable y encubridor de los prelados, incluso tomando sólo en consideración los que han llegado hasta la prensa, son innumerables.

El sacerdote norteamericano Rudolph Kos, encarcelado tras ser condenado, en 1997, a tres cadenas perpetuas por violar a varios menores, aportó buena luz sobre el comportamiento de sus superiores —que también fueron condenados a pagar la más alta indemnización de la historia por los abusos de un sacerdote— cuando, en una entrevista, explicó: «Pedí ayuda cuando estaba en la parroquia de San Lucas, pero entonces ellos [los responsables de la diócesis] me enviaron a la parroquia de San Juan[172] (...) Invité a almorzar al obispo [Grahmann] un

172. Declaración personal para un programa sobre abusos sexuales del clero, del periodista Claudio Mendoza, emitido por *Informe Especial*, TVN Chile, el 4 de abril de 2002. *Cfr.* cinta V USA-32:16)-1.

día y, en uno de mis débiles intentos, le hice saber que necesitaba ayuda. Su respuesta fue: escríbalo todo en una carta, envíemela y veremos qué hacer.»[173]

Otro sacerdote, Williams, compañero de Rudy Kos, se dio cuenta de que éste abusaba sexualmente de jovencitos en su habitación de la rectoría de la iglesia de San Juan, en Ennis (Tejas) y se lo comunicó a los responsables de la diócesis enviando un informe de doce páginas al obispo Charles Grahmann que, al igual que su antecesor Thomas Tschoepe, se limitó a trasladar al pedófilo Kos a otra parroquia.

Un notable de la Iglesia norteamericana, el cardenal Edward Egan, arzobispo de Nueva York, protegió a Charles Carr, Raymond Pcolka y Laurence Brett —al que, siendo él obispo en Bridgeport, Connecticut, incluso avaló ante un tribunal que le juzgaba por haber agredido sexualmente a un adolescente—, a pesar de que todos ellos fueron denunciados muchas veces como abusadores sexuales; y los encubrió hasta que, en marzo de 2002, su silencio cómplice le costó a su archidiócesis 12 millones de dólares de indemnización. Tras esta cara lección de decencia, la archidiócesis de Nueva York, una de las más influyentes en Estados Unidos, entregó a la Fiscalía de Manhattan un listado con otros treinta sacerdotes acusados de pedofilia que habían gozado de la habitual *hospitalidad* eclesial.

En la otra parte del océano, las cosas no eran diferentes. Cormac Murphy-Oconnor, arzobispo de Canterbury, cabeza visible de los católicos británicos, no se decidió a tomar medidas para enfrentar el problema de la pedofilia hasta que, en el año 2001, apoyó la creación de

173. *Ibíd.*, cinta V USA 31:00)-2.

una comisión ad hoc[174] nacida, eso sí, después de que veintiún sacerdotes de Inglaterra y Gales fuesen condenados por delitos sexuales contra menores perpetrados entre los años 1995 y 1999. Un año antes, en julio de 2000, el propio Murphy-Oconnor había sido duramente criticado por haber permitido, en 1985, siendo obispo de Brighton, que Michael Hill siguiera ejerciendo el sacerdocio a pesar de que era ya un conocido pedófilo y todos los médicos que le habían tratado coincidían en que reincidiría una vez tras otra. Hill abusó de nuevo de varios monaguillos hasta que los jueces le enviaron a la cárcel en 1997 por nueve cargos de abusos contra menores y otro por comportamiento indecoroso durante un período de diez años. Hill salió en libertad tras cumplir tres años y medio en prisión del total de cinco a que fue condenado. Muy tarde, como siempre, y forzado por la publicación de su encubrimiento, Murphy-Oconnor acabó reconociendo que cometió un error cuando nombró a Hill como capellán del aeropuerto «aun considerando que algunos hechos apuntaban a su mal comportamiento».

Meses después, en diciembre de 2000, el Vaticano sus-

174. Esa comisión especial propuso cerca de cincuenta medidas para prevenir los abusos sexuales contra menores, tales como la elaboración de una base de datos a nivel nacional con toda la información relativa a las personas que postulan al sacerdocio en el país, o que la Policía investigue a los candidatos al sacerdocio [*Cfr.* Ferrer, I. (2001, 18 de abril). «Un informe sobre pederastas en la Iglesia católica británica aconseja que la Policía investigue a los curas.» Madrid: *El País*]. Pero, al margen de dudar de la posible eficacia de muchas de las medidas propuestas —más efectistas que prácticas—, cabe recordar que desde 1994 la Iglesia católica de Inglaterra y Gales ya había implantado medidas muy duras para controlar la pedofilia entre el clero... y no sirvieron de nada.

tituyó a John Aloysius Ward, arzobispo de Cardiff (Irlanda) al frente de su diócesis. La causa oficial fue su convalecencia de una trombosis sufrida un mes antes, pero en realidad Ward estaba siendo objeto de mucha contestación social y se solicitaba su dimisión por haber encubierto a dos pedófilos en su diócesis que, finalmente, fueron encarcelados. El escándalo fue descubierto por un documental de la BBC que demostró que Ward ignoró deliberadamente las denuncias contra los sacerdotes pedófilos de su diócesis, en particular las referentes a John Lloyd y Joseph Jordan, encarcelados en 1998 y 2000 respectivamente[175].

Jordan había sido despedido como maestro de escuela y juzgado por abusar sexualmente de menores, pero el prelado Ward permitió que fuese ordenado sacerdote a pesar de que, según declaró uno de sus colegas, el obispo de Plymouth, éste le había desaconsejado hacer tal cosa a Ward dado que Jordan había sido ya juzgado y condenado por abusar de un menor. El arzobispo Ward, sin embargo, prefirió confiar en la «redención» del pedófilo Jordan pero, tan sólo dos años después de ser ordenado, volvía a ser condenado por pedofilia, esta vez a ocho años de prisión.

En Latinoamérica, en Negrete (Chile), en agosto de 2001, el párroco de la localidad, Enrique Valdebenito Muñoz, de 52 años, fue denunciado por las familias de dos

175. En ese mismo mes de diciembre de 2000 estalló otro escándalo cuando la Policía londinense confirmó que David Martin, capellán del prestigioso colegio católico Oratory School —al que asistían dos de los hijos del primer ministro británico Tony Blair—, fue responsable de abusar sexualmente de al menos seis alumnos de ese centro escolar. El sacerdote había muerto un año antes, supuestamente de sida.

menores, de 9 y 10 años, que le acusaron de haber sufrido manoseos y besos en la boca por parte del cura cuando se preparaban para celebrar su primera comunión[176]; y aunque el obispo Miguel Caviedes hizo caso omiso a varias denuncias de las familias, finalmente fue él mismo quien les aconsejó la vía de la querella judicial. El caso apenas sería otro más entre cientos si no fuese porque, según la prensa local, el sacerdote ya tuvo que abandonar Argentina, unos tres años antes, por idénticas acusaciones.

En México, en León, Guanajuato, el sacerdote salesiano Juan Manzo Cárdenas abusó sexualmente de varios menores, en la casa hogar Niño Don Bosco, una conducta delictiva que fue denunciada por la madre de una de las víctimas y por el psicólogo del centro, Alejandro García Castro[177], y que, además, era conocida por el director del centro, el salesiano Juan Manuel Gutiérrez Guerrero, así como por el superior de su orden[178]. Pero el juez Jesús Luna Hernández negó la orden de detención alegando defectos formales en la investigación. Al quedar impune, los superiores de Manzo Cárdenas, según declaró Raymundo Meza, abogado del Departamento de Investigaciones sobre Abusos Religiosos, «lo mandaron por un tiempo a África para enfriar el asunto. Después, regresó al país. Tengo entendido que hoy está en Tijuana. Continúa con los salesianos, como si nada hubiera pasado»[179].

176. *Cfr.* Llanca, F. (2001, 8 de agosto). «Denuncia contra cura por abusos de menores.» Santiago de Chile: *El Día*, p. 5.

177. *Cfr.* Averiguación previa número 203/994 de la Procuraduría General de Justicia de Guanajuato, foja número 9.

178. *Ibíd.*, foja número 6.

179. *Cfr.* Vera, R. (2002, 21 de abril). «El manto sagrado cobija a los abusadores.» México: *Proceso* (1329), pp. 18-22.

Un caso indecente, pero frecuente, lo protagonizó el sacerdote colombiano Enrique Díaz Jiménez, que abusó sexualmente de, al menos, más de ochenta menores durante los veinte años que ejerció en Venezuela, Estados Unidos y Colombia. Su historia comenzó a principios de la década de 1980 en Venezuela, cuando fue acusado de abusar de dieciocho niños de la diócesis de Vargas que preparaba para recibir su primera comunión. Pero a pesar del escándalo, en 1983 Díaz fue trasladado a Estados Unidos, yendo a parroquias en las diócesis de Queens y Brooklyn, donde, mientras era considerado un sacerdote «carismático y responsable», siguió abusando de niños hasta que, en 1991, fue deportado a Venezuela tras ser encontrado culpable por abusar sexualmente de tres monaguillos de la parroquia de San León, en Corona, Queens y de acosar al menos a sesenta más.

La Iglesia católica venezolana, ignorando dolosamente las dieciocho acusaciones de abuso sexual que Díaz tenía pendientes de juicio, lo acogió de nuevo y lo envió como párroco a Punta Mulatos, en La Guaira, norte de Venezuela, pero tan remoto exilio no aminoró su ardor y un maestro tuvo que denunciarle por haber forzado a varios de sus alumnos a practicar sexo oral con él. Muy tarde y mal, en mayo de 1996, la archidiócesis de Mérida le inhabilitó por veinte años —«por irrespeto, malos tratos y abusos con los monaguillos y con algunos niños que preparaba para la primera comunión»— y lo deportó a Colombia, donde varios padres, vecinos de la parroquia de María Auxiliadora de los Cristianos, en Ciudad Montes, al sur de Bogotá, también acabaron por denunciarle por el abuso sexual de sus hijos. La archidiócesis de Bogotá se escudó declarando no saber nada del pasado de Díaz ni de sus prácticas «poco ortodoxas». El

22 de enero de 2002, Enrique Díaz, que aceptó una sentencia anticipada por un delito de «acceso carnal abusivo con menor de 14 años», fue condenado a 53 meses y 10 días de arresto domiciliario... en el mismo lugar donde, al ser detenido, convivía con un menor de edad.

Para no cansar al lector con una casuística inacabable, pasemos ahora a reflexionar sobre un aspecto general y muy serio que subyace en la inaceptable conducta de encubrimiento del clero delincuente por parte de los prelados; actuaciones bajo las que, en alguna medida, anida también una compleja colisión de derechos constitucionales que debería legislarse con claridad meridiana. Nos referimos al conflicto de intereses que se establece entre una Iglesia que oculta delitos en beneficio del sacerdote infractor, argumentado su derecho a la intimidad y a rehacer su vida, y el derecho que tienen las víctimas pasadas y futuras, así como los que les asisten a sus respectivas comunidades, a ser tratadas con justicia y tener acceso a toda información relevante que les pueda afectar de manera más o menos grave.

Los derechos constitucionales a la intimidad y a la información, que colisionan muy a menudo —en la práctica de la profesión periodística, por ejemplo—, deben llevarse siempre hasta un equilibrio justo y sensato que no perjudique per se a ninguna de las partes, pero en el que se establezcan prioridades según sea el caso. Toda legislación civil —aunque no la eclesiástica— prioriza la protección de los derechos de los menores ante cualesquiera otros, así es que, desde esta perspectiva indiscutible, debería poderse garantizar el derecho de los más frágiles a no ser colocados en situación de riesgo a sabiendas, el derecho de las familias y de la comunidad en general a disponer de información clara, real y suficiente para decidir sobre la adecuación o no de los líderes religiosos que se les impone[180], y el derecho de los sacerdotes que han cometido delitos a poder rehabilitarse (tras haber purgado la pena civil correspondiente, claro está)[181].

180. Éste es un punto fundamental. La Iglesia católica es siempre la que impone a un determinado sacerdote a una comunidad concreta sin consultar para nada su parecer. Ese poder absoluto permite mover y remover sacerdotes entre parroquias y centros religiosos en función de intenciones bastardas que nada tienen que ver con la misión pastoral y que, tal como es bien sabido, acaban perjudicando a los colectivos que se ven obligados a recibir a los sacerdotes que, por diferentes conductas recriminables, son trasladados bajo sanción secreta desde otras parroquias, diócesis o países. Por este abuso de poder, que, mediante un acto administrativo eclesiástico basado en una consciente omisión de la verdad, causa perjuicios a terceros, menores y adultos, la Iglesia se coloca siempre en la posición de encubridora del delincuente y facilitadora de sus nuevos delitos, derivándose de ello su responsabilidad civil —y en muchos casos también penal— en posteriores delitos que ésta pudo evitar, pero no lo hizo por omitir los medios más elementales para proteger a las víctimas.

181. La mayor parte del clero, con una hipocresía digna de mejor causa, no cesa de presentarse a sí mismo como «hombres imperfectos», «pecadores que caemos y nos volvemos a levantar», «seres de carne y hueso»... y sin duda lo son. Pero si tanta es su honestidad y humildad —que demasiado a menudo no es más que la falsa humildad del prepotente—, y tanta su vocación de purgar los errores mediante el sacrificio y la penitencia, ¿por qué razón no confiesan su «pecado» ante la nueva parroquia que los acoge y a la que se deben? ¿Es que no confían en la capacidad de perdonar de los católicos de base? ¿Es que esos sacerdotes piensan que sólo sus prelados tienen tragaderas para asumir «arrepentimientos» que nada valen porque nada cuestan? Cuando la corrupción, que poco o mucho late en toda organización, se apaña en secreto en los despachos cerrados de los altos cargos, nos encontramos ante una institución que no se merece el respeto que reclama.

Esta vía del conflicto constitucional la intentó un grupo de abogados en Costa Rica, cuando presentaron un recurso de amparo contra Román Arrieta Villalobos, arzobispo de San José, solicitándole que hiciese públicos los nombres de los sacerdotes abusadores de menores que, según él mismo había confirmado, tras comprobarse sus delitos en secreto, habían sido trasladados a nuevas parroquias dentro del país. El recurso fue desestimado, pero valgan algunos fragmentos del escrito[182] para poder reflexionar sobre la cuestión que nos ocupa:

«3. Que nosotros (...) en protección de la niñez, hemos presentado (...) una solicitud al recurrido (...) para que nos exponga cuáles sacerdotes han sido trasladados en razón de quejas o denuncias por abusos sexuales de menores a otros cantones o comunidades. 4. Que el recurrido nos responde con evasivas nuestra petición, sin darnos ningún nombre, argumentando razones evangélicas y bíblicas (...) 6. Que aunado a lo anterior, tenemos que en el periódico *Al Día*, del 29 de mayo del año en curso, salió publicada una nota donde la periodista Mónica Gómez Robleto le hizo al recurrido una entrevista sobre nuestra petición y Monseñor responde con falaces argumentos evangélicos o bíblicos del porqué no dará los datos, y llega incluso a manifestar que el día que la Iglesia reciba órdenes de la potestad civil se acabará la Iglesia, como si los sacerdotes fueran intocables, y ello no puede ser tolerado, pues como personas que son, es-

---

182. *Cfr*. Recurso de Amparo contra monseñor Román Arrieta Villalobos, dirigido a la Sala Constitucional de Costa Rica, y firmado por los letrados Álvaro Sagot Rodríguez, Roy Rodríguez Araya y Florybeth Campos Chaves en fecha 16 de junio de 2002, por la presunta violación al numeral 21 y 27 de la Constitución Política.

tán bajo un régimen de derecho y por tanto, obligados a cumplir con nuestro ordenamiento jurídico y, en ese sentido, el artículo 27 constitucional lo obliga a darnos esos datos, pues es evidente que están en una situación de poder frente a toda una comunidad, al tener la facultad de imponer sacerdotes en los lugares que a ellos les plazca, sin informar sobre los antecedentes a las personas que serán dirigidas por ellos (...) y argumentando razones de prevención ante nuevos ataques, consideramos que el pueblo tiene derecho a saber a quiénes tiene al frente, pues por diez curas abusadores, no deben pagar todos (...)

»10. El recurrido parece alegar (...) que se debe respetar el derecho a la imagen de unos diez sacerdotes, pero la verdad es que el derecho de los niños y las niñas está por sobre lo ahí alegado y, por tanto, nuestro sistema, tanto legal como de salud, obliga a implementar el criterio preventivo a favor de los menores (...) de ahí que los involucrados (...) no deben trabajar en labores comunitarias tal y como la Iglesia lo continúa haciendo, pues se dice que si hay "arrepentimiento de corazón de parte de los pedófilos" el *Evangelio* obliga al perdón, pero se deja de lado el aspecto traumático de los niños abusados (...) los curas enfermos no deberían estar delante de comunidades (...) el pueblo tiene derecho a elegir si les da o no la confianza del caso y, en tal situación, recordemos que únicamente conociendo los nombres de esos pocos podremos elegir nosotros, como personas y como padres de familia, lo que permitimos o no permitimos a los sacerdotes en relación con los menores, por ello, aquí está en juego también el derecho a la información y a la libre elección, los mismos que la Iglesia católica nos está negando al no facilitar los datos relacionados.»

Un comentario del prelado Román Arrieta Villalobos, que encaja perfectamente con su carácter y con el pensamiento de muchos de sus colegas del mundo, comenzando por el papa Wojtyla, objetiva bien a las claras la prepotencia con la que actúa la jerarquía católica: «el día que la Iglesia reciba órdenes de la potestad civil, se acabará la Iglesia». Su afirmación pone el listón del descaro y de la prepotencia a una altura muy difícil de superar.

Pero, al parecer, no sólo del cambio de parroquia y de la ocultación de sus superiores viven los sacerdotes delincuentes sexuales. Miembros de la propia Administración de Justicia resultan eficaces para tal fin cuando llegan a anteponer su creencia a su deber como juristas[183]. En ocasiones, la protección directa se obtiene cuando un juez se niega a considerar como pruebas aquello que lo son y no inicia proceso, o absuelve tras hacerlo, a sacerdotes sobre los que no cabe la menor duda acerca de su culpabilidad, algo que sucede con demasiada frecuencia en España[184] y que, al menos, también se detecta en México y Chile.

183. Algo que, en España, intentó evitar una normativa impuesta a jueces y fiscales por el Consejo General del Poder Judicial, que en julio de 2000 aprobó en su pleno que: «Los jueces y magistrados, así como los fiscales, mientras se hallen en servicio activo, no podrán pertenecer a partidos políticos, sindicatos ni a organizaciones secretas o que funcionen sin transparencia pública, sea cual sea la forma jurídica que adopten, que puedan generar vínculos de disciplina u obediencia ajenos a los mandatos del ordenamiento jurídico constitucional», una limitación que, fundamentalmente, se redactó pensando en los miembros del Opus Dei, muy numerosos en el ámbito de la Justicia [Cfr. De la Cuadra, B. (2000, 26 de julio). «El Poder Judicial prohíbe que jueces y fiscales pertenezcan a sociedades secretas o sectarias.» Madrid: El País].

184. En mi libro La vida sexual del clero se documenta una di-

Un modo de ayudar al clero delincuente sexual lo hemos encontrado, cómo no, en la católica Chile, donde se recurre a menudo a una posibilidad de acuerdo judicial que permite que sacerdotes abusadores sexuales se libren, mediante la propia Justicia, de ser juzgados y eventualmente condenados. Veamos un par de ejemplos:

En abril de 2001, en la localidad chilena de Carahue, cerca de Temuco, el sacerdote franciscano de origen peruano Gerardo Antonio Arauco Saravia, de 47 años, fue denunciado ante la Fiscalía del Ministerio Público por abusos deshonestos contra un menor de 12 años. Hacía tan sólo 24 días que había llegado a Chile y estaba en calidad de huésped, pero se dio prisa en dar salida a sus necesidades sexuales. Ante el Tribunal de Garantía de Carahue, el cura se declaró culpable de los cargos imputados y fue forzado a salir del país[185]. Según el fiscal, «el imputado no puede residir en el territorio nacional, en el plazo de tres años. Si cumple en estos tres años, el imputado no reside en Chile y no hay antecedentes de que vuelva al país se sobresee la causa».

_____

versidad de casos al respecto, siendo uno de los más escandalosos el del sacerdote de Cuenca Ignacio Ruiz, que abusó sexualmente de varios jóvenes deficientes mentales y, a pesar de los testimonios claros y concretos y de las pruebas aportadas, fue absuelto por tres magistrados de probada fidelidad católica. Tal fue el esperpento judicial, que el Tribunal Constitucional obligó a repetir el juicio con otros magistrados (*Cfr. op. cit.*, pp. 189-197). Bien protegido bajo el otrora todopoderoso obispo José Guerra Campos, el canónigo Ruiz escapó a la justicia humana, pero quién sabe si a la divina tras encontrar la muerte, ahogado dentro de su vehículo, en un torrente desbordado.

185. *Cfr.* Fredes, I. (2001, 10 de abril). «Tribunal de Garantía aprobó propuesta de fiscal para que religioso, imputado por abuso sexual a un niño, abandone el país.» Santiago de Chile: *El Mercurio*.

La medida fue adoptada por el juez Luis Sarmiento a propuesta del fiscal Pablo Sabaj Díaz, como condición para suspender la investigación contra el sacerdote, según solicitó la madre de la víctima una semana después de la denuncia, tras una negociación. El mismo día del acuerdo judicial, el franciscano fue conducido directamente al aeropuerto con destino a Perú, que era su lugar de procedencia. En caso de incumplimiento, el sacerdote se arriesga a la reanudación de la investigación en su contra y a la subsiguiente condena por el delito cometido[186].

En otro caso, éste de noviembre de 2001, en la ciudad chilena de Salamanca, se llegó también a un acuerdo de suspensión condicional del procedimiento por un año basándose en la aplicación del artículo 247 y siguientes de la reforma procesal penal chilena. El sacerdote acusado de abusos sexuales, José Ramón Zúñiga, acordó con la Fiscalía, representada por Solange Huerta, fijar un domicilio y comunicar cualquier desplazamiento, personarse mensualmente a firmar una comparecencia ante la Fiscalía, y no acercarse a zonas aledañas a Salamanca. En caso de reiniciar los abusos, el juicio se reactivaría, aunque al cabo de un año se sobresee el expediente.

Una medida de este calibre es absolutamente discutible cuando se trata de sacerdotes pedófilos, ya que el sujeto en cuestión acaba reincidiendo en sus hábitos perversos y lo único que se logra es proteger a las víctimas

186. La suspensión condicional del procedimiento es una salida alternativa que contempla la reforma procesal penal chilena y que puede ser aplicada a imputados acusados de haber cometido delitos sancionables con penas inferiores a tres años de reclusión, siempre que no tengan antecedentes.

pasadas y potenciales de su lugar de residencia, mientras se ofrece a su alcance las del nuevo lugar al que va a residir. De hecho, esta medida sirve al mismo efecto y logra el mismo propósito que la costumbre de los prelados de encubrir a esos delincuentes sexuales cambiándoles de parroquia una y otra vez.

Otra modalidad muy querida por los prelados, para proteger a sus sacerdotes delincuentes sexuales, a la que se recurre habitualmente cuando los hechos son indiscutibles, se basa en enviar al sujeto a uno o varios países extranjeros a fin de «procurar su rehabilitación». Por regla general, el tiempo de exilio forzoso —que se hace pasar como tiempo necesario para que surta efecto el presunto «tratamiento psicológico y moral» al que son convidados— se hace coincidir con el tiempo de prescripción del delito en el país de origen. Veamos un ejemplo.

También en Chile, en junio de 2001, el padre de un menor denunció judicialmente al sacerdote Víctor Hugo Carrera Treviño, que ocupaba el cargo de secretario canciller del obispado de Punta Arenas —además de ser capellán de la prisión local y responsable de un movimiento apostólico y de un grupo catequista de menores—, por haber abusado sexualmente de su hijo de 13 años[187]. Pero el trámite judicial se las tendría que ver con algunos problemas, ya que, medio año antes, cuando el escándolo era ya público, el obispo de la diócesis le envió a «rehabilitarse» a México, luego a Argentina y después a Italia, situándole, tal como ya se dijo al abordar la conducta del obispo Tomás González (ver Caso 1), tan lejos de las

187. *Cfr. La Cuarta* (2001, 23 de junio). «Segundo caso en Punta Arenas: otro cura acusado de abusos deshonestos.» Santiago de Chile: *La Cuarta*.

críticas como del alcance del tribunal, que sólo pudo procesarle en rebeldía.

Para completar la maniobra, en caso de que haya acción judicial, tal como le sucedió al cura Carrera, la diócesis reúne a su Tribunal Eclesiástico y emite sentencia sobre un expediente que se abrió por si acaso. Tal como es norma, se aplica una pena canónica risible: en esta ocasión, la «sanción medicinal» que le fue aplicada a Víctor Carrera por su antiguo jefe, el obispo González, consistió en prohibirle regresar a la diócesis de Magallanes durante cinco años y pedirle que se sometiese a «un tratamiento psicológico y moral». A eso se le llama una *sentencia* a la carta.

En definitiva, la protección de un sacerdote abusador para evitar su condena o el escándalo público es un arte depurado, tal como se verá en el capítulo siguiente.

7

El decálogo básico, común y universal de los prelados para encubrir al clero delincuente sexual

Hemos ido comprobando a lo largo de este libro que la Iglesia, ante los casos de abusos sexuales a menores cometidos por sacerdotes, siempre actúa siguiendo un mismo patrón o modelo de conducta, que se reproduce, en lo fundamental, en todas las diócesis del mundo.

Ese modelo conductual se desarrolla en 10 etapas: 1) averiguación discreta de los hechos; 2) inicio de acciones disuasorias con el agresor y la víctima; 3) encubrimiento del agresor y de los hechos antes de que afloren; 4) toma de medidas para reforzar el ocultamiento; 5) negación de los hechos cuando se hacen públicos; 6) defensa pública del agresor sexual y atribución de méritos; 7) descalificación pública de la víctima y de su entorno; 8) atribución paranoide de las acusaciones a campañas orquestadas por «enemigos de la Iglesia»; 9) posibilidad de negociación con la víctima; y 10) protección del abusador sexual.

Algunas de estas fases —como la 6, 7 y 8— dependen, para su aparición, de la catadura moral y perfil de personalidad que presente un prelado en cuestión, siendo habitual que cuanto más totalitario sea su perfil, más agresivas serán sus manifestaciones. El resto de las fases, con escasas excepciones y diferencias, suele darse en todos los casos.

Veamos ahora con más detalle las características de cada una de las fases de este patrón de conducta de los prelados católicos:

1) Averiguación discreta de los hechos.

Dentro de las diócesis siempre se establece una notable competencia entre el clero, tanto por motivos ideológicos —conservadores frente a progresistas—, como por el deseo bastardo de medrar y hacerse con los puestos o destinos de otros, y ello conlleva uno de los *deportes* habituales del clero diocesano, el chismorreo y la delación de colegas ante sus obispos, a fin de ganar puntos con los que afianzar carreras bien poco evangélicas.

Esta situación hace que los prelados y su entorno estén siempre informados de cuanto ocurre en sus diócesis pero, siendo el sigilo su primer mandamiento, ante cualquier confidencia reaccionan encargando a subordinados de confianza que, con suma discreción, realicen una primera evaluación del asunto denunciado, recibiendo prontamente un informe que casi siempre es oral.

2) Inicio de acciones disuasorias con el agresor y la víctima.

Tras la averiguación previa, si el obispo considera que la conducta del sacerdote puede poner en riesgo la imagen de la Iglesia —aunque, por ejemplo, no se considera un riesgo que un sacerdote tenga uno o varios amantes adultos, mujeres o varones, si ello se realiza con discreción y no trasciende públicamente—, entonces se manda llamar al cura abusador sexual y se le «amonesta privadamente»[188] en dos direcciones: para que deje de realizar la conducta inapropiada o, en caso contrario, para que la realice con la máxima prudencia, que viene a ser un «si lo sigues haciendo, procura que no pueda trascender, no abuses siempre de los mismos ni en el mismo lugar, y hazlo lo más lejos posible de esta diócesis».

Si el prelado tiene conocimiento de que una o varias víctimas pueden comentar o denunciar los abusos, ya sea directamente o a través del párroco más cercano a ellas, las contacta para asegurarse su silencio. A este fin hay varias tácticas complementarias. Una es inducir a que la víctima relate su abuso bajo el formato del sacramento de la confesión, estrategia que le sirve al clérigo para silenciar el delito —no puede divulgar lo que ha sabido a través de la confesión—, pero también para acallar y amedrentar a la víctima por la misma causa, ya que la Iglesia *prohíbe*, bajo pecado, divulgar lo confesado. Cuando no se logra el encubrimiento que da la confesión, pero también además de él, los prelados prometen a las víctimas —y a sus familias— que el abuso no se reproducirá porque el sacerdote ya ha sido amonestado y está arrepentido —o que se ha iniciado un «proceso penal» para castigarle—, las culpabilizan como coautoras de un «pecado muy grave a los ojos de Dios», las coaccionan enfrentándolas al daño que podrían hacer a la Iglesia si el hecho transcendiese, y les presentan cualquier denuncia ante la jurisdicción civil como un paso inútil, muy costoso y que acabaría por hun-

188. La amonestación privada, que es una norma fundamental del derecho canónico, es una táctica que fue habitual entre los jueces de la dictadura franquista pero que hoy, naturalmente, está prohibida por ser anticonstitucional.

dir el buen nombre de la víctima y de su familia ante su comunidad.

3) Encubrimiento del agresor y de los hechos antes de que afloren.

El patrón de conducta anterior sirve a estos efectos, pero no siempre es suficiente, así es que pueden realizarse maniobras complementarias como pactar una indemnización, ya sea en dinero metálico o en forma de favores, servicios o privilegios, con la familia de la víctima; pero también se puede actuar de forma agresiva, coaccionando a la víctima y familia quitándole servicios que ya disponía —expulsar a un menor de su colegio, por ejemplo, o retirar ayudas sociales a la familia de la víctima— a fin de garantizarse el silencio. En esta fase, puede decidirse, o no, trasladar de parroquia al sacerdote agresor sexual, o enviarle de viaje por un tiempo bajo diferentes excusas.

4) Toma de medidas para reforzar el ocultamiento.

Si las víctimas se incrementan, sube la presión de las familias afectadas, o los rumores comienzan a circular fuera de los círculos eclesiásticos, se toman las medidas drásticas habituales para intentar detener el posible escándalo: se traslada al sacerdote abusador a otra parroquia, que puede estar dentro de la misma diócesis —en la misma o en otra ciudad—, o en diócesis distintas, dentro del mismo país o, en función de la magnitud del problema, en el extranjero, eligiendo habitualmente países de Latinoamérica y del llamado Tercer Mundo.

En algunas ocasiones, para poder defenderse de las previsibles acusaciones de pasividad y encubrimiento en caso de que el asunto aflore, los prelados abren un expediente canónico contra el sacerdote infractor, pero éste suele quedar paralizado por tiempo indefinido y sólo se activa cuando surge una fuerte presión social y mediática sobre el sacerdote y sus abusos, o tras haberse iniciado un proceso judicial ante la jurisdicción penal civil.

5) Negación de los hechos cuando se hacen públicos. Cuando en los medios de comunicación surge con fuerza la denuncia contra algún sacerdote abusador, la primera toma de postura pública de un prelado —si es que la adopta, que en España lo común es quedarse callados como muertos—, así como de todos los círculos —religiosos o no— afines al cura cuestionado, es negar la acusación: «las acusaciones son falsas y representan una infamia», vociferan todos a coro. Ya hemos documentado esta reacción en muchos de los casos relatados hasta aquí.

Es una reacción instintiva, emocional, a menudo fruto de la imagen enfermizamente idealizada que el propio clero quiere tener de sí mismo, una imagen en la que no cabe de ninguna manera concebir que un sacerdote, presuntamente llamado a su vocación por Dios, sea un delincuente sexual. Desde el fondo de la ideología clerical —con base poco menos que genética forjada por siglos de hipocresía social y de abusos clericales piadosamente silenciados por las masas creyentes—, prelados, sacerdotes y creyentes más bien crédulos se oponen con vehemencia a imaginar siquiera que entre un clero que se pretende tan virtuoso abunden seres despreciables; por eso, cuando éstos afloran, no tienen más alternativa, para poder seguir manteniendo la imagen idílica de su colectivo, que atribuir los casos a «hechos muy esporádicos», «excepciones», «enfermedad», «tentaciones ante un mundo demasiado carnal» y, claro, «mentiras de los enemigos de la Iglesia»...

«¡Señora, lo que usted me cuenta es imposible, los sacerdotes no tenemos sexo!», le espetó el prelado José Guerra Campos, en Cuenca (España), a la directora de un centro de deficientes que le solicitó que pusiese bajo tratamiento psiquiátrico a un sacerdote que había agredido sexualmente a tres disminuidos psíquicos. Guerra Campos sabía que estaba mintiendo, entre otras cosas porque ése no fue, ni mucho menos, el primer caso de sacerdote abusador que tuvo que encubrir, pero su propia *personalidad* de prelado le impedía reconocer y aceptar la existencia de esa realidad dentro de «su Santa Madre Iglesia».

El ya citado sacerdote Alberto Manuel Athié Gallo ha expresado en diversas ocasiones, al hilo de las denuncias sobre abusos sexuales del clero, que alguien que se encuentre dentro de la *lógica* clerical a la que nos referimos tiene serios problemas para «reconocer un hecho como ése y tenderá a descartarlo a priori; lo leerá desde una perspectiva moralista, que impide curiosamente que la moral prevalezca, o llevará a cabo una interpretación desde la teoría de la conspiración por parte de quienes pretenden explicitarla».

6) Defensa pública del agresor sexual y atribución de méritos.

Ante la acusación pública contra algún sacerdote abusador, se podrán negar o no los hechos con tozudez y vehemencia, pero lo que sí resulta obligado siempre es salir en defensa radical del cura cuestionado pregonando el «buen servicio a la Iglesia y a sus fieles que siempre ha realizado el padre XXX hasta la fecha».

Cuando Ignacio Lajas Obregón, párroco de Casar de las Hurdes, Cáceres (España), fue detenido por agentes de la Brigada de Delitos Tecnológicos de la Policía

Nacional, por pertenecer a una red internacional de intercambio de imágenes y testimonios pornográficos de agresiones a menores a través de Internet —en la que también se detuvo a otros miembros en Argentina y México—, su obispo, Ciríaco Benavente, titular de la diócesis de Coria-Cáceres, se personó en la cárcel al día siguiente de su detención —algo que jamás hace por sus otros fieles detenidos, que probablemente también necesitarían de la atención e influencia del prelado— y se apresuró a defenderle en un comunicado en el que destacaba la conducta ejemplar del sacerdote pornógrafo, su «profundo arrepentimiento» y el hecho de que el cura «nunca tuvo conciencia» de que estaba delinquiendo[189].

Documentamos también esa misma actitud en muchos de los casos presentados en capítulos anteriores, y la hemos visto en boca de sacerdotes, prelados y del propio Papa. De entrada, para la mayoría de los prelados y superiores de órdenes religiosas, jamás hay un sacerdote con una hoja de servicios poco presentable o siquiera algo dudosa o gris, todos son un dechado de virtudes —que debe de ser mucho mérito entre tanta mediocridad—; la «conducta ejemplar» es una etiqueta que los prelados colocan incluso a los curas que han agredido sexualmente a 60, 80 o 130 menores. Y cuando el sacerdote o cardenal es condenado públicamente, el coro de loanzas se calla y prosigue como si nada hubiese sucedido, mirando hacia otro lado; salvo aguerridos prelados irreductibles que jamás aceptarán que un tribunal civil airee las vergüenzas de la Iglesia.

189. *Cfr.* Zama, M. (2002, 14 de febrero). «Detenido un cura por pertenecer a una red de pornografía infantil.» Madrid: *El Mundo.*

7) Descalificación pública de la víctima y de su entorno.

Cuando sienten alguna intrusión externa, el clero defiende su Iglesia igual que las hormigas su hormiguero: *manu militari*. La diferencia básica está en que mientras las hormigas no temen sacrificarse en beneficio de su colectividad, la cúpula del clero prefiere sacrificar a la colectividad en su beneficio. Todos los colectivos profesionales poderosos —como médicos, abogados, jueces o periodistas— presentan un corporativismo tan feroz como reprobable —y las críticas dirigidas a la Iglesia en este sentido también son extensivas a los colectivos aludidos—, por eso, cuando alguien le *da una patada al hormiguero*, llevando ante un juzgado su denuncia de que ha sido víctima de agresión sexual por parte de un sacerdote, las defensas de la comunidad eclesial se organizan rápidamente, llamando al frente a sus abogados, periodistas y fieles afines y, como estrategia básica, definiendo a la víctima y su entorno como el enemigo a abatir.

Al margen de los ejemplos que ya han aparecido a lo largo del libro, veamos otro que ilustra en parte este modo de proceder: El menor Pío B. fue sodomizado y agredido sexualmente en varias ocasiones por el sacerdote Jorge Ignacio Senabre Bernedo —hoy huido de la Justicia española y cuyo último paradero conocido fue en Montevideo (Uruguay), país que negó su extradición para ser juzgado en España—[190], pero, cuando denunció al sacerdote delincuente, tuvo que soportar un sinfín de

190. *Cfr.* resolución de fecha 27 de junio de 1995 del Tribunal de Apelación en lo Penal de Tercer Turno de Uruguay. Ver también fax de Interpol Madrid referencia número 919/995/PRIO.8979/ JJHH.

agresiones morales, instigadas desde el clero e instrumentalizadas a través de su propia comunidad. Así, por ejemplo, citaremos la deplorable defensa que dos miembros de la Asociación de Padres de Alumnos del colegio donde estudiaba el menor hicieron del cura agresor, *certificando* «que el niño Pío B., que cursaba estudios en este Centro, era considerado como un muchacho conflictivo, debido a su carácter díscolo, inestable y violento, siendo motivo de queja por parte del profesorado (...) por estas causas y por su bajo rendimiento escolar»[191]. ¿A qué tanta maldad gratuita contra un frágil menor para defender a un sacerdote que merece la cárcel?

A la Iglesia, como institución, o mejor dicho, a buena parte de su cúpula de poder, no le importa en absoluto la víctima y su sufrimiento, lo único que dirige sus movimientos es el intento de proteger el prestigio de la institución y de su clero... y, también, su dinero[192]. No impor-

191. *Cfr.* documento firmado el 17 de octubre de 1988 por Jordi Canyameras Rovira y Mª Dolors Morral Badía, que se presentan respectivamente como «Ex Vicepresidente y Vocal» de dicha Asociación de Padres. ¿Y qué pasaba con el resto de la Junta de la Asociación, incluida la presidencia de ese momento? Resulta bien sospechoso que sólo dos *espontáneos*, en una hoja de papel sin membrete, certifiquen la *maldad* de la víctima, mientras que la propia directora del colegio, monja carmelita, ofreció la imagen contraria, que era la real: la de un niño frágil e inmaduro, «el más inocente de la clase», declaró, subrayando que «el mosén ya sabía lo que se hacía, escogió al más débil para dar rienda suelta a sus miserias».

192. En el caso de Pío, el arzobispo de Barcelona, Ricard Maria Carles Gordo, jamás se preocupó por la víctima, pero sí compareció ante el Juzgado mediante un documento en el que asentaba que «respecto a los hechos los negamos, por desconocerlos», y en cuanto a la «responsabilidad civil subsidiaria del Arzobispado de Barcelona, entendemos que no existe». Ésa fue toda su preocupación pas-

ta qué se haga ni cómo con tal de evitar o minimizar los daños a la imagen de la Iglesia y, en ese enfrentamiento, bien lo saben los muchos que lo han asumido, las víctimas del clero siempre son criminalizadas públicamente por serviles instrumentos de los prelados —pocas son las veces que alguno de ellos se ensucia las manos directamente—, que no tienen reparo ninguno en mentir y difamar a las víctimas y su entorno, ni en presionar a quienes consideren necesario y puedan tener acceso, sean autoridades públicas, jueces, periodistas, u otros.

Toda víctima de abusos sexuales del clero que se enfrenta públicamente a la Iglesia es doblemente agredida, primero en su integridad, libertad y desarrollo de la personalidad por el sacerdote delincuente; después, por los representantes de la institución y sus adláteres que la difaman, junto a su familia, para intentar desprestigiar su testimonio —incluso recurriendo a *argumentaciones* absurdas y estrategias inmorales, como las empleadas por el obispo chileno Tomás González y por su entorno (ver Caso 1)— e intentar salvar así al cura agresor.

La desconfianza que buena parte de los prelados siente ante cualquier denunciante de un sacerdote, al que en principio le niegan credibilidad, no se asienta tanto en la posibilidad de que haya denuncias fabuladas por mero deseo de venganza o de lograr dinero —que las hay, aunque son una minoría irrisoria—, sino en un primitivo instinto de clan, inflamado por la prepotente presunción

---

toral ante uno de sus monaguillos violado por uno de sus sacerdotes, que, para más escarnio, años después de los hechos, y estando huido de la justicia española, todavía figuraba en la *Guía de la Iglesia en la Archidiócesis de Barcelona* como uno de los sacerdotes diocesanos residente en «otras diócesis».

de sentirse figuras sacras, que les lleva a vivir con distancia y no poco desprecio a la sociedad civil, máxime si cuestiona su autoridad y/u honestidad.

8) Atribución paranoide de las acusaciones a campañas orquestadas por «enemigos de la Iglesia».

Para buena parte de los prelados, la víctima de abusos sexuales de un sacerdote que denuncia su caso públicamente viene a ser un *pobre diablo* que «difama a la Iglesia» por «inconfesables ambiciones personales», pero cuando los medios de comunicación se interesan por la cuestión y el caso toma entidad, la Iglesia ya no ve el «enemigo» en esa víctima solitaria e indefensa, sino en una conspiración en la que han confluido quién sabe cuántos poderes *enemigos* de la Iglesia. Esa visión paranoide, cuando no se corresponde a una psicopatología —y cabe suponer que los prelados que la presentan no están aquejados de este trastorno de la personalidad ni de cualquier otro de tipo psicótico—, suele corresponderse con sujetos que detentan parcelas de poder de modo totalitario, por eso son muy comunes en todos los dictadores del mundo, sea cual fuere su ideología.

«La Iglesia siempre reconoce a la autoridad civil, pero a nosotros no nos corresponde estar entregando a nuestros hijos, a los hijos de la Iglesia, a las autoridades civiles [...] A nosotros nos toca juzgarlos según nuestras leyes», declaró Renato Ascencio León, obispo de Ciudad Juárez, durante la conferencia de prensa del 11 de abril de 2002, convocada por el Episcopado mexicano con motivo de su 73 Asamblea Plenaria. En perfecta sintonía con sus colegas del resto del mundo, también afirmó que en Estados Unidos «el escándalo ha sido provocado por intereses contrarios a la Iglesia Católica».

Con igual contundencia *conspiranoica*, Felipe Arizmendi Esquivel, obispo de San Cristóbal de las Casas, aseguró en una homilía dominical que los responsables de los medios de comunicación que difunden los casos de los sacerdotes pederastas «quieren atacar a la Iglesia» y protegerse para que «no se les pueda criticar su vida incorrecta», «se nota que quieren atacar a la Iglesia católica, que es fuerte y tiene autoridad moral»[193]. O la actitud igualmente *conspiranoica* del secretario general de la Conferencia Episcopal chilena, Manuel Camilo Vial, obispo de Temuco, al denunciar «poderes económicos y políticos (...) internacionales, que están en una campaña de desprestigiar a la Iglesia, de alejarla de esa situación privilegiada de ser la institución más confiable»[194]. Leer este tipo de declaraciones siempre suena a broma de mal gusto, a frase absurda que algún anticlerical trasnochado colocó falazmente en boca de algún prelado para hundirle en la miseria intelectual, por eso es tan preocupante saber que esas frases son auténticas y se corresponden con el *pensamiento* de una buena parte de la jerarquía católica mundial.

En España, por mi actitud crítica ante la corrupción y manipulaciones de la Iglesia, no pocos prelados, entre los que destacan los poderosos cardenales Ricard Maria Carles Gordo y Antonio María Rouco Varela —que, junto a otros muchos de sus colegas, vieron salir a la luz pública algunas de sus conductas muy reprobables en uno de mis libros—, y algunos de sus asalariados, llevan años hacién-

193. *Cfr.* López, J. C. (2002, 22 de abril). «"Se ataca" a la Iglesia con los casos de curas pederastas: Arizmendi.» México: *Proceso.*

194. *Cfr.* Errázuriz, M. J. (2002, 14 de mayo). «Asamblea de la Conferencia Episcopal: Iglesia cree que poderes desean dañarla.» Santiago de Chile: *El Mercurio.*

dome el honor de perseguirme y difamarme como «enemigo de la Iglesia» —*título* tan ampuloso como inmerecido, que mis amigos sacerdotes y decenas de miles de lectores católicos no comparten en absoluto, pero los prelados son bien libres de inventarse los *enemigos* que les plazca—, aunque sin haber tenido jamás el valor y la decencia de debatir frontalmente mis denuncias, ni ante un medio de comunicación ni ante un juzgado —a pesar de lo que he llegado a mostrar de muchos de ellos—; su táctica es difamar pero escondiendo siempre la mano. La correspondencia privada es uno de los medios que tales prohombres suelen emplear para intentar desprestigiarme, pero a menudo esas cartas van dirigidas a sacerdotes o creyentes honestos que me regalan el placer de poder compartirlas.

Un ejemplo. Durante un intercambio epistolar entre el cardenal Rouco Varela, presidente de la Conferencia Episcopal española, y un grupo de católicos hartos de que los jesuitas encubriesen y realizasen pomposos homenajes a un sacerdote, Luis Tó González, que había sido condenado por pedofilia —conducta que en el colegio barcelonés del que Tó fue director espiritual conocieron y encubrieron desde unos veinte años antes de ser finalmente condenado—, el cardenal les respondió: «En relación al caso concreto a que se refiere en sus cartas, sin duda es a las autoridades de la Compañía de Jesús a quienes ha de dirigir sus preocupaciones, y como también le indicaba en mis cartas anteriores es oportuno que hable con el cardenal arzobispo de Barcelona. No parece muy razonable dar mayor credibilidad al libro que me adjunta[195] —su autor, muy conocido en distintos medios de co-

195. Se refiere al libro *La vida sexual del clero*, que en su capítulo 11 reproduce los pormenores de la sentencia condenatoria del je-

municación por su incansable interés en dañar a la Iglesia, no se distingue precisamente por su objetividad— que a la palabra del cardenal Carles.»[196]

Siempre me ha parecido más bien patético, por ser muy generoso en el adjetivo a aplicar, que prelados como éste vean «incansable interés en dañar a la Iglesia» en quienes, como yo y otros muchos, denunciamos la tremenda corrupción, en todos los ámbitos, que existe dentro de la Iglesia. Para el cardenal Rouco —del que más adelante detallaremos la *anécdota* de que consideró que era «la vida privada del nuncio» y «no era cosa relevante» el hecho de que el nuncio del Vaticano en España, Lajos Kada, tuviese un hijo de una costarricense y una amante española junto a la que estaba acusado de organizar una estafa—, no tiene «objetividad» quien denuncia desvergüenzas intolerables de los prelados, pero sí considera *objetivo* a un cardenal

---

suita Luis Tó, un hecho público y notorio que algunos responsables del colegio, con total desprecio de la verdad, siguieron negando ante padres de alumnos, incluso después de haberse hecho pública la sentencia judicial (*Cfr.* sentencia de 15 de octubre de 1992 de la Sección Novena de la Audiencia Provincial de Barcelona, número de orden 112/92, causa D. P. número 1844/92 del Juzgado de Instrucción número 30 de Barcelona).

196. Carta firmada por el cardenal-arzobispo de Madrid en fecha 23 de junio de 1999. Tal como cabe suponer, cuando, en carta de fecha 31 de diciembre de 1999, el grupo de católicos le replicó a Rouco «que las afirmaciones que se vierten en el libro *La vida sexual del clero*, en el capítulo dedicado al P. Tó, son rigurosamente ciertas, basadas en el sumario y en la propia sentencia...», el jefe de la Iglesia española no corrigió su vergonzosa difamación contra este autor, sólo se limitó a eludir el asunto y recomendar a sus comunicantes que presentasen recurso ante la Signatura Apostólica (*Cfr.* carta firmada por Rouco Varela en fecha 14 de febrero de 2000).

como Ricard Maria Carles (ver Caso 3) que, entre una larga lista de hechos, encubrió la mayor red clerical de corrupción de menores que ha existido en Europa. La táctica de este tipo de prelados es tan vieja como la necesidad básica que tiene todo poder ejercido con maldad: debe matarse al mensajero para perpetuar la ignominia.

La atribución paranoide de las acusaciones sobre corrupción sexual —o de otros tipos de delitos y abusos— de una parte del clero, a campañas orquestadas por «enemigos de la Iglesia», brinda a los prelados una pantalla protectora que no sólo les justifica descalificar en global sin tener que debatir sobre los hechos concretos, que es donde tienen siempre el debate perdido, sino que les permite eludir sus responsabilidades y seguir sin hacer nada para poner coto a los desmanes internos ya que, frente a su *clientela* —en particular la más crédula, desinformada, o fanatizada, que es siempre la más *ruidosa*—, se produce el efecto de cerrar filas ante el «enemigo» —inexistente, aunque eficaz a los efectos manipuladores de los prelados— y, al tiempo, se evita la consecuencia negativa de cualquier crítica o denuncia, dado que «por supuesto» no son ciertas «por ser una infamia».

9) Posibilidad de negociación con la víctima.

Si un prelado, creyendo tener controlado el encubrimiento de un hecho, no pactó alguna indemnización o acuerdo con la víctima de un abuso sexual durante la fase número 3 de este patrón de conducta, puede optar por intentarla cuando el escándalo ya es más o menos público. Lo más habitual es negociar la retirada de una querella ya presentada —pensemos que, en muchos países, la mayoría de los delitos sexuales sólo son perseguibles judicialmente a instancia de la víctima y/o de sus tutores—, máxime si esta acción se ha realizado discretamente. Cuando ya se ha producido el escándalo público, la Iglesia no suele querer negociar, básicamente porque su intención al indemnizar a una víctima no es la de compensar su sufrimiento sino la de acallarla para que la imagen de la Iglesia no sea cuestionada.

10) Protección del abusador sexual.

Sea cual fuere el final del proceso iniciado con la denuncia contra un sacerdote abusador, el objetivo de un prelado o superior de una orden religiosa típicos es procurar la máxima protección del cura. Cuando la situación se ve complicada, pero el sacerdote todavía no ha sido procesado, una diócesis puede ser generosa financiando el desplazamiento del cura agresor a un país lejano por motivos «terapéuticos». Si es encausado, es muy habitual proporcionarle discretamente asistencia letrada para su defensa y proveerle de los medios que requiera para enfrentar las acusaciones. Si el entorno policial y/o judicial es propicio, algunas conversaciones telefónicas invitan a contemplar la conveniencia de «poner fin al disparate» antes de que «salgan perjudicados inocentes, además de la propia Iglesia».

Si el proceso acaba en condena, es muy frecuente que no se inhabilite al sacerdote hasta años después, cuando se agote el último recurso y deba entrar en prisión, y éste prosigue ejerciendo en otra parroquia sin ser controlado; aunque en muchos casos no es inhabilitado jamás y sigue entre el clero. Si la condena no contempla cárcel, el sacerdote convicto es enviado a otra región o país para que «reflexione», eso es para que se reponga y prosiga como si nada hubiese sucedido. Con frecuencia, cuando el cura abusador sale de la cárcel tiene un lugar reservado en alguna parroquia discreta. La víctima del sacerdote, durante todo este proceso, no suele formar parte en ningún momento de las preocupaciones de un prelado, antes todo lo contrario.

Una muestra de estos desvelos por proteger al abusador sexual la encontramos, por ejemplo, en el caso del jesuita español Luis Tó González, condenado por abusar sexualmente de una niña de 8 años —y del que ya hablamos en el punto 8 de este decálogo—. Dado que junto a la condena a dos penas de un año de prisión menor se le añadió, lógicamente, la de «seis años y un día de inhabilitación especial para cargos u oficios relacionados con la educación o la dirección de la juventud en Centros Escolares», sus superiores, los del colegio barcelonés de Sant Ignasi de Loiola —que durante dos décadas no dieron curso a las denuncias de padres de alumnos y alumnas abusados por Tó— y los provinciales de su orden, se apresuraron a ponerle a cubierto con la máxima protección posible, enviándole con sus *hermanos* latinoamericanos, dado que en España no podía ejercer como educador ni estar en relación con menores.

Cuando se hizo pública la acción judicial contra el jesuita Tó, la dirección del colegio y la Associació de Pares de Família Col·legi Sant Ignasi apoyaron sin fisuras al sacerdote agresor sexual y exigieron guardar silencio sobre el caso[197], un silencio que pasó a ser un muro infranqueable

197. *Cfr.* carta de fecha 23 de abril de 1992, firmada por Adolfo Romagosa y Carmen Torralva, en la que la Asociación de Padres que presiden, tras convocar una asamblea extraordinaria para tratar el asunto, manifestaba «su incondicional adhesión a la Institución» y remitía a todos los padres de alumnos una nota de la dirección del colegio, fechada un día antes, en la que se ensalzaba la labor del sacerdote abusador y se solicitaba que nadie comentase nada sobre Tó y se remitiese al director del centro, Francesc Xicoy, «a toda persona externa a la Escuela» que se interesase por el escándalo.

tras la condena de Tó. Inmediatamente después de emitirse la sentencia, en octubre de 1992, Luis Tó fue enviado por los Jesuitas a Bolivia, no sin antes ser despedido, en Barcelona, con honores de heroico mártir, por parte de sus superiores y de un grupo de «madres catequistas». Justo tres años después, en noviembre de 1995, el colegio jesuita, en un lujoso libro a mayor gloria de sí mismo[198], volvía a ensalzar, a lo largo de varias páginas, al gran hombre que, según loaban, era Luis Tó. Obviamente, en su historial, no aparecía ni su condena judicial ni su bien conocida tendencia —sin duda nada «pastoral»— hacia los menores.

Ese homenaje descarado a un sacerdote condenado por abusos pedófilos indignó a muchos padres y profesores del centro y desencadenó, sólo un mes después de la publicación del libro con la *rehabilitación* de Tó, que un grupo de ellos pasase a la acción con la pretensión —vana, hasta le fecha— de que Luis Tó fuese alejado definitivamente del contacto con menores. Desde su primera denuncia ante la Cogregatio de Institutione Catholica, fechada el 15 de diciembre de 1995, todas las instancias a las que ha llamado ese grupo de católicos han eludido enfrentar la cuestión.

«Hemos recurrido a V. E. por su condición de miembro de la "Cogregatio de Institutione Catholica" —le instaron al cardenal Rouco Varela en una de las muchas cartas intercambiadas[199]— (...) Hemos recorrido toda la "escala orgánica" y toda la "comunión jerárquica" desde el cardenal Pío Laghi —sustituido recientemente por

198. *Cfr.* Vila, I. (1995). *Sant Ignasi (Sarrià). Història d'un col·legi centenari*. Barcelona: Col·legi Sant Ignasi.
199. *Cfr.* carta remitida al cardenal Antonio María Rouco Varela en fecha 31 de diciembre de 1999.

Monseñor Grocholewski— al Padre Kolvenbach, Prepósito General de la Compañía de Jesús. Sólo hemos conseguido silencio, evasivas y lo que es más grave, en el caso del P. Kolvenbach, una amenaza formal a través del Provincial de la Compañía de Jesús en Cataluña y del Director General del Colegio Sant Ignasi, Sr. D. Alfonso Banda Tarradellas, en el sentido de que no removamos más el caso si queremos mantener el puesto de trabajo (!).

»Las coacciones de los Superiores de la Orden (que se citan en la página 148 [se refiere al libro *La vida sexual del clero*]) sobre alumnos, padres y profesores para evitar el esclarecimiento del caso son rigurosamente ciertas. La actuación encubridora y delictiva de la Dirección del Colegio durante más de veinte años ha quedado impune hasta la fecha, a pesar de las denuncias a las máximas Autoridades de la Iglesia, entre las que se cuenta V. E. (...) Cualquier indicación suya será tomada con la máxima atención y respeto. Como católicos, en ningún caso pretendemos ir contra la Iglesia Católica ni contra la Compañía de Jesús como Institución, sino contra los delincuentes que continúan ostentando y ejerciendo cargos "educativos" y "formativos" en un colegio católico.»[200] El cardenal, en respuesta, se sacó de encima el asunto sugiriéndoles que recurriesen ante la Signatura Apostólica, aunque eso sí, «con mis oraciones» y «mi bendición»[201].

200. *Ibíd.*
201. *Cfr.* carta del cardenal Rouco Varela de fecha 14 de febrero de 2000.

Retomando lo sustancial, concluiremos afirmando que el patrón de conducta expuesto en este capítulo ha sido y es, hasta hoy, el modelo habitual que la gran mayoría de los prelados católicos y superiores de órdenes religiosas han empleado para abordar los casos de sacerdotes abusadores sexuales. Pero la cuestión es, ¿ha modificado ese patrón conductual la crisis de la Iglesia norteamericana y, en especial, las medidas que ésta propuso para comenzar a actuar de un modo ético, protector de los menores y no encubridor de los delincuentes sexuales?

Es demasiado pronto, en este momento, para aventurar hipótesis. Quizá sí mejore bastante el enfoque de esos casos en Estados Unidos —más adelante lo analizaremos en el capítulo 9— y, quizá —gracias a la presión mediática y a la de la mayoría de los fieles norteamericanos, que tienen menos aguante ante los usos hipócritas que los católicos europeos y latinoamericanos—, también se haya logrado concienciar a algunas decenas de prelados a lo largo de Europa y Latinoamérica, pero las tomas de posición del Vaticano y de muchos prelados influyentes no llevan precisamente a ser optimistas al respecto.

Es cierto que, por primera vez, los prelados hablan de «delito» y «enfermedad» en lugar de limitarse al concepto de «pecado», pero también lo es que, tal como ya documentamos, siguen reclamando sin límites la «tradición apostólica de tratar asuntos internos de manera interna»; y mientras el secretismo sea una norma eclesial, también será el cerrojo que impedirá defender, siempre y adecuadamente, los derechos de las víctimas de abusos del clero.

Cuando los padres también son responsables del encubrimiento de las agresiones sexuales del clero a sus propios hijos

El menor Mike Miglini accedió a irse de pesca un fin de semana con su párroco Robert Peebles. «Él venía a nuestra casa a cenar muchas veces —relató Mike—. Era considerado un muy buen amigo de mi familia. Mi familia es muy, muy religiosa, muy católica»[202], pero el sacerdote no lo era tanto y durante la cena abundó más el alcohol que el sentido común. «Yo estaba cansado y mareado y él comenzó a abusar sexualmente de mí. Esto sucedió durante varias horas. Yo me despertaba a veces y, finalmente, desperté lo suficiente y pude ver lo que estaba sucediendo. Hablé con él. Necesitaba salir porque me sentía enfermo. Cuando salí corrí lo más rápidamente que pude, aunque me caía todo el tiempo porque no me sentía muy bien.»[203]

Mike acabó por contarle a sus padres lo sucedido y la diócesis de Dallas les ofreció un psicólogo para su hijo, aunque un psicólogo absolutamente inadecuado, tal como sucede con mucha frecuencia en la Iglesia cuando recomiendan un terapeuta para abordar un problema que uno de sus miembros generó. «Entonces él [el psicólogo] les dijo a mis padres que lo mejor es que su hijo se olvide de esto. No vuelvan a hablar de esto nunca. No se lo cuenten a sus hermanos o hermanas. No hablen de esto con amigos. Y mis padres dijeron O.K.»[204]

---

202. Declaración personal para un programa sobre abusos sexuales del clero, del periodista Claudio Mendoza, emitido por *Informe Especial*, TVN Chile, el 4 de abril de 2002. *Cfr.* cinta 38-20:55)-1.

203. *Ibíd.*, cinta 38-22:20)-2.

204. *Ibíd.*, cinta 38-27:30)-3.

Por esa misma época, los padres descubrieron que su otra hija, Katy, de 14 años, mantenía una profusa correspondencia amorosa con el mejor amigo de la familia, el sacerdote William Huges. «Mi recuerdo es muy, muy nebuloso respecto a qué me hizo exactamente. Yo sé que hubo intento de violación. No sé si hubo alguna vez algún tipo de penetración, pero sí había muchas caricias, un montón de abusos, un montón de abusos sexuales.»[205]

Confesándose todavía una católica comprometida, pero desconfiada, Katy siente frustración debido a que sus padres no iniciaron acciones legales contra el sacerdote. «Uno de los sacerdotes [de la diócesis] habló con mis padres para que no fueran a la Policía, y les dijo a mis padres que las cartas que Bill me escribió —había tres o cuatro bolsas de basura llenas— las triturasen para que así no terminaran en manos equivocadas. Las manos equivocadas, según mi familia, eran la Policía o cualquiera de fuera de nuestro pequeño círculo que nos pudiese ayudar a ser conscientes de lo que ocurría.»[206]

Tal como cabía esperar, Katy fue a parar a manos del mismo terapeuta despreciable que había manipulado a su hermano Mike. La que acabó siendo la abogada de ambos hermanos, Sylvia Demarest, definió el papel de ese terapeuta con claridad: «El consejero fue capaz de ayudar a la Iglesia para mantener en silencio a las víctimas, mantuvo a los padres callados y amparó el abuso. Estos casos, para mí, fueron ejemplos gloriosos de la actitud eclesiástica...»[207]

El tercer hijo de la familia, Tony, tampoco corrió me-

205. *Ibíd.*, cinta 35-14:35)-1.
206. *Ibíd.*, cinta 35-22:37)-2.
207. *Ibíd.*, cinta 34-26:06)-4.

jor suerte en lo sexual, aunque, finalmente, sí en lo económico, puesto que, por ser una de las once víctimas del sacerdote Rudolph Kos —condenado en 1997 a tres cadenas perpetuas por sus violaciones—, obtuvo una hermosa indemnización de más de 10 millones de dólares.

«Mi padre y mi madre —recordó Mike— compraron la cama del padre Kos en la que fue violado mi hermano. Ésas son las cosas que obtuvimos. Ellos compraron esa cama y el sofá donde el padre Kos jugaba con mi hermano pequeño.»[208] «Nunca perdonaremos —afirmó el ya millonario Tony—. No sé qué duele más, que eso haya sucedido realmente o la manera en que ellos lo escondieron dentro de la Iglesia católica.»[209]

Parece evidente que el extremismo religioso de esta familia, o su ingenuidad, torpeza y dependencia de la Iglesia, aun por encima de los intereses básicos de sus propios hijos, es tan exagerado que produce dolor sólo imaginar cómo debían de *educar* a sus hijos, pero sin duda es un buen ejemplo para ver que, en ocasiones, son las propias familias las que tienen un papel fundamental en el encubrimiento de los delitos sexuales del clero. Sin que pueda disculparse ni un ápice a los curas delincuentes, ni a los prelados encubridores, resulta obvio que tampoco puede disculparse de ninguna manera el terrible papel que representaron los padres.

Este caso puede ser extremo, pero no es único. Ya documenté en otro libro que, en Barcelona, varias decenas de familias católicas de clase media acomodada supieron que sus hijos e hijas habían sido corrompidos sexualmente por un grupo de diáconos y sacerdotes y no sólo

208. *Ibíd.*, cinta 39-15:31)-5.
209. *Ibíd.*, cinta V USA-14:31)-1.

callaron para «proteger a la Iglesia» —como si la Iglesia no fuese esa panda de delincuentes—, sino que se enfrentaron con virulencia a las dos únicas familias decentes que, al menos, denunciaron los hechos ante el arzobispado. «Mis padres intentaron prevenir a las otras familias que tenían a sus hijos en el grupo de Pere Cané —me explicó una de las víctimas—, en la parroquia de Sant Domènec, pero no sólo nadie les hizo caso sino que todos defendieron ciegamente a los diáconos Cané y Salvans. Finalmente fueron mis padres quienes acabaron destrozados y llorando; fue un verdadero drama.»[210]

He escuchado historias similares, referidas a no menos de cuarenta abusos sexuales cometidos en diferentes colegios y parroquias años atrás, con reacciones de los padres, católicos, obviamente, que van desde la negativa absoluta a creer en el relato de su hijo o hija abusados, pasando por la amenaza de expulsar a la víctima de la casa paterna o encerrarla en un internado si comentaba con alguien el abuso, o castigarla con dureza, hasta llegar a un caso de apaleamiento puro y duro de la víctima por «haber hecho pecar al sacerdote». Ante este tipo de proceder, la responsabilidad que debe adjudicarse a esos padres en el encubrimiento de los sacerdotes delincuentes sexuales no es muy diferente a la de los prelados que también los encubren. En la práctica totalidad de los casos que he conocido, la víctima, cuando muchos años después, en su madurez, pudo afrontar los traumas del pasado, no fue capaz de comprender ni perdonar la conducta de sus padres.

Otro aspecto difícil de comprender para algunas víc-

---

210. *Cfr.* Rodríguez, P. (1995). *La vida sexual del clero.* Barcelona: Ediciones B, pp. 130-131.

timas de abusos sexuales del clero es que lo hayan sido por diferentes sacerdotes. «¿Es que llevaba un letrero en la frente?», me preguntó una mujer ya entrada en la cuarentena, que fue abusada en su adolescencia por su propio padre y por tres sacerdotes, dos de los cuales no conocía. «¿Contaste lo que te hacía tu padre en confesión?», le pregunté. «Sí, una sola vez», dijo, pero lo hizo al hombre equivocado, al sacerdote que comenzó a abusar de ella en la sacristía de su parroquia y que ocasionalmente se la *traspasó* a otros dos. Un sacerdote español ya fallecido, a edad temprana, por sida, me contaba un día su extrañeza de que, mientras estaba en el colegio de pasionistas al que asistió, todo el grupito de frailes que abusaban de él y de otros niños jamás se equivocó, sabían bien a quién podían agredir y a quién no aunque fuese el primer encuentro entre ambos. La razón era muy simple: es normal entre sacerdotes abusadores que se pasen *contactos* de menores *fáciles* unos a otros.

Eso sucedió con Mike Miglini y sus hermanos, citados antes. Es el caso de Rita Milla, que solicitó ayuda a Roger Mahony, cardenal de Los Ángeles, para encontrar al sacerdote que la embarazó de su hija hacía veinte años. Rita fue seducida por el sacerdote Santiago Tamayo, siendo estudiante en un colegio católico, que después se la presentó a otros seis curas que también la forzaron a mantener relaciones sexuales. Tras el parto, en una clínica del hermano de Tamayo en Filipinas, Rita recibió dinero de la Iglesia para mantener a su hija[211]. Otro tanto le sucedió al ex estudiante de Misuri que forzó la dimisión de Anthony J. O'Connell, obispo de Palm Beach, que

211. *Cfr.* Cuna, F. (2002, 8 de mayo). «Deberá decir la verdad sobre los curas acusados de su archidiócesis.» Madrid: *El Mundo*.

cobró de la diócesis 125.000 dólares tras acordar no presentar más denuncias contra O'Connell y contra otros dos sacerdotes que también abusaron de él.

El psicoterapeuta Peter Isely, que con 13 años fue víctima de abusos por parte de un sacerdote en la escuela secundaria del seminario de Wisconsin, aportó un elemento a tener muy en cuenta —cuando nos encontramos ante familias muy humildes y/o muy creyentes—, al explicar que los curas eran vistos como modelos ideales por su madre, una madre sola que debía ocuparse de ocho hijos, la mayoría varones. Otras víctimas, entre las que un número importante de ellas había crecido en el seno de familias monoparentales rotas por el divorcio, la pobreza, el abandono o el maltrato físico, han relatado que sus madres se sentían especialmente encantadas cuando un sacerdote les prestaba atención y, algunas veces, empujaban a sus hijos hacia sus abusadores sin saber qué es lo que estaba pasando[212].

El mundo de los abusos, ya sea entre el clero, dentro de la familia o en cualquier otro ámbito, es muy sórdido y siempre viene amparado y protegido por el silencio, además de espoleado por la fragilidad emocional que pueda presentar un menor, por su escasa edad, y por su relación de dependencia y sumisión respecto al abusador. La familia de cualquier menor es la clave —tal como veremos en el capítulo 10— para prevenir los abusos sexuales contra sus hijos o, en caso de que se lleguen a producir, para acabar con ellos, posibilitar que el menor recupere su equilibro dañado por la agresión, y lograr

212. *Cfr.* Boodman, S. G. (2002, 24 de junio). «For Experts on Abuse, Priests' Orientation Isn't the Issue.» Washington: *The Washington Post*, p. B02.

que el abusador sea juzgado y situado donde no pueda hacer más daño a otros menores.

Las familias deben ser muy conscientes de que, para un sacerdote abusador o pedófilo, el abusar de hijos de familias muy católicas tiene muchas ventajas. Los sacerdotes saben que en sus hogares y colegios no se habla de sexualidad, así es que desconocen mucho de ese ámbito. Las pautas de rigidez, culpabilidad, concepto de pecado, etc., propias de esas familias, fuerzan mucho más el silencio e impiden hablar abiertamente y/o contar los abusos a los padres. La credibilidad del sacerdote siempre prima sobre la de los hijos, que casi nunca son creídos. La relación reverencial de los padres con la Iglesia y su cúpula les impele, en caso de verse afectados, a evitar el «escándalo» ocultando los hechos o, a lo sumo, denunciándolos sólo ante el obispo, que es equivalente a ocultarlos. La vergüenza y sensación de *pecado* y culpa que atenaza a los padres les lleva a no facilitar ayuda terapéutica al menor para no dar a conocer el delito a terceras personas —con lo que se perjudica mucho al menor, pudiendo convertirle en una víctima crónica— o, en el mejor de los casos, ésta es facilitada por el obispo, derivando el caso a *terapeutas* que priorizan el encubrimiento y el olvido del abuso...

Los padres que anteponen los intereses de su Iglesia a la protección y defensa de sus hijos demuestran que algo muy grave sucedió durante su formación como personas y como creyentes. Ni su familia, ni su Iglesia, ni su sociedad son ajenos a tan lamentables conductas.

8

Los casos de abusos que «no existían» comienzan a aflorar por todo el continente americano y europeo

El escándalo de los cientos de sacerdotes pedófilos en Estados Unidos agitó las conciencias en todo el continente americano, muy especialmente en los países latinoamericanos que son tradicionalmente católicos. Sus medios de prensa le dedicaron grandes espacios a esta cuestión y se despertaron los ánimos y el valor para investigar y aflorar casos nuevos o viejos ocurridos en cada país. Pero, sin embargo, eso no ha ocurrido apenas en la vieja, anquilosada e hipócrita Europa —menos todavía en la Europa católica, claro—, donde el tremendo escándalo de la pederastia dentro de la Iglesia se ha vivido con una doble distancia: la de quienes le quitan hierro a la cuestión para no despertar a las muchas víctimas del clero acalladas bajo el dolor y la vergüenza de abusos pasados y *olvidados*, y la de quienes «ya lo sabían», de quienes no ven nada nuevo en una situación terrible que siempre ha sido conocida por todos. ¿Qué noticia hay en decir que un sacerdote abusa de un niño? ¿Cuándo no ha sucedido esto? ¿A qué rasgarse las vestiduras ahora por lo que sucede en Estados Unidos? ¿Qué ex alumno de colegio religioso no conoce historias de abusos? ¿Dónde está la novedad?

Un titular del periódico *El Mundo* —«Un capellán austríaco dimite tras posar en una revista "porno"»— evidencia esta doble distancia vivida desde España. En la noticia que tomamos de referencia[213], se pormenorizaba la renuncia del pastor protestante y capellán castrense, Geza Molner, de Burgenland (Austria), tras haber posado, para la revista pornográfica *Oekm*, desnudo y en posturas harto elocuentes junto a una joven, hecho que provocó el natural enfado en la Iglesia protestante —luteranos y calvinistas—, tercera religión en un país cuya gran mayoría es católica. Acabada la narración de tan chusco asunto, como quien añade un hecho irrelevante, el artículo terminaba con un «por otra parte...» que, nada menos, explicaba cómo James Quinn, obispo católico de Cleveland, había ordenado eliminar todos los documentos que probasen delitos sexuales contra menores del clero de la diócesis (un caso que ya comentamos en el capítulo 4).

Ante el hecho de que en un artículo anecdótico sobre un clérigo pornógrafo —que puede escandalizar, pero que no delinque ni daña a terceros— se le *añada* un asunto realmente importante, pero sin destacarlo ni remarcarlo en absoluto, como es la noticia de un obispo que ordena encubrir a delincuentes sexuales destruyendo pruebas inculpatorias, cabe preguntarse si el hecho de priorizar lo anecdótico en detrimento de lo fundamental fue un acto deliberado de un periodista que prefirió disi-

213. *Cfr.* Fokkelman, M. (2002, 2 de junio). «Un capellán austríaco dimite tras posar en una revista "porno".» Madrid: *El Mundo*.

mular en lo posible al obispo encubridor, tras la anécdota del pastor desvergonzado, o es que pensó que lo habitual, y por ello poco noticiable, era lo que hizo el obispo mientras que lo novedoso, y por tanto noticiable, era la conducta del pastor protestante.

La prensa europea, en general, ha dedicado muchas páginas a reproducir parte de las informaciones de sus colegas norteamericanos —que en el caso de los abusos sexuales del clero han hecho una magnífica y encomiable tarea de investigación, rindiendo un gran servicio social—, pero apenas ha tratado los casos de delitos similares que han ido surgiendo en sus respectivos países. Escándalos verdaderamente trascendentes y aberrantes como los protagonizados por prelados como Gröer, Paetz, Pican, Comiskey, Soler o Carles, apenas motivaron algunas noticias de mero relleno en algunos periódicos; mientras que anécdotas irrelevantes como la magnificada «salida del armario» del cura Mantero fueron noticia principal en todos los diarios, televisiones y radios durante más de una semana.

La razón para tal conducta es sencilla: a la Iglesia católica, con gran poder de control dentro de muchos medios, no le preocupa en absoluto que un cura gay adquiera protagonismo mediático con afirmaciones que, aunque razonables, fueron un puro circo; de hecho, a la Iglesia le sirvió mucho el caso del cura Mantero porque fue una traca con pólvora mojada que aportó el humo suficiente para esconder asuntos mucho más graves de la Iglesia. En cambio, los mismos medios que se ocuparon durante días del show de Mantero ignoraron —o pasaron de puntillas sobre ellos— todos los casos de prelados europeos homosexuales, que no son pocos, así como por los de los dos cardenales europeos que fueron forzados a dimitir por haber violado a decenas de jovencitos. Los *Mantero* no son un riesgo para la imagen de la Iglesia, antes al contrario, pero el hecho de que entre el clero, prelados incluidos, haya el triple de homosexuales que entre la población general sí afecta a la imagen que la Iglesia pretende de sí misma, y por eso la prensa lo oculta. También por esta razón, la prensa europea no se ocupa en investigar, tal como sí han hecho sus colegas norteamericanos, la incidencia de los delitos sexuales del clero contra menores en los países europeos. A pesar de ello, como veremos más adelante, los *muros de contención* están comenzando a resquebrajarse poco a poco, y a pesar de muchos.

La sociedad norteamericana enfrenta un secreto a voces

Un medio católico estadounidense, *Crisis*, en su número de octubre de 2001, situaba en la portada su artículo «The High Price of Priestly Pederasty» («El alto precio de la pederastia de los sacerdotes»), que marcaría la dirección que comenzaría a seguir el resto de la prensa tres meses después, cuando, el 6 de enero de 2002, el periódico *The Boston Globe* inició la publicación de una serie extraordinaria de reportajes que abordaron en profundidad el tema de la pedofilia en el seno de la Iglesia católica norteamericana, dedicando su primera investigación al caso del sacerdote John Geoghan.

El calado social que tenía el problema que estaba aflorando hizo que la prensa más seria obviase su tradicional renuencia a publicar testimonios de víctimas y trató el escándalo como noticia de portada. En *The Wash-*

ington Post, *The New York Times*, *USA Today*, *Time*, *US News & World Report*, *Financial Times*, *Business Week* y en decenas de otros medios más o menos influyentes, la pedofilia del clero pasó a ser un tema cotidiano, inagotable por el flujo de noticias nuevas que generaba a diario.

La serie de informaciones acabó provocando una reacción en cadena y cientos de denuncias sobre sacerdotes pedófilos salieron a la luz pública en Boston, Los Ángeles, San Luis, Filadelfia, Florida, Washington, Massachusetts, Portland, Maine, Bridgeport, New Hampshire, Nueva York... poniendo sobre el tapete la existencia de alrededor de 1.500 sacerdotes ya inculpados de abusos a menores, forzando la suspensión de funciones de 218 sacerdotes en tan sólo la primera mitad del año 2002, aflorando nuevas denuncias a diario, abriendo una crisis que afectó a todas las diócesis en mayor o menor medida.

Aunque el escándalo parecía surgido de la nada, como si un secreto muy bien guardado estallase de repente ante la atónita cara de sus guardianes; en lo fundamental todo era ya viejo, sabido y esperable, sólo que los grandes medios de comunicación —y, con ellos, la «opinión pública»— norteamericanos y del resto del mundo, no se habían querido dar por oficialmente enterados de lo que era una realidad bien conocida y contrastada.

Muchos años atrás, en 1985, el sacerdote dominico Thomas Doyle, que entonces ejercía de abogado canónico en la nunciatura del Vaticano en Washington, redactó un informe en el que advertía seriamente a los prelados norteamericanos del riesgo tremendo que suponía la gran cantidad de clero pedófilo que había en sus diócesis, e instaba a eliminar de raíz el problema con la máxima urgencia posible, ya que, de no hacerlo, el conflicto llegaría a los tribunales y, según calculaba Doyle, la Iglesia debería asumir indemnizaciones por valor de mil millones de dólares en diez años.

«La crisis por abuso sexual es el problema más serio que la Iglesia ha enfrentado en siglos», afirmó Doyle, que no era un profeta, sino un funcionario que tenía acceso a los archivos de la curia estadounidense. Su denuncia fue escuchada por los prelados y obraron tal como es su costumbre... quienes estaban encubriendo a cientos de sacerdotes delincuentes sexuales le marginaron por no acatar sus conductas corruptas, arruinaron su carrera profesional en Estados Unidos y le expulsaron de la nunciatura[214]. Tuvo que refugiarse en uno de los pocos lugares seguros que hay dentro de la Iglesia en estos casos: se alistó en el ejército como capellán castrense; hoy está en una base norteamericana en Alemania.

En 1992, un autor católico, Jason Berry, levantaba ampollas entre el clero norteamericano con su libro titulado *No nos dejes caer en la tentación. Los sacerdotes católicos y el abuso sexual a menores*[215]. Un año más tarde, 1993, otro sacerdote norteamericano, Andrew Greeley, ponía el dedo en la llaga al estimar, en un artículo, que unos 100.000 varones y mujeres habían sufrido abusos sexuales por parte de unos 2.500 sacerdotes, un 6 % del total en Estados Unidos.

La información sobre la magnitud de la delincuencia

214. *Cfr. National Catholic Reporter* (1997, 15 de agosto). «On child sex abuse, when will bishops get it?» Kansas: *National Catholic Reporter*.

215. *Cfr.* Jason Berry, J. (1992). *Lead Us Not Into Temptation: Catholic Priests and the Sexual Abuse of Children*. Illinois: University of Illinois Press.

sexual del clero norteamericano no era, en esos días, ningún secreto para nadie. Cuando publiqué mi libro *La vida sexual del clero*, en 1995, ya explicaba que «a principios de esta década [de los años 1990], la Conferencia Episcopal norteamericana, tras verificar que en cien de sus ciento ochenta diócesis (56%) hubo denuncias por violencia sexual, tuvo que solicitar del Vaticano la posibilidad de reducir al estado laical a los sacerdotes implicados.

»El papa Wojtyla, en una carta pastoral dirigida a la Iglesia norteamericana y fechada el 11 de junio de 1993, tuvo que reconocer la gravedad y dimensión del problema de los abusos sexuales a menores cometidos por sacerdotes católicos. Y no podía ser ya de otra manera, en ese momento se había juzgado y condenado por abuso sexual a menores a unos cuatrocientos curas —por casos aflorados en los nueve años anteriores—, las diócesis norteamericanas habían pagado ya alrededor de cuatrocientos millones de dólares en indemnizaciones por los daños morales causados a las víctimas, y en los procesos judiciales en curso se jugaban otros mil millones de dólares en nuevas indemnizaciones»[216]; y la Iglesia católica de Gran Bretaña había suscrito por esa época una póliza de seguros específica, con la compañía Lloyd's de Londres, a fin de poder hacer frente a las indemnizaciones derivadas de la pedofilia clerical.

En Estados Unidos, sólo medio año después de que la prensa hubiese rasgado el velo de la hipocresía clerical católica, fiscales de diferentes estados ya habían convocado a más de una docena de grandes jurados a fin de investigar

216. *Cfr.* Rodríguez, P. (1995). *La vida sexual del clero*. Barcelona: Ediciones B, pp. 117-118.

el alcance de los delitos cometidos y del posible encubrimiento de los prelados. Mediante los grandes jurados, los fiscales podían luchar contra el secretismo de la Iglesia y su falta de cooperación —interponiendo un ejército de abogados— y obtener acceso a los archivos de personal de las diócesis investigadas y a otros documentos clave, así como obligar a testificar a los prelados y sacerdotes.

Quizá no por casualidad, el número de grandes jurados convocados fue en aumento tras la reunión de obispos celebrada en Dallas, a mediados de junio de 2002, en la que éstos acordaron una política de «tolerancia cero» para con los sacerdotes abusadores, pero no tomaron medida ninguna para castigarse a sí mismos por el encubrimiento y conductas irresponsables que habían permitido que prosiguiese impunemente la actividad de sacerdotes delincuentes sexuales perfectamente identificados.

El alcance y consecuencias de esas investigaciones, y de las que se irán abriendo progresivamente, seguramente aportarán un cuadro ajustado y completo del vergonzoso *modus operandi* de muchos de los funcionarios de lo sacro que conforman la Conferencia Episcopal de Estados Unidos.

En Estados Unidos no hay más casos de abusos, sino una Justicia más eficaz y eficiente

Cuando se analiza el número de casos de abusos sexuales del clero católico sobre menores aflorados públicamente en Estados Unidos, y los que se han conocido en cualquier otro país del mundo, la conclusión parece evidente: en Estados Unidos hay infinitamente más casos de sacerdotes abusadores que en el resto del mundo tomado en su conjunto. Pero tal conclusión, sin duda alguna, es incorrecta y absurda.

No hay ningún criterio de índole psicosocial o eclesial que justifique que los sacerdotes estadounidenses sean más perversos que los del resto del mundo. La diferencia en el número de casos de abusos aflorados en Estados Unidos y en el resto de los países no hay que buscarla en las características del clero —que, en su globalidad estadística, es equivalente en todo el orbe católico—, y tampoco en las características de las víctimas, que también son parecidas en todas partes; por el contrario, debe buscarse desencadenantes o inhibidores de las denuncias contra el clero en dos aspectos estructurales de la sociedad de cada país: el poder e influencia que tenga la Iglesia católica sobre el conjunto de una comunidad, y la eficacia, eficiencia e independencia de los tribunales de justicia de cada comunidad.

Comparando los datos conocidos de muy diferentes países, parece aflorar con claridad una norma constante: en los países donde la Iglesia católica es fuerte pero no mayoritaria, las denuncias judiciales —y los pactos extrajudiciales— en torno a los abusos sexuales del clero son muchísimo más frecuentes que en los países sociológicamente católicos —en los que la Iglesia mantiene una gran influencia sobre el aparato sociopolítico y económico—, donde son más escasas debido a que las víctimas callan por miedo a la Iglesia o sólo denuncian la agresión ante su obispo, que siempre la encubre de oficio, o a que un número significativo de autoridades y tribunales de justicia tiende a proteger a la Iglesia en contra de los intereses de la víctima.

Una muestra de la norma citada la encontramos, por ejemplo, en el hecho de que entre 1995 y 1999 hayan sido condenados veintiún sacerdotes católicos de Inglaterra y Gales por abusos sexuales a niños[217]. Nadie que conozca mínimamente la Iglesia puede creer que haya más abusadores en esa parte del continente que en España, Italia, Francia, Bélgica, Polonia, Austria u otros países de mayoría católica. Lo que sucede es que en Inglaterra y Gales hay menos temor a las represalias de la Iglesia y los tribunales actúan con más independencia y con muchísimo mayor rigor a la hora de fijar indemnizaciones para las víctimas (un asunto clave del que trataremos algo más adelante).

En el continente americano la situación es paralela a la europea. Sólo en un país, Estados Unidos —con una configuración social y legal paralela a la de Gran Bretaña—, el nivel de condenas judiciales a sacerdotes abusadores tiene algo que ver con la auténtica dimensión del problema real encubierto.

En Canadá, aunque se han hecho públicos escándalos sexuales enormes —como los protagonizados en la diócesis de San Juan de Terranova; con un arzobispo, Alphonsus Penney, que fue forzado a dimitir por haber encubierto los delitos sexuales de veinte sacerdotes sobre más de cincuenta escolares menores de edad—, la discreción es la norma dominante en un país en el que la mitad de su población es católica.

En España o Latinoamérica, con poblaciones sociológicamente católicas y con pervivencia de parte del poder medieval que caracterizó a la Iglesia católica, las denuncias contra el clero por abusos son casi insignificantes, una

<hr />

217. *Cfr.* Ferrer, I. (2001, 18 de abril). «Un informe sobre pederastas en la Iglesia católica británica aconseja que la policía investigue a los curas.» Madrid: *El País.*

escasez que entra en absoluta contradicción con la casuística que está en boca de la gente de la calle y con los datos que manejamos quienes estudiamos con rigor la conducta sexual del clero.

Mientras el poder, prestigio e influencia de la Iglesia en una sociedad juega a su favor y amedrenta y coarta a las víctimas de los sacerdotes abusadores, la posibilidad de acceder a un sistema judicial aparentemente independiente y que tienda a conceder indemnizaciones importantes puede actuar justo en el sentido contrario.

El primer límite fundamental y básico que presenta una víctima de abusos sexuales anida en sí misma, en el daño psicológico producido por el abusador, que le encierra en un mundo de silencio, vergüenza y culpabilidad perpetuos. Casi siempre cuesta muchos años superar ese trauma y estar en disposición de hablarlo con terceros y/o de presentar una acción judicial por los daños sufridos, y cuando se está en disposición, la naturaleza misma del delito hace que haya prescrito su posibilidad de persecución —en muchos ordenamientos jurídicos, aunque no en todos; así, el sistema judicial estadounidense o británico protege mucho mejor a las víctimas que los sistemas europeos o latinoamericanos—, pero en caso contrario, suponen un freno a la acción judicial elementos tan decisivos como son la lentitud de los procesos judiciales, su tremendo coste —aunque la Justicia es gratuita, sólo se obtiene si se contrata a buenos abogados—, y el dolor psicológico que le supondrá a la víctima rememorar un pasado que le causó traumas importantes y, además, hacerlo en público, ante un tribunal, ante la prensa, relatando sucesos íntimos que pueden afectar a su imagen actual como persona adulta.

Ante esta serie de barreras, para que una víctima se

decida a emprender una carrera de obstáculos que, de entrada, se corre en una pista que sólo favorece al agresor, se necesita tener algún aliciente poderoso. A menudo este aliciente es la pura y legítima demanda de justicia, basta con que el sacerdote sea juzgado y castigado públicamente, pero eso siempre cuesta mucho dinero y esfuerzo privado, de la víctima, así es que la posibilidad de obtener una justicia reparadora, en forma de indemnización por daños morales u otros, será clave para decidir o no dar un paso tan duro y problemático como es el de acudir ante un tribunal civil para pleitear contra un sacerdote abusador, acto que siempre supone enfrentarse contra la Iglesia local, ya que ésta, entre otras ayudas, le paga al sacerdote abusador sus abogados y demás medios de defensa.

Si analizamos la cuestión del diferente número de denuncias en unos países y otros a la luz de la posibilidad indemnizatoria, encontraremos sobradas respuestas a muchos interrogantes. Bastará con comparar qué han dictaminado tribunales de Justicia de España y Estados Unidos frente a hechos idénticos.

En España, el sacerdote jesuita Luis Tó González, por abusar sexualmente, tocándole sus genitales, de la niña Sandra M. M., de 8 años, fue condenado a dos penas de un año de prisión menor, que no cumplió, y seis años de inhabilitación para tareas educadoras, que pasó protegido y feliz en diferentes centros jesuitas de Latinoamérica; el tribunal, además, concedió a la menor una indemnización de 3.005 euros (que supone una cifra muy similar en dólares). En Estados Unidos, el sacerdote John Geoghan, por tocarle los genitales a un niño de 10 años, fue condenado a diez años de prisión, que cumple sin paliativos, fue expulsado del sacerdocio, y la

Iglesia debió pagar una indemnización en torno a los 500.000 dólares; una cantidad parecida a la que acordó pagarle a Patrick M. S., a quien el mismo sacerdote abusó de la misma forma..., y exactamente lo mismo para ochenta y seis víctimas más que presentaron demanda contra el cura pedófilo.

En España, Asunción P. fue forzada sexualmente en diversas ocasiones por el diácono —hoy sacerdote— Albert Salvans y no sólo no fue indemnizada, sino que ni siquiera pudo llevar a su agresor ante un juez ya que se lo impidió Carles Soler Perdigó, su párroco —hoy obispo—, y Narcís Jubany, el cardenal de su diócesis. María A., en su adolescencia, fue *seducida* y embarazada por el sacerdote Moisés Val Cacho, que le pagó el aborto y la abandonó, pero de la Justicia no logró más que ser condenada, junto al sacerdote, por haber abortado. En Estados Unidos, en cambio, Lori C. H. pasó por un calvario similar al de Asunción y María, tras haber sido violada por el sacerdote John Lenihan cuando ella tenía 14 años y quedar embarazada, con 16 años, y tener que abortar en una intervención costeada por Lenihan. Pero, lejos de la indefensión que padecieron sus colegas españolas, Lori, tras la oportuna sentencia judicial, fue indemnizada por dos diócesis californianas con un total de 1,2 millones de dólares.

En España, Pío B. sufrió agresiones sexuales y penetración anal, en más de diez ocasiones, por parte de su párroco, Jordi Ignasi Senabre Bernedo, cuando, con 13 años, fue su monaguillo. Pío denunció al sacerdote en 1988, pero hasta la fecha no ha logrado sentarle ante el juez y no ha logrado otra cosa que gastar dinero familiar para mantener abierto un proceso judicial que no parece tener futuro. En Estados Unidos, Ryan D. M. acusó al sacerdote Harris de haber abusado sexualmente de él en dos ocasiones, en 1991, cuando tenía 17 años, y la indemnización que obtuvo de la Iglesia católica estadounidense fue de 5,2 millones de dólares.

En España, el sacerdote José Luis Beltrán, condenado, en noviembre de 2001, a ocho años de prisión por un delito continuado de abuso sexual contra un niño de 11 años que ejercía de monaguillo en su parroquia de Alcalá la Real (Jaén), debía indemnizar con 12.020 euros a su víctima por los «enormes daños» que, según los informes psicológicos, se derivaron de los abusos. En Estados Unidos, por un calvario similar al que pasó ese menor, un jurado de Dallas otorgó 118 millones de dólares a las once víctimas del sacerdote Rudolph Kos —y encontró a la diócesis de Dallas culpable de negligencia grave, con un descuido temerario que perjudicó a terceros—, ofreciendo un promedio de indemnización por demandante de 10,8 millones de dólares[218], o lo que es lo mismo, se multiplicó por 900 veces la cantidad asignada como compensación al menor de Jaén.

La misma tónica se mantiene en cualquiera de los casos, de España y Latinoamérica, que quiera compararse con sus equivalentes de Estados Unidos; o si comparamos los casos sucedidos en los países de la Unión Europea con las indemnizaciones infinitamente más elevadas que se obtienen en Gran Bretaña. Parece claro que uno de los argumentos básicos para comprender por qué hay muchísimas más denuncias contra sacerdotes agresores sexuales en Estados Unidos y Gran Bretaña es económico: el monto de la indemnización esperable.

218. *Cfr.* Shaeffer, P. (1997, 1 de agosto). «Sex victims win big against Dallas, priest.» Kansas: *National Catholic Reporter*.

La Iglesia, en particular la norteamericana, se queja de que algunos de los denunciantes que están apareciendo sean oportunistas que sólo buscan obtener dinero y, para ello, exageran los daños psicológicos causados por los antiguos abusos. Y no le falta razón a la Iglesia, pero para que la justicia social pueda llegar a un punto de equilibrio, capaz de evitar los abusos en ambos lados del conflicto, la Iglesia deberá pagar su tremenda culpa mediante muchos millones de dólares —y muchos de sus hombres, prelados incluidos, pagar con años de cárcel—, para redimir un encubrimiento que los prelados también hicieron por afán de lucro. La prueba, y es otra de las quejas de la Iglesia norteamericana, es que cuando afloró el escándalo, que es lo que siempre intentaron evitar, dejaron de percibir muchos millones de dólares en donativos.

El hecho de que en Estados Unidos haya una estructura judicial que, con sus muchísimos aspectos criticables, sea más eficaz y eficiente que la del resto de los países del mundo, ha sido la única oportunidad que, hasta la fecha, han tenido las víctimas de delitos sexuales del clero, perpetrados contra menores, de poder aflorar hasta la luz pública la tremenda dimensión y dureza de un problema que permanece enquistado y encubierto en el resto de los países, tanto por acción directa de los prelados, como por omisión culposa de instancias políticas y otras que, conociendo la existencia de ese tipo de abusos, no hacen nada para evitarlos y perseguirlos.

Un ligero repaso a la situación de los abusos sexuales del clero en Latinoamérica y Europa

México, país eminentemente católico, fue sacudido por el terremoto del escándalo sin precedentes de su vecino norteamericano y, al igual que el resto de los países latinoamericanos, vio surgir —¿quizá momentáneamente?— una conciencia crítica que, tras observarse con cierta distancia, se extrañó de descubrirse tan cerca del primo gringo. La prensa más independiente e influyente afloró rápidamente una docena de casos de abusos sexuales del clero local y, no sin riesgo, reclamó de nuevo que se investigue, de una vez por todas, las rotundas y documentadas acusaciones de abusos sexuales contra menores que un nutrido grupo de ex Legionarios de Cristo llevan tiempo dirigiendo contra su fundador, Marcial Maciel, y que el propio Vaticano encubre.

La percepción de muchos observadores —bien es cierto que suelen ser expertos que no siguen la senda gloriosa del indiecito Juan Diego— es que en México la situación de los abusos sexuales a menores y su encubrimiento no es diferente a la de Estados Unidos, ni a la de otros países católicos en los que, como en España, sólo el gran encubrimiento que fuerza el poder social y económico de la Iglesia mantiene quietas las olas sobre un océano negro como el carbón.

De todos modos, personajes importantes de la Iglesia católica mexicana, como el sacerdote, filósofo y teólogo, Alberto Athié, asesor del Consejo Episcopal Latinoamericano, no han dudado en asumir la dimensión real del problema con sinceridad y rigor, al afirmar que «aquí [en México] también hay casos de curas violadores de menores que han sido reubicados por sus superiores a otras parroquias para evitar el escándalo (...) La Iglesia de Estados Unidos no es la más nefasta —afirmó Athié—. Es la primera en afrontar el problema. Si este asunto se llega a ampliar vamos a entrar en una fase muy complicada como comunidad, pero necesaria para purificarnos. Y va a tocar a México, como va a tocar a todas las Iglesias en donde existan estos problemas. Creo que esta realidad se va a presentar en México, tarde o temprano»[219].

México, como cualquier otro país, no era virgen en materia de historias de abusos, aunque sí en que éstos tomasen protagonismo en la prensa. Hacía años que historias de abusos sexuales del clero, cometidos en seminarios como los de Guadalajara o Michoacán, o en colegios maristas o de los Legionarios, como el colegio Cumbres, circulaban por las calles, pero las víctimas callaban y los periodistas preferían temas menos espinosos.

Además, la curia mexicana sabe mucho de curas pedófilos porque cuenta con tres «centros de rehabilitación» para sacerdotes abusadores sexuales, adictos a consumos y conductas, o que presenten «conductas inapropiadas», que son enviados desde todo el continente.

Compitiendo en las páginas de los periódicos con el clero delincuente norteamericano, los casos de sacerdotes mexicanos acusados de abusos sexuales comenzaron a desfilar con fuerza[220]. Nicolás Aguilar, sacerdote de Tehuacán (Puebla), que abusó de decenas de menores. Juan Carlos Moreno Loza, párroco de Marín (Nuevo

219. *Cfr.* Turati, M. (2002, 8 de abril). «Reconocen pedofilia en Iglesia mexicana.» México: *Reforma*, p. 17A.
220. *Cfr.* Medina, M. E., Xanic, A., Ávila, A., Aponte, D., Becerril, A., Gutiérrez, H., Martínez, J. A. y Pérez, N. (2002, 21 de abril). «Abusos inconfesables.» Bogotá: *Cambio* (45), pp. 8-20.

León), que embarazó a una menor y huyó a otras parroquias bajo protección de su obispo. Heladio Ávila Avelar, en Tlaquepaque (Jalisco), acabado de incorporar a una nueva parroquia tras una condena de tres años de cárcel por abusar de tres menores. Vicente Serrano Aparici, sacerdote español, párroco de Bahía Asunción (Baja California Sur), presunto responsable de haber abusado sexualmente de unos niños. Marvin Archuleta, destinado a México D. F. por haber abusado de un menor en Estados Unidos treinta años atrás.

El sacerdote Eduardo Lucatero Álvarez, director del Instituto Cumbres y secretario de la Universidad Anáhuac, que fue condenado por encubrir a un subordinado que violó a unos treinta alumnos, pero que no ingresó en la cárcel —el juez sustituyó su condena por una multa de 8.000 pesos que, por «insolvencia económica», se quedó en cuatro jornadas de trabajo en favor de la comunidad— y hoy es párroco de Nuestra Señora de la Misericordia, en Río de Janeiro (Brasil). Juan Manzo Cárdenas, sacerdote salesiano que hacía correrías nocturnas por el dormitorio comunal del internado Ciudad del Niño Don Bosco, en León (Guanajuato), buscando emociones fuertes bajo los calzoncillos de algunos alumnos. Rubén Mendoza Bertín, párroco de San Juan de los Lagos (Baja California Sur), presunto abusador de dos menores. Ángel Torres Estrada, párroco de Nuestra Señora de la Luz (México D. F.), que solicitó a su joven ayudante un masaje para calmar un supuesto dolor de espalda y, jugadas del destino, acabó con su pene erecto buscando las nalgas de un *masajista* que huyó despavorido... Casos como los de siempre, como los de otros países, pero con nombres y caras diferentes.

La cúpula de la Iglesia mexicana, acosada a preguntas,

tuvo que entrar al trapo y opinar sobre el clero pederasta. «Cuando sucedan estos abusos criminales, dentro o fuera de la Iglesia, deben por supuesto ser denunciados a las autoridades y se debe hacer justicia», dijo el cardenal Norberto Rivera Carrera, arzobispo de la ciudad de México y el mismo que ataca con furia a cualquiera que pretenda que se investigue a su querido amigo Marcial Maciel. Para el cardenal, no todos los presuntos criminales merecen el mismo trato, pero eso no lo dijo a los periodistas. Abelardo Alvarado, secretario general de la Conferencia Episcopal de México, afirmó que «si los obispos tenemos noticia de una acusación en contra de un sacerdote, y resulta fundada y cierta, tenemos el deber no sólo de aplicarle las penas canónicas sino, incluso, colaborar con las autoridades para que sea juzgado en los tribunales civiles», añadiendo que publicitar las denuncias contra curas abusadores era «muy positivo porque a la Iglesia le servirá para hacer una purificación interna» y le permitirá prevenir mejor este tipo de delitos. Otro prelado, José Guadalupe Martín Rábago, vicepresidente de la Conferencia Episcopal, admitió que en la Iglesia mexicana existen casos de abuso sexual, aunque en menor medida que en otros países, aunque no pudo precisar el número de sacerdotes implicados.

A la postura de Martín Rábago, objetó, en un artículo de opinión, Carlos Martínez García afirmado que «una vez que fracasó su intento de negar que en México hubiera casos de abuso sexual cometidos por sacerdotes católicos, las cúpulas clericales y círculos de opinión cercanos a ellas se dieron a la tarea de ningunear el asunto (...) Ahora todo lo quieren reducir a unos cuantos casos aislados. Incluso los que antes dijeron que no había cifras respecto de curas pederastas en nuestro país salen con que los números son pequeños y aun muy inferiores a los de otros sectores donde se perpetran ataques sexuales contra menores. ¿Cuántos casos de pederastia, abuso y violación de mujeres son necesarios para que los burócratas clericales consideren que ya se acumuló un buen número y que el asunto merece su atención? (...) A diferencia de lo que estiman los jerarcas clericales en nuestro país, "unos cuantos casos de abuso" sí son muy importantes y revelan que la organización interna de la Iglesia católica es en buena medida incompatible con la democratización cultural que avanza en México»[221].

Estudiosos del problema de los abusos del clero en México, como el Departamento de Investigaciones sobre Abusos Religiosos (DIAR) y el Centro de Investigaciones del Instituto Cristiano de México (ICM), coinciden en señalar que casi un 30% de los 14.000 sacerdotes católicos que existen en México comete algún tipo de abuso sexual con su feligresía[222]. Raymundo Meza Aceves, abogado del DIAR, afirmó que desde 1993 han atendido 220 casos en todo el país, pero que sólo han logrado que se arreste a seis clérigos. «Solamente a seis. Y le confieso que ninguno de ellos ha sido un sacerdote católico.

221. *Cfr.* Martínez García, C. (2002, 2 de mayo). «¿Qué tanto es tantito?» México: *La Jornada*, p. 19.
222. Para este autor, la estimación del 30 % de abusadores sólo podría tener sentido si se aplica tal porcentaje sobre el total de sacerdotes con actividad sexual, no sobre el total global. Ambos estudiosos mexicanos dicen asimilar sus conclusiones a las obtenidas en mi estudio sobre el clero español, que afloraba que un 26 % del clero con actividad sexual la manifestaba sobre menores, pero ese porcentaje, al llevarlo sobre el total del clero, se quedaba en una cifra de entre el 15 % al 19% de abusadores entre el total del clero —como ya señalamos en el capítulo 2—, que sigue siendo altísima y terrible.

¡Nada! ¡Ningún católico! Muchas veces hasta los mismos agentes del Ministerio Público los protegen. Dicen: "Pobrecito, es un sacerdote, no lo podemos arrestar." Otras veces interviene el obispo y las cosas llegan hasta ahí.»[223]

«Nosotros aquí llevamos el caso del apóstol Samuel Joaquín, dirigente mundial de la Iglesia Luz del Mundo, de Guadalajara —explicó el letrado Raymundo Meza—. Él abusó sexualmente de cinco muchachas menores de edad. Pero tampoco pudimos hacer nada. Lo protegió la Procuraduría de Justicia de Jalisco y, a nivel nacional, la Subsecretaría de Asuntos Religiosos, de la Secretaría de Gobernación. Mire, a esa Subsecretaría llegan muchos casos sobre abusos sexuales cometidos por sacerdotes. Sin embargo, jamás los canaliza a las instancias judiciales. No hace absolutamente nada ante el problema. Incluso los archiva catalogándolos como "casos de intolerancia religiosa", que es un término erróneo.»[224]

«Parte de la responsabilidad —coincide en denunciar Jorge Erdely, director académico del Centro de Investigaciones del Instituto Cristiano de México— la tienen también las autoridades gubernamentales, sobre todo la Subsecretaría de Asuntos Religiosos, ya que en lugar de transparentar la información para evitar más delitos, la está escondiendo para utilizarla en la negociación y en el chantaje político con la jerarquía.»[225]

Relacionado con el fondo de la cuestión, dos opiniones mexicanas bien cualificadas han echado más leña en

223. *Cfr.* Vera, R. (2002, 21 de abril). «El manto sagrado cobija a los abusadores.» México: *Proceso* (1329), pp. 18-22.

224. *Ibíd.*

225. *Ibíd.*

la hoguera de la hipocresía de los obispos y del incumplimiento del celibato. Antonio Roqueñí, sacerdote y ex juez del Tribunal Eclesiástico de la archidiócesis de México, que fue *depurado* por dar trámite a la denuncia contra el fundador de los Legionarios de Cristo (ver Caso 7), señaló que el porcentaje de sacerdotes concubinarios, entre «consuetudinarios» y «ocasionales», es de entre un 20 % a un 35 % del total, y que los obispos conocen muy bien la situación pero les resulta más fácil ignorarla. Por su parte, el antecesor del actual arzobispo de Oaxaca, Bartolomé Carrasco Briseño, ya fallecido, tuvo menos reparos en subir la cifra de los sacerdotes con actividad sexual con alguna pareja hasta el 76 % del total[226].

En la región centroamericana, el terremoto que estaba asolando al clero de Estados Unidos también comenzó a hacer notar sus efectos con un progresivo incremento de denuncias que, en no pocas ocasiones, procedían de antiguas víctimas. Eso fue lo que ocurrió, por ejemplo, en Managua, Nicaragua, en mayo de 2002, cuando un joven denunció al sacerdote que le abusó de niño tras verle circular con varios niños dentro de su automóvil; el sacerdote, de origen alemán, conocido como padre Federico, llevaba años siendo desplazado por diferentes parroquias del país.

En Costa Rica, la Iglesia católica tampoco pudo eludir la oleada de denuncias contra sacerdotes, por abuso

226. *Cfr.* Román, J. A. (2002, 21 de mayo). «Violan el celibato hasta 35% de curas, estima el presbítero Antonio Roqueñí.» México: *La Jornada.*

sexual de menores, que estaba sacudiendo el continente. Algunos periódicos comenzaron a indagar sobre la cuestión, aflorando media docena de casos de sacerdotes que en la última década habían sido encarcelados por delitos sexuales contra menores, pero «la investigación —se lamentaba el periódico *La República*— enfrentó la barrera del hermetismo de las autoridades eclesiásticas, principalmente de algunos de los obispos que negaron la existencia de este tipo de casos en sus diócesis, aun cuando algunos fiscales del Ministerio Público confirmaron que sí han ocurrido. Otros, por el contrario, como don Ángel San Casimiro, obispo de la Diócesis de San Carlos, y don José Francisco Ulloa, de Limón, expresaron su anuencia a ventilar y denunciar este tipo de casos»[227].

Tratar abiertamente este aspecto oculto del clero disparó sucesivas denuncias. El caso de un sacerdote que había abusado de un monaguillo en Ciudad Quesada pasó de la mesa del obispo a la del juez por consejo del prelado. Otro cura de Golfito acababa de ser denunciado por otro sacerdote por haber abusado de un menor de la parroquia y la diócesis lo estaba investigando (aunque en un caso anterior y similar fue la propia jerarquía de la diócesis la que medió para liberar de la cárcel a otro abusador condenado). Otros dos casos, informados por la Fiscalía de Delitos Sexuales de San José, implicaban a un sacerdote de la curia metropolitana y a otro sacerdote del colegio privado Seminario Don Bosco, que huyó de la Justicia yéndose a México, donde había muerto recientemente... Y también afloraron las historias de sacerdotes condenados, como el de la parroquia de Betania de Mon-

---

227. *Cfr.* Martínez, R. (2002, 14 de abril). «Abuso infantil toca a Iglesia tica.» San José de Costa Rica: *La República*.

tes de Oca, que al quedar en libertad habían sido trasladados a otras parroquias ocultando su pasado.

«La situación del abuso sexual de menores por parte de sacerdotes en Costa Rica, junto con los casos de sacerdotes casados y con hijos, así como los de homosexualismo en los seminarios de formación sacerdotal, han sido notificados al Vaticano por curas que se han retirado de la Iglesia —afirmó Reynaldo Martínez en un trabajo periodístico— (...) las fuentes eclesiásticas entrevistadas coincidieron en que el argumento utilizado por la Iglesia costarricense con este tipo de casos es que prefiere mantenerlos en el silencio para evitar escándalos que podrían implicar pérdida de credibilidad entre los fieles (...) Varios de los entrevistados coincidieron en que en muchos casos los obispos han optado por trasladar a los sacerdotes a otra parroquia o sacarlos del país antes de que las autoridades dictaran algún impedimento de salida.»[228]

El ambiente se había caldeado lo suficiente como para que el Patronato Nacional de la Infancia (PANI), el 22 de mayo de 2002, lanzase una alerta sobre los abusos a menores cometidos por religiosos, instando a la población a presentar las denuncias correspondientes. La presidenta de la institución, Rosalía Gil, tras apuntar que el PANI controlaría la situación de los sacerdotes abusadores que fueron cambiados de parroquia, hizo públicas seis denuncias contra religiosos recibidas en los dos últimos años, y declaró que a partir de la aplicación de la Ley de paternidad responsable se habían conocido diversos casos de sacerdotes doblemente padres. «Éstos son los casos que tenemos documentados —afirmó Gil—,

228. *Ibíd.*

pero se sabe que en el país hay muchos más de este tipo. Si alzamos una voz de alerta, va a haber más familiares denunciando estas cosas. Nuestro deber es alzar la voz de alerta (...) esto es un crimen.»[229]

La *intrusión* del Patronato Nacional de la Infancia en el ámbito del secretismo eclesial no gustó nada a algunos prelados que tenían casos de abusos en sus diócesis. Así, Ignacio Trejos, obispo de San Isidro de El General, acusó que el PANI «está haciendo de esto un embarrijo» y, claro, exigió que el PANI limitase su campo de acción, «que señalen los casos y cada obispo deberá cumplir con su deber», afirmó, queriendo dejar la puerta abierta a la sacrosanta costumbre eclesial de encubrir al trasgresor. Román Arrieta Villalobos, arzobispo de San José, agradeció el ofrecimiento de control por parte del PANI, pero fue tajante al afirmar que «se seguirán presentando [casos de abusos del clero], pero no veo la necesidad de decir cuántos (...) No voy a regir mi diócesis por lo que diga la prensa, sino por lo que diga Cristo y Cristo llama a la conversión. Si la persona no acoge ese llamado, entonces sí hay que aplicar la sanción (...) Estamos vigilantes de cualquier indicio y niego alcahuetería en ese sentido (...) Nosotros no podemos ser ángeles de la guarda ni policías (...) Considero que la legislación civil en general, no sólo en el ámbito católico, es una alcahuetería»[230]. Un obispo, siempre se comporta como un obispo, parece

229. *Cfr.* Solano C., M. y Murillo M., A. (2002, 23 de mayo). «PANI observará más a la Iglesia.» San José de Costa Rica: *La Nación.*

230. *Cfr.* Mora, E. y Golcher, R. (2002, 11 de mayo). «Monseñor Román Arrieta: Aunque se le venga el mundo encima, la Iglesia debe buscar la conversión del pecador.» San José de Costa Rica: *La Nación.*

como si el cargo distorsionase el sentido de la realidad... o que solamente quienes lo tienen ya distorsionado acceden finalmente a la responsabilidad de prelados.

Sólo un día después de que el PANI llamase a las víctimas del clero a denunciar los abusos, esa institución hacía público que había recibido tres denuncias más contra otros tantos curas católicos. Poco después, a mediados de junio, dos nuevas denuncias afectaban a la diócesis de Ciudad Quesada... Cuando la población adquiere algo de confianza en sus autoridades, queda claro que abusos como los del clero son denunciados con mucha más frecuencia. El número de denuncias afloradas ante los tribunales no está en relación con los casos de abusos existentes, sino con la confianza de las víctimas en que se les hará justicia.

En Puerto Rico, el arzobispo de San Juan, Roberto González Nieves, no se quedó al margen del problema de los delitos sexuales del clero, aunque su postura pareció más clara, honesta y firme que la de la mayoría de sus colegas. Partidario de la «tolerancia cero», el prelado González afirmó que «lo mejor es que las denuncias se presenten directamente ante las autoridades civiles, ya que así se logra una impresión de imparcialidad en la Iglesia»[231]. Su política es la de denunciar ante las autoridades civiles todos los casos de mala conducta sexual que ocurran en su ámbito... aunque después de que la Iglesia haya comprobado su veracidad. Esa apostilla, sospecho-

---

231. *Cfr.* Nesmith, C. (2002, 24 de abril). «El Arzobispo insiste en que todas las denuncias contra el clero deben presentarse ante la policía.» San Juan de Puerto Rico: *Puerto Rico Herald*.

sa en otros prelados, no lo parece en González Nieves, que se declaró partidario de establecer una nueva política en la Iglesia que limite el plazo para realizar la investigación por conducta inapropiada a 72 horas, vencido el cual, el caso pasaría directamente a las autoridades civiles si la Iglesia concluye que existió el hecho imputado.

En abril de 2002 se conocían siete casos de denuncias por abuso sexual contra sacerdotes de tres diócesis de Puerto Rico —Caguas, Arecibo y la propia del arzobispo, San Juan—, y tres sacerdotes habían sido transferidos de parroquia, pero sin conocerse detalles al respecto.

Durante el mismo mes de abril de 2002, la Iglesia de Panamá asumía un caso bien sonado, el del abuso sexual del sacerdote Hermógenes Ovalle, que embarazó a una campesina menor de edad. El obispo Uriah Ashley pidió perdón a los fieles de la provincia de Coclé, cesó en sus funciones a Ovalle y lo recluyó en un seminario mientras esperaba el proceso judicial.

En Colombia los casos de abusos sexuales del clero no son ninguna novedad, siempre los hubo, aunque solían esconderse o se archivaba la denuncia policial o judicial bajo presiones o mediante pacto. En ocasiones, tal como relató un juez de Pereira a un colaborador de este autor, las situaciones han llegado a ser tragicómicas, como un caso sucedido en Belén de Umbria (Risaralda), en el que un monaguillo denunció al sacerdote por no pagarle las prestaciones sociales a que tenía derecho, pero, al reunirse ante el juez para el acto de conciliación, el monaguillo reconoció haber cobrado ya todo excepto los «otros servicios» que, a pregunta del juez, aclaró que eran «los servicios sexuales».

Aunque los casos que afectan a monjas son más escasos y se denuncian mucho menos, a principios de 1998 la religiosa Luz Dary Calderón fue procesada, por el juzgado noveno penal del circuito de Medellín, por acariciar las partes íntimas de las niñas que cuidaba en un jardín de infancia, llegando a producirles lesiones. Aunque la monja intentó negociar un acuerdo, las dos familias denunciantes siguieron el pleito hasta verla condenada a tres años de prisión más la obligación de resarcir los daños materiales y morales de las menores pagando a cada una de ellas una suma algo superior al equivalente a setenta gramos de oro.

El sacerdote Isaac Ramírez, de la parroquia San Ezequiel Moreno de La Estancia, en Ciudad Bolívar, uno de los llamados «cinturones de miseria», se vio en apuros cuando, a principios de 2001, varios menores de 12 años se quejaron a sus padres por los abusos que sufrían en el sótano de la parroquia cuando ensayaban en el coro infantil. Una madre se atrevió a denunciarle ante la Personería de Ciudad Bolívar, debido a los traumas y lesiones que presentaba el menor. Los funcionarios pronto encontraron en el barrio otros dos niños del coro abusados. Pero la presión de una masa de creyentes, que en los barrios muy deprimidos suelen ver al sacerdote como un dios intocable, forzaron a las familias afectadas a retirar sus denuncias... aunque no sin antes haber pactado privadamente un acuerdo. Hoy, el sacerdote sigue en activo[232]. Algo parecido ya había sucedido en la misma zona, cinco años antes, con las denuncias de abusos sexuales que varios menores presentaron contra otros dos sacer-

232. *Cfr.* González, J. (2002, 29 de abril). «Sotanas en pecado.» Bogotá: *Cambio*.

dotes, pero que también se archivaron tras llegarse a un acuerdo secreto entre las partes.

José Otoniel Giraldo, sacerdote claretiano, párroco de la iglesia de Nuestra Señora del Carmen de Majagual, en Sincelejo (Sucre), una de las zonas más humildes de la ciudad, se acercó a un niño de 11 años con intenciones más bien aviesas y, en noviembre de 2001, fue denunciado y, acto seguido, grabado en vídeo, en pleno intento de agresión sexual, por una cámara oculta instalada por la Policía Judicial en la casa del menor[233].

Nel Beltrán, obispo de Sincelejo, tras la captura, pidió perdón mediante un comunicado al niño, a su familia y a los feligreses, clamando, en nombre de la Iglesia, «tener misericordia en su juicio y perdonarnos como nos perdona el Padre»; aunque, de paso, también protestó por no haber sido informado de la conducta del sacerdote antes de acudir a una grabación para inculparlo. «Lamentamos el procedimiento utilizado de poner trampas incitadoras al mal para corregir comportamientos cierta-

233. Según la familia del menor, el trabajo de la Sijín —Policía Judicial— fue excelente. Colocaron cámaras ocultas en el interior y rodearon la vivienda, escondiendo a dos agentes dentro de la casa. El miércoles el menor llamó al sacerdote, tal como éste le había pedido, y le informó que estaría solo a la 1 del mediodía. «Él llegó el miércoles a la 1:30, después de la lluvia. Toda la casa estaba rodeada de agentes de la Sijín. Él entró, el niño le dio un refresco, el sacerdote lo llevó hasta la habitación y cuando estaba desnudo el menor gritó para que los agentes lo capturaran cuando intentaba abusar sexualmente de él», contó una familiar, que añadió tener «conocimiento de que éste no es el único caso» y mostró su asombro porque «el sacerdote ni siquiera fue detenido ya que un alto prelado intervino y lo sacó de la Sijín» [Cfr. Cardona Muñoz, L. (2001, 23 de noviembre). «Denuncian sacerdote en caso de abuso.» Bogotá: El Tiempo, p. 2-7].

mente inaceptables... ese procedimiento socava la credibilidad en el estado de Derecho y es violatorio de toda ética. Un error no se enmienda con otro error.»[234] Pero lo que sí hubiese sido un error imperdonable sería haber avisado al prelado de esa denuncia antes de acabar la fase de investigación. Los procedimientos policiales lícitos para detener a un delincuente no incumben a los obispos, ¿o es que ha cambiado la legislación?

En diciembre de 2001, Giraldo fue condenado a treinta y dos meses de prisión y a pagar el equivalente a cien gramos de oro como indemnización a la familia del menor, además de tener que depositar una fianza de algo más de 1.200.000 pesos. Esa sentencia se emitió con tanto sigilo que la familia del menor, pese a tener derecho a indemnización, no se enteró de la decisión judicial hasta que, medio año después, la hizo pública el diario *El Tiempo*[235]. En el momento de terminar este libro, el sacerdote José Otoniel Giraldo, de 53 años, se encontraba en la parroquia Jesús Nazareno, en Medellín, excluido de las labores sacerdotales y esperando el resultado de un proceso canónico que decidirá su destino definitivo.

La apertura hacia la posibilidad de denunciar los abusos del clero, que ya se había asentado en la prensa colombiana, tras el escándalo norteamericano, no permitió el encubrimiento total de casos como los anteriores, ni tampoco el de John Jairo Mesa, un seminarista demasiado amoroso con los menores, que fue detenido, el 8 de diciembre de 2001, antes de su inminente ordenación sacerdotal, por orden de la Fiscalía VII de Bello (Antioquia);

234. *Cfr.* Cardona Muñoz, L. (2002, 11 de junio). «¿Se debe ir el padre Otto?» Bogotá: *El Tiempo*.
235. *Ibíd.*

así como tampoco el del sacerdote Belarmino Zuluaga, un clásico de sotana y bonete, que debe presentarse regularmente ante un juzgado porque diecisiete menores que lo acusan de abusos sexuales «no entendieron sus expresiones de cariño paternal durante paseos y retiros espirituales».

El 22 de enero de 2002, el sacerdote colombiano Enrique Díaz Jiménez, era condenado en Bogotá a una leve sentencia de cincuenta y tres meses y diez días de arresto domiciliario por haber abusado sexualmente de un menor... aunque en su currículo tenía una amplia colección de abusos sexuales cometidos contra más de ochenta menores en el transcurso de su ejercicio pastoral en Venezuela, Estados Unidos y Colombia.

Díaz pasará a la pequeña historia del clero abusador sexual colombiano por tres *méritos* propios: tener el mayor historial de abusos conocidos entre el clero colombiano; haberse hecho pasar por muerto, simulando un estado de coma profundo —mediante relajación yóguica— para evitar que la Fiscalía le presentase ante la prensa tras detenerle[236]; y ser el primer sacerdote condenado en Colombia por el delito de acceso carnal abusivo con un menor de 14 años.

Para Luis Augusto Castro, arzobispo de Tunja, «Cada caso plantea una situación distinta. No podemos ignorar que estamos tratando con seres humanos y desde esa perspectiva nuestra obligación es ayudarlos, tratar de rescatarlos. Pero, en todo caso, es necesario impedir que ejerzan el sacerdocio. Sacerdotes así no pueden oficiar (...) El fuero no ampara la impunidad. Cualquier persona

236. *Cfr.* González, J. (2002, 29 de abril). «Sotanas en pecado.» Bogotá: *Cambio*.

que incurra en hechos delictivos debe responder ante la Ley. En estos casos no hay, no puede haber, consideraciones especiales. La ayuda que se les ofrece no debe interferir la acción de la Justicia.»[237]

La posición aparentemente razonable, en este aspecto, del prelado Castro, contrasta con la escandalosa y vergonzosa diatriba publicada por el más mediático de los sacerdotes colombianos, el jesuita Alfonso Llano Escobar, que, en uno de sus habituales artículos injuriantes, esta vez dedicado a *reflexionar* sobre las denuncias periodísticas de los delitos sexuales del clero y su encubrimiento, las dijo de este tamaño[238]: «quiero llamar la atención de mis lectores sobre el escándalo que armaron algunos medios y laicos(as) norteamericanos ¡fuera de abogados y psiquiatras, interesados en las pingües entradas que estos casos les reportan! escándalo que me atrevo a calificar de farisaico. Y me explico. Llámese escándalo al alboroto que se forma para llamar la atención del público sobre un hecho que pasaría inadvertido, de no hacer tanto ruido. En nuestro caso, se trata del abuso sexual de niños por parte de algunos sacerdotes católicos. Que está mal, no cabe duda. Tales hechos los repudia toda persona sensata. Pero cuando se levanta un escándalo y el escándalo lo arman los medios y algunos laicos (...) untados de sexo hasta los bigotes, y que ahora vengan a rasgar sus vestiduras y a lanzar improperios contra los curas, es lo que se conoce con el típico nombre de escándalo farisaico. Bien sabido es que los fariseos se destacaron por ser unos refinados hipócritas, que oculta-

237. *Ibíd.*
238. *Cfr.* Llano Escobar, A. (2002, 14 de abril). «Pedofilia en la Iglesia: ¿Escándalo farisaico?» Bogotá: *El Tiempo*, p. 1-24.

ban una maloliente podredumbre en sus conciencias. Por algo los llamó el Maestro "sepulcros blanqueados".

»No trato, pues, de "defender" a los sacerdotes, casi indefendibles, por tan indignas acciones, sino de hacer ver que quienes los atacan suelen estar manchados hasta los codos con conductas sexuales posiblemente peores: pornografía, adulterios, violaciones, infidelidades, también pedofilia internacional en viajes de turismo, etc. ¿Con qué derecho, quien está manchado de ciertos pecados, denuncia en otros, los mismos pecados? (...) piense por un instante en todo lo que implica de dificultad y de heroísmo guardar castidad y celibato, en este mundo pansexualista (...) Se nos pide algo injusto y prácticamente imposible: no quemarnos en medio de las llamas. ¿Por qué?

»El mito griego nos cuenta cómo a Tántalo, muerto de hambre y de sed, lo sumergieron en una laguna con el agua hasta al cuello y una rica bandeja, llena de frutas y vinos, que le llegaba al borde de los labios, y no se le permitía consumirlos. Así somete el mundo moderno a los sacerdotes: "Miren, huelan, pero no coman, ni beban", y algunos "comen" lo que tienen más a la mano y es más débil e indefenso: los niños. Y se levantan los fariseos, los medios, y ponen el grito en el cielo, rasgando sus vestiduras, podridas y fétidas, por supuesto, y acusando a los sacerdotes de impuros y perversos. ¡Qué bueno sería que algunos de ellos vinieran a un convento y ensayaran vivir nuestra vida por un mes! Les aseguro que no aguantarían ni un solo día. Entonces, que no armen escándalo (...) Y hoy día, tiempos difíciles de relajación sexual, se exige abstinencia total a los curas, y se rasgan las vestiduras los medios por las caídas de unos pocos. ¡Sean justos!»

Si el jesuita Llano llama fariseos a quienes denuncian

la comisión de cientos de delitos sexuales contra menores dentro de la Iglesia y critican a los prelados que encubrieron a tantos sacerdotes despreciables —que para él son «*casi* indefendibles»—, ¿qué adjetivo hay que aplicarle a quien, como él, exige un silencio cómplice para con esos delincuentes y trata a los niños abusados sexualmente como un mero manjar del que sacerdotes de bragueta fácil «comen» por tenerlos «más a mano»?

Tras la publicación de ese artículo de Llano, recibí decenas de e-mails de colombianos y colombianas indignados por sus afirmaciones, y al menos una mujer, V. R., tuvo el valor de discutir «su discurso tan terriblemente hipócrita y encubridor», según me escribió, y de su indignación extrajo fuerzas para relatarle a Llano lo que calló y sufrió durante años: que se enamoró de un jesuita, que éste la convirtió en su amante y que la abandonó sin más explicaciones cuando se cansó de ella —aunque, eso sí, dejándole el teléfono de un «amigo suyo que practicaba abortos», por si acaso—; ese jesuita, hoy, es un personaje muy notorio en Colombia.

Fiel a su reconocida hipocresía —¿fariseísmo, quizá?, ya que los define como «refinados hipócritas, que ocultaban una maloliente podredumbre en sus conciencias»—, Alfonso Llano respondió a la extensa y magnífica carta de V. R., fechada el 9 de mayo de 2002, con un escueto: «recibí su carta y su confidencia [acerca de la relación de amante mantenida por esa mujer con el jesuita notorio] que me dejó un poco perplejo, sobre su intención [la mujer le solicitó hacer pública, en su columna, la existencia de ese tipo de relaciones hipócritas y ocultas, que Llano siempre niega] y el uso que debía hacer de ellas. Me parece prudente optar por el silencio y la oración. A Jesucristo debemos seguirlo por encima de todas las debilidades humanas propias y ajenas. Que el Señor Jesús la ilumine» (29 de mayo de 2002).

«Jamás esperé que divulgara esto en su leída columna —le contestó V. R. el mismo día, el 29 de mayo de 2002—. Pero sí que, al menos, lo hiciera al interior de la Compañía [de Jesús]. Porque lo que yo le he revelado es parte de la realidad que debe ser enfrentada por quienes están dentro de ella (...) Su actitud no desmiente, tampoco esta vez, lo que ya le dije en mi carta: ustedes viven en el mundo de las apariencias, en el que la imagen es siempre lo mas importante. Algo muy poco evangélico, ¿no cree? Pero no me sorprende realmente.» La respuesta de Llano, del 24 de junio de 2002, fue de las que hacen época, limitándose a decirle: «Te saludo con cariño. No soy tan malo como imaginas. Tratémonos como Dios manda: con amor. Cuenta conmigo.» ¿Es ésta toda la argumentación que es capaz de contraponerle ese faro de la intelectualidad a una simple mujer que, con 2.509 hermosas y rotundas palabras, le expuso una realidad tan frecuente que ni los ciegos pueden negar?

Si el «padre Llano», tal como se le conoce en Colombia, que se autoatribuye la mayor conciencia moral del país, aconseja «optar por el silencio y la oración» a quien fue utilizada como amante y luego desechada por un notorio jesuita, que hoy aparenta ser la dignidad personificada y al que Llano corrió a encubrir de oficio, horroriza pensar qué serán capaces de hacer los pecadores, incluso aquellos que no alcancen la cota de *fariseísmo* que Llano le atribuye a los periodistas.

Bolivia, al igual que el resto del continente, comenzó a ver aflorar tímidamente denuncias contra su clero a partir del escándalo de la Iglesia norteamericana, y no tardó en plantar una pica en su Flandes particular: el 31 de julio de 2002 se hacía pública la primera condena en la historia del país contra un sacerdote. Se trató del sacerdote católico José Álvarez Villalba, condenado por un tribunal de Tarija a seis años de cárcel por «estupro y abandono de mujer embarazada». El ya ex párroco de Entre Ríos, Álvarez, sedujo, embarazó y abandonó a una de sus feligresas, una campesina muy humilde de apenas 14 años. Unas cartas del cura y las pruebas de paternidad mediante ADN, que él mismo exigió tras negar obstinadamente los hechos, le condenaron.

Tan pronto como se confirmó la paternidad del cura, Jesús Juárez, vicepresidente de la Conferencia Episcopal boliviana, pidió perdón «en nombre de Dios», afirmó que «quienes hayan cometido delitos tendrán que someterse a las exigencias de las normas de la Iglesia y, como todo ciudadano, a las leyes de la sociedad civil», y desde su institución se suspendió a Álvarez. Fue una actitud digna por parte del prelado, y lo sería todavía más si la Iglesia ayudase económicamente a Ana, la madre, y a su hijo —que tiene problemas médicos—, y no se limitase a pagar el abogado del sacerdote para recurrir la sentencia.

En el momento de escribir este libro, en otros países como Argentina, Uruguay, Perú o Venezuela, la crisis de la Iglesia norteamericana y las repercusiones en su propio clero trasgresor importaban bastante poco, ya que la mayoría de sus gentes estaba atravesando problemas socioeconómicos gravísimos, de sobra conocidos por todos. Quizás una pequeña anécdota puede ser indicativa. Un amigo bonaerense me contó que, en mayo de 2002, una niña de 9 años, vecina suya, explicó a sus padres que un sacerdote «la acariciaba por todo el cuerpo»; los padres se enfurecieron y amenazaron con denunciar al cura abusador ante la Policía, pero salieron de su despacho con 300 dólares en el bolsillo y la promesa de guardar silencio. Era una familia católica de clase media pero, en sus deprimidas circunstancias sociales, lo prioritario no era obtener justicia, sino comida. Situaciones como ésta, sin duda alguna, se están reproduciendo en otros muchos lugares.

Esa dura realidad social, sin embargo, no ha impedido que en Santa Fe, Argentina, fuese procesado judicialmente el arzobispo Edgardo Storni, en agosto de 2002, acusado de haber abusado sexualmente de decenas de seminaristas, tal como ya vimos en el Caso 9.

En Chile, también a partir de los escándalos de pedofilia en la Iglesia de Estados Unidos, algunas víctimas de sacerdotes se atrevieron a presentar denuncias ante los tribunales civiles —y la prensa a hacerse eco de ellas—, con no menos escándalo, aflorando media docena de casos, producidos casi al mismo tiempo, que afectaron a sacerdotes tan notables como Antonio Larraín Pérez-Cotapos o Víctor Hugo Carrera, y a otros curas de diferentes estatus como Enrique Valdebenito, Gerardo Araujo (peruano), José Ramón Zúñiga o Daniel Mangan (norteamericano).

Francisco Javier Errázuriz, arzobispo de Santiago de Chile, al ser preguntado en una entrevista acerca de las diferencias de criterio entre los obispos acerca de si deben o no denunciar a los sacerdotes que abusan sexualmente de menores, respondió: «No percibí ninguna diferencia o contradicción. Pero vamos a estudiar el procedimiento de cómo deben ser tratados los casos de pederastia. Como éstos han sido poquísimos, no disponíamos de un acuerdo acerca del procedimiento adecuado. En cuanto a las denuncias por este delito, hay leyes que establecen quiénes están obligados a hacerlas y, en Chile, son los empleados públicos.»[239]

«Ésa es la ley, ¿qué pasa con la ética?», le repreguntó, con razón, la periodista María José Errázuriz. «El campo de la ética es muy delicado —respondió el prelado—. Un obispo tiene que considerar que en esto hay muchas calumnias y por eso debe investigar la verdad, proteger a quienes son calumniados y preocuparse —como lo haría un padre— de la rehabilitación de quien cometió el delito. Además, el obispo debe apoyar a las víctimas y a sus familiares, y tiene que mirar por el bien de toda la comunidad. Si hay alguien con esa patología, debe retirarlo del ministerio.»[240]

«Abogados penalistas señalan que si la Iglesia no denuncia cae en el encubrimiento», le señaló la periodista. «Tendrían que demostrarlo. El asesoramiento legal que tenemos indica que ello no es así. Por otra parte, hay que tener presente que el obispo tiene una función de pastor y de padre, no sólo en bien de los fieles, sino también ante cada sacerdote de su diócesis. Quisiera saber qué papá va a la justicia a delatar a su hijo.»[241]

Este *argumento* del prelado Errázuriz fue rápidamente contestado por Antonio Delfau, sacerdote jesuita y direc-

239. *Cfr.* Errázuriz, M. J. (2002, 26 de mayo). «Monseñor Errázuriz y las denuncias de pedofilia. Cardenal: "Un obispo debe investigar la verdad."» Santiago de Chile: *El Mercurio*, p. C3.

240. *Ibíd.*

241. *Ibíd.*

tor de la revista *Mensaje*, en declaraciones a la revista chilena *Ercilla*, afirmando, con razón: «Me ha molestado mucho el argumento de que un padre no denuncia a la Justicia a su hijo. Detrás de él está implícita la diferencia entre dos tipos de hijos, el consagrado, que sería más hijo, y el abusado. ¿Quién es más hijo del obispo?, me pregunto. ¿El padre rector de un colegio, o la niña violada por el rector, que asiste a ese colegio, es bautizada, miembro de la Iglesia, y como todo cristiano participa del sacerdocio común de los fieles? ¿Quién merece más defensa? ¿A quién habría defendido Jesús? No puede ser menos grave el abuso sexual de un sacerdote a un menor, que el uso de un anticonceptivo artificial por una madre que vive en una casa de 45 metros cuadrados, con el marido cesante [sin trabajo] y dos niños que alimentar. ¡No hay proporción! ¡Por favor!»

Otros asuntos escandalosos, según un artículo de Annie Kutscher Wach, en la revista *Ercilla*, no han podido traspasar el filtro de la censura. «La prensa, por ejemplo, nunca ha consignado el caso de un obispo chileno que fue enviado fuera del país para ocultar supuestos abusos sexuales a menores de su diócesis —escribió Annie Kutscher—, donde esos hechos son ampliamente conocidos. La Iglesia habría pagado millonarias indemnizaciones a siete familias, bajo el compromiso de absoluto silencio y el no inicio de acciones legales. El prelado pertenece a una orden religiosa, y abandonó Chile tras protagonizar otro bochornoso incidente con un menor en el interior de un automóvil, luego de que había sido relevado de su diócesis, y enviado a trabajar, incomprensiblemente, con jóvenes. Pero eso no es todo. En círculos periodísticos se comenta, como un "secreto a voces", el extraño episodio de otro prelado que fue encontrado por la Policía en su domicilio, desnudo y maniatado, hace algunos años. El hecho sólo se conoció como un asalto, sin ahondar en mayores antecedentes, aun cuando quienes supieron de su existencia y sus entretelones, estiman que el infortunado clérigo habría estado participando de una "fiesta" con adolescentes.»

En Europa, al margen de los escándalos mayúsculos que han protagonizado los prelados que delinquieron sexualmente contra menores y los que encubrieron activamente los delitos de sus sacerdotes, tal como ya hemos visto anteriormente en varios ejemplos notables, nos encontramos con que, en casi todo el continente, en los últimos años, han ido en aumento los casos de sacerdotes que han sido condenados, o están procesados, por cometer abusos sexuales a menores.

Así, en Alemania, entre 1993 y junio de 2002 fueron condenados judicialmente una docena de sacerdotes acusados de pedofilia, delitos que, en la mayoría de los casos, se habían cometido años atrás. Pero, tal como cabe suponer, esa docena de curas delincuentes no fueron los únicos y así lo manifestaron, en plenos calores estivales, el cardenal Karl Lehmann, presidente de la Conferencia Episcopal de Alemania, y Franz Grave, obispo auxiliar de Essen, que reconocieron públicamente que «unos trescientos curas están implicados en casos de pedofilia en este país»[242].

242. *Cfr*. Huete Machado, L. (2002, 23 de julio). «Obispos alemanes dicen que unos 300 curas están implicados en casos de pedofilia.» Madrid: *El País*.

El cardenal Karl Lehmann, en un artículo de opinión publicado en la edición del 22 de julio de 2002 del periódico *Frankfurter Allgemeine Zeitung*, adelantaba que van a aflorar muchas denuncias por abusos sexuales del clero. Una visión cercana a la expresada por su colega Franz Grave, que en el mismo día reconoció que en su diócesis se han perpetrado también varios delitos sexuales contra menores. Aunque para el prelado Grave no debe cundir la alarma ya que «se trata sólo de casos que afectan al 2% de un total de 18.000 sacerdotes», eso es «sólo» 360 miembros del clero alemán.

En su artículo el cardenal Lehmann también insistía en la necesidad de «no condenar» de antemano a los sospechosos, sino de hacer lo necesario para esclarecer cada caso «y si a veces esto cuesta tiempo, porque no se cuenta con todos los medios necesarios, hay que evitar también empezar a hablar enseguida de encubrimiento...». Ahí el cardenal llevaba el agua a su molino, porque la semana anterior, en su diócesis, había estallado el escándalo de un sacerdote de Mainz que fue enviado repentinamente de vacaciones al ser acusado por un menor de abusos sexuales sufridos en 1988. Pero es que, además, Bernd Hans Göhrig, líder de la Iglesia de base en Bonn, también había exigido su dimisión por considerar probado que Lehmann, en tanto que presidente de la Conferencia Episcopal, supo de los abusos pero los ocultó en lugar de adoptar medidas contundentes para castigar a los culpables.

La solución que proponía Lehmann, en su artículo, en el que señalaba la importancia de informar a Roma sobre todos los delitos que afecten a menores —actuación que llevó a cabo por primera vez en abril de 2002 al comunicar el caso de un pedófilo bávaro— «para que desde allí se tomen las medidas necesarias», no parece la más adecuada para «recuperar la confianza perdida» en la Iglesia, ya que es bien sabido por todos que las medidas vaticanas ad hoc —tal como ya demostramos en los capítulos anteriores— son siempre el silencio, el encubrimiento y la protección del sacerdote delincuente.

El 26 de agosto de 2002 la Conferencia Episcopal alemana se reunió por primera vez para definir su postura ante los casos de pedofilia del clero aflorados en los últimos meses. Las sesiones, que se celebraron en el monasterio de Himmelspforten (Würzburg) y se prolongaron hasta la asamblea general de otoño de los obispos, pretendieron fijar un procedimiento común para todas las diócesis frente a los casos de delitos sexuales de su clero.

En Inglaterra y Gales, los juicios contra sacerdotes pedófilos se incrementaron a partir de mediados de la década de 1990; sólo en cuatro años, entre 1995 y 1999, fueron condenados veintiún curas católicos por abusos sexuales y —según un asesor de las víctimas— quedaba un número «muy notable» de denuncias en marcha.

Irlanda ya había sido sacudida, en 1994, por el inmenso escándalo del sacerdote pedófilo Brendan Smyth, que fue protegido, a petición de un prelado, por Alberto Reynolds, Fiscal General en el momento de los hechos y Presidente del Tribunal Supremo irlandés cuando afloró la información sobre el caso con tal fuerza que llegó a provocar la caída del gobierno irlandés. Pero el pedófilo Smyth —que fue condenado a doce años de cárcel por setenta y cuatro agresiones sexuales, conocidas por sus superiores desde 1969, y que murió entre rejas, en 1997, supuestamente a causa de un ataque cardíaco provocado por una sobredosis de fármacos— fue sólo el primero de una larga lista de sacerdotes delincuentes sexuales que acabarían saliendo a la luz durante los años siguientes.

En enero de 2002, la Iglesia católica de Irlanda reconoció que había tenido que pagar 110 millones de dólares a víctimas de abusos sexuales y que veinte sacerdotes habían sido condenados por pedofilia.

En abril de 2002, más de 2.500 personas habían solicitado declarar ante una comisión oficial de investigación de Dublín encargada de investigar los abusos sexuales a menores en Irlanda, incluyendo los perpetrados dentro de instituciones religiosas, ámbito en el que las denuncias mayoritarias se remontaban a la década de los años cincuenta[243].

A mediados de abril de 2002, el cardenal Desmond Connel, arzobispo de Dublín, fuertemente cuestionado por creyentes, víctimas de abusos sexuales del clero y medios de comunicación, por su inhibición ante las denuncias de delitos sexuales y su protección a los sacerdotes pedófilos, se vio forzado a cambiar de política y, a través de una carta pastoral, solicitó a las víctimas de delitos sexuales de sacerdotes que lo denunciasen[244].

El cardenal Connel, tras alabar «el coraje y la perseverancia» de quienes denunciaron a los curas pedófilos irlandeses —y que el cardenal había *atendido* diciéndoles, textualmente, que «se fueran al diablo»—, reflexionaba: «Sólo aquellos que fueron víctimas de estos crímenes terribles pueden realmente comprender lo que

---

243. *Cfr.* Bowcott, O. (2002, 13 de abril). «Abuse inquiry urged as Irish bishop quits.» Londres: *The Guardian*.

244. *Cfr. El País* (2002, 15 de abril). «El arzobispo de Dublín pide a las víctimas de abusos de curas que los denuncien.» Madrid: *El País*.

implica revivir ese sufrimiento y revelarlo», añadiendo que «hasta que no sepamos todos los hechos no podremos estar seguros de haber puesto en marcha las estructuras y procedimientos para responder apropiadamente y evitar que vuelvan a repetirse».

Sin darse por aludido, claro, el cardenal Connel admitió que las víctimas no siempre fueron escuchadas por el clero, «debemos reconocer que a veces tuvieron que hacer frente a respuestas inapropiadas de la Iglesia. En varias ocasiones en el pasado pensábamos que nos habíamos ocupado bien del problema para acabar descubriendo que habíamos subestimado su naturaleza y amplitud». El cardenal que mandaba a las víctimas sexuales de sus sacerdotes al diablo, un conservador muy próximo al Papa, está encausado judicialmente para responder de su posible encubrimiento de hechos delictivos que conoció y ocultó.

En Francia, tras la condena del sacerdote René Bissey, por un tribunal de Calvados, el 6 de octubre de 2000, a dieciocho años de cárcel, la Conferencia Episcopal francesa se vio en el compromiso de anunciar una declaración de intenciones bastante alejada de lo que había sido, y es, la práctica habitual de los prelados. En su documento, publicado en noviembre de 2000, la Conferencia Episcopal manifestó que: «El obispo no puede ni quiere permanecer pasivo, y todavía menos encubrir actos delictivos (...) Los sacerdotes que son encontrados culpables de actos de carácter pedófilo deben responder de esos actos delante de la Justicia.» Cuando se emitió este comunicado ya estaba procesado el obispo Pierre Pican, que fue condenado, en junio de 2001, tal como ya vimos, precisamente por haber encubierto los delitos pedófilos de Bissey.

Mientras se juzgaba al prelado Pican se hizo público que en la Iglesia católica francesa, que cuenta con unos 25.000 sacerdotes, «actualmente hay 19 procesados por violaciones o agresiones sexuales contra menores de 15 años y siete de ellos se encuentran detenidos en espera de juicio. Otros 30 han sido condenados recientemente, 11 a penas firmes de reclusión y 17 con la sentencia en suspenso»[245]. En muy poco tiempo, 49 sacerdotes agresores sexuales habían salido de la *nada* para responder ante un tribunal. Otras denuncias nuevas, que van goteando poco a poco, están ampliando el listado del clero nada recomendable.

En Italia, según informaba el semanario *Famiglia Cristiana*, a primeros de mayo de 2002 se sabía de siete sacerdotes condenados a cumplir prisión por delitos de pedofilia y de un caso de condena civil que obligaba a indemnizar a la víctima de los abusos de un sacerdote que ya había sido condenado en la jurisdicción penal. Además, el tribunal ad hoc de la Congregación para la Doctrina de la Fe había iniciado un proceso para investigar a otros dos sacerdotes acusados de abusar sexualmente de menores.

Estos casos conocidos son apenas una anécdota en un país que goza de una larga tradición histórica de actividad sexual de su clero, ya sea con adultos o con menores. También es amplia su experiencia en el *acogimiento* de curas pedófilos, ya que, desde hace medio siglo, en Trento funciona una «casa de reposo» dedicada a hospedar y «tratar» a sacerdotes pedófilos o afectados por adiccio-

---

245. *Cfr*. Frade, C. (2001, 15 de junio). «Un tribunal francés juzga por primera vez a un obispo.» Madrid: *El Mundo*.

nes o psicopatologías diversas. La casa de Trento, junto a otra situada en Lago Maggiore, está regida por la Congregación de Jesús. Una de sus sucursales, emplazada en Janez Springs, en Nuevo México (Estados Unidos), cobra 30.000 dólares por un «programa de recuperación» que dura cinco meses. Según explicó *Famiglia Cristiana* esta misma congregación gestiona también otra casa, de localización secreta, en la que se hospedan los sacerdotes «que no pueden regresar a la sociedad», entre ellos cincuenta y siete curas pedófilos que ninguna diócesis ni orden religiosa acepta en su seno.

El caso de sacerdote abusador más famoso de la Italia reciente fue el de Don Giuseppe Rassello, párroco anticamorrista de Rione Sanità, en Nápoles, que violentó sexualmente a Antonio B., de 14 años, conocido como «Bello Antonio» por los vecinos de su barrio, que acabó por denunciarle ante la Justicia en 1990. Las relaciones entre el cura y el muchacho inspiraron la película *Pianese Nunzio, quattordici anni a maggio*, del director cinematográfico Antonio Capuano, que eligió a Fabrizio Bentivoglio para el papel del cura Rassello.

La sórdida historia de Don Giuseppe no puede compararse con la de monseñor Ugo Moretto, de 45 años, director del centro de televisión del Vaticano y clérigo de gran futuro hasta que, en febrero de 2002, conmocionó a todo el país al saberse que había colgado la sotana para irse a vivir con la periodista Bárbara Bisazza, de 34 años, de la que esperaba un hijo. «He decidido cambiar de vida ante la imposibilidad que representa ejercer el sacerdocio y mantener una vida sentimental con una mujer», declaró Ugo Moretto, demostrando honestidad y coherencia ante una situación en la que sus superiores le exigían hipocresía.

En España, a pesar de que este autor, tras la publicación, en 1995, del libro *La vida sexual del clero* —conformado en base a los datos de casi cuatrocientos sacerdotes con actividad sexual—, ha recibido cartas y e-mails que implican a más de un centenar de sacerdotes en activo en conductas de abuso sexual a menores —pero que las víctimas, por diferentes motivos, manifestaron no querer denunciar públicamente—, los escándalos del clero norteamericano, y los que han protagonizado una diversidad de prelados y sacerdotes europeos, no parecen haber afectado en nada el sólido corsé de hipocresía que protege a la Iglesia católica española.

De vez en cuando alguna condena importante, como la del sacerdote José Luis Beltrán por parte de la Sección Segunda de la Audiencia Provincial de Jaén, por haber agredido sexualmente, de forma continuada, a su monaguillo de 11 años[246], da cierta impresión de normalidad, de que España no es el planeta Marte. Aunque en materia de normalidad, lo propio de España, sin duda alguna, es el encubrimiento de los delitos del clero, ya sean éstos sexuales o económicos —o ambos a la vez—, que son *pecadillos* muy propios del clero patrio, y quizá por ello, no pocos próceres, dentro de la política, medios de comunicación y Administración de Justicia, siempre se afanan por cubrirlos con un piadoso manto de silencio.

246. *Cfr.* Del Arco, C. (2001, 21 de noviembre). «Condenado a ocho años de prisión un cura que abusó de un monaguillo en Jaén.» Madrid: *El Mundo*. Tal como el lector puede suponer, el cura Beltrán, a pesar de las pruebas que el sumario acumuló en su contra, no fue separado de su labor pastoral por la Iglesia, que se limitó a trasladarle a otra parroquia en otro pueblo dentro de la provincia de Jaén, donde seguía teniendo acceso a los menores del lugar.

Entre los casos que actualmente están en trámite judicial, merece ser destacado el del sacerdote José Martín de la Peña, acusado de agredir sexualmente a una niña, durante un período que va desde sus 3 a 12 años de edad —los abusos cesaron cuando la menor tuvo su primera menstruación—, mientras fue canónigo y juez de la curia del arzobispado de Madrid.

Cuando, en noviembre de 1996, la chica, que llevaba años sumida en una crisis emocional profunda, se atrevió a relatarle a su madre los abusos de que había sido objeto, en el arzobispado de Madrid ni siquiera quisieron oír la denuncia que la madre encargó presentar a otro sacerdote amigo, y tanto el cardenal Rouco Varela como el titular de la diócesis de Alcalá de Henares —Manuel Ureña, hasta julio de 1998, y Jesús Catalá Ibáñez, desde abril de 1999—, han apoyado y encubierto hasta hoy al cura Martín, que va cambiando de parroquia y ciudad a cada tanto, al tiempo que han demostrado un total desprecio por la víctima, que actualmente tiene 26 años, sufre vaginismo severo —una patología funcional que es muy habitual tras padecer agresiones sexuales durante la infancia o pubertad— y secuelas psicológicas importantes que la hacen seguir precisando de psicoterapia.

El cura José Martín de la Peña, que ya había sido condenado, en junio de 2000, por amenazar a su víctima y a la madre de ésta[247], ha recurrido a todo tipo de triquiñuelas legales para dilatar extraordinariamente un proceso que se inició en junio de 1997 y al que hoy todavía no se le ve final[248]. Su últi-

247. *Cfr.* Sentencia del Juzgado de Instrucción número 42 de Madrid, de fecha 12 de junio de 2000, en relación al expediente número 1306/98.

248. El sacerdote José Martín de la Peña fue procesado, en Auto

mo abogado, Marcos García Montes, es de los que cobran minutas muy alejadas de las posibilidades que permite el sueldo del mejor pagado de los clérigos.

En este proceso ha sido la primera vez, en España, que un juzgado aceptó a trámite, como prueba, la grabación en vídeo del testimonio de la víctima aflorando sus recuerdos bajo hipnosis clínica. La indemnización reclamada es de tres millones de euros, que se exigen subsidiariamente a la Iglesia dado que buena parte de las agresiones sexuales se produjeron dentro de instalaciones eclesiales, como lo es el propio Tribunal Eclesiástico madrileño. La impunidad de la que todavía disfruta el agresor actualmente llevó a que se personara como acusación el Consejo de la Mujer de la Comunidad de Madrid, siendo la primera vez que ello ocurre en un caso de violación, y también a que la Asamblea Feminista de Madrid se constituyese en observatorio para seguir los casos de agresiones sexuales de los miembros de la Iglesia.

A pesar de casos como éste, el ruido mediático es escaso y domina la escena un remanso de paz tal que permite que buena parte de la Conferencia Episcopal española siga pastoreando ideas y conductas del medievo. Pero esa tranquilidad, que no se ve afectada por las vergüenzas cercanas —que saben bajo control—, fue turbada por inevitables informaciones referidas a la corrupción sexual de prelados y sacerdotes norteamericanos —aliñadas con algunos escándalos *menores* de la Iglesia española: abusos de poder caprichosos en el des-

---

de fecha 24 de mayo de 1999 del Juzgado de Instrucción número 27 de Madrid, en relación al sumario ordinario 8/98 C, por un delito continuado de abusos deshonestos y uno continuado de violación, quedando en libertad provisional bajo fianza de 60.101 euros.

pido de profesores de religión, inversiones especulativas en paraísos fiscales, asociación con delincuentes de cuello blanco, etc.— y, aunque las bombas caían lejos, una mezcla de prepotencia y nerviosismo llevó a la Comisión Episcopal de Medios de Comunicación de la Conferencia Episcopal, presidida por el obispo de Sigüenza José Sánchez González, a denunciar «las carencias éticas y culturales que los medios [de comunicación] puedan tener y el daño que con ello ocasionan», reprochando el que «se fijen exclusivamente en nuestras deficiencias, hasta el punto de hacer de lo anecdótico categoría», con lo que «se resiente la propia credibilidad de los medios, se defrauda a la opinión pública y se atenta contra el derecho al buen nombre y reputación de la Iglesia»[249].

Esa Iglesia tan reputada, según ella misma, está presidida por el cardenal Rouco Varela, del que, entre lo mucho y pésimo de sus actuaciones, nos limitaremos a recordar una pequeña anécdota que habla sobre su honestidad:

En enero de 1999, una documentada denuncia del sacerdote José Luis Irízar y Artiach, director nacional de las Obras Misionales Pontificias (OMP) de España, ante el tribunal de la Signatura Apostólica, desvelaba, entre otros asuntos, una estafa consistente en la venta de grabados, para recaudar fondos para un falso homenaje al papa Juan Pablo II, que una tal María del Bosque ofrecía a obispos y creyentes a un millón y medio de pesetas —«un timo en toda regla», según Gabino Díaz Merchán, obispo de Oviedo y ex presidente de la Conferencia

249. *Cfr.* Vidal, J. M. (2002, 7 de mayo). «Los obispos acusan a los medios de "atentar contra la reputación" de la Iglesia.» Madrid: *El Mundo.*

Episcopal—[250]. En la operación, el sacerdote implicaba al prelado Lajos Kada, entonces nuncio del Vaticano en España y a la que presumía era su amante, María del Bosque, añadiendo que la querencia del nuncio Kada por el dinero y las mujeres ya la había demostrado en Costa Rica, donde tenía una hija natural fruto de su relación con otra mujer[251].

El omnipresente cardenal Castrillón forzó a José Luis Irízar a renunciar a la querella que ya había presentado, en diciembre de 1998, ante los juzgados de Madrid, contra los promotores de la estafa, pero al ver que el pacto acordado con el cardenal colombiano no se cumplía, reanudó su batalla legal ante el Tribunal Eclesiástico del Vaticano, denunciando también, de paso, las conductas «maquinatorias, imprudentes y omisivas» de sus superiores, centradas a toda costa en esconder la estafa de los grabados, la implicación del nuncio y sus estrechas relaciones con María del Bosque. A más abundamiento, cuando Irízar envió a su abogado a entrevistarse con uno de sus superiores, el cardenal Antonio María Rouco Va-

250. *Cfr.* Irujo, J. M. (2001, 11 de marzo). «Las denuncias ante el Vaticano exponen los fraudes y la azarosa vida sentimental del nuncio Kada.» Madrid: *El País.*

251. Para sostener esa información, el sacerdote aportó un acta notarial, fechada el 16 de diciembre de 1998 en San José de Costa Rica, en la que otro sacerdote español, Luis Vara Carro, declaró ante el notario Maureen Medrano que en una reunión de la vicaría de Nicoya «se conversó acerca del papel que juegan los nuncios, y uno de los presentes aseguró que el anterior nuncio, Lajos Kada, era un poco apegado al dinero. En ese momento, el padre Luis Gerardo Brenes dijo que él conocía a una señora que le había manifestado abiertamente que ella fue amante del nuncio y que había procreado una niña fruto de esa relación».

rela, en junio de 1999, el jefe de la Iglesia española le intentó convencer de «que la vida privada del nuncio no era cosa relevante». La Iglesia española no aclaró quién se quedó el dinero, claro está. Para Rouco Varela y el núcleo ultraconservador que gobierna la Iglesia española, jamás es relevante la corrupción del clero, por desmedida y aberrante que sea, pero no pierden ocasión de culpabilizar a cualquier chiquillo por masturbarse.

Sin duda Sánchez estaba cargado de razón al afirmar que cuando la prensa se fija en las «deficiencias» de la Iglesia, su «reputación» sale muy mal parada, pero no es la reputación de la Iglesia, como colectivo, la que debería resentirse, sino la de sus jerarcas mediocres y encubridores, responsables de que la corrupción sea tan abundante dentro de la Iglesia católica.

Mientras redactaba este libro, he leído posicionamientos, en uno u otro sentido, respecto a la crisis de abusos sexuales a menores por parte del clero católico, de prelados de buena parte del mundo desarrollado, con especial mención de todos los del continente americano, pero no he sido capaz de encontrar parecidos posicionamientos de la Conferencia Episcopal española que, en su sitio web, tampoco aportó ninguna opinión ni guía propia al respecto[242].

El sacerdote Víctor Cortizo, responsable del departamento de infancia y juventud de la Conferencia Episco-

252. En la revisión del web de la Conferencia Episcopal de España, efectuada el 27 de julio de 2002, en su sección «La Iglesia responde a cuestiones polémicas de reciente actualidad», desde un enlace —«Sobre casos de pederastia en USA»—, se iba a una página en la que, sin más comentarios, se ofrecían tres enlaces, a los Estatutos propuestos por los obispos norteamericanos en Dallas y a dos discursos del Papa, y un comunicado de la Sala de Prensa del Vaticano. Nada más.

pal española, afirmó que «puede haber cuatro casos de curas sinvergüenzas, pero en España tenemos una cultura muy distinta respecto a la infancia (...) La sociedad de Estados Unidos está enferma de valores (...) estos escándalos, que son absolutamente reprobables y donde la Iglesia debe situarse con claridad, no son extrapolables a España. Cosas como éstas no suceden en España, y mucho menos con niños»[253].

Lamentablemente, en la sociedad española no tenemos «una cultura muy distinta respecto a la infancia» y todas las estadísticas, académicas u oficiales, demuestran que el porcentaje de abusos sexuales a menores que se dan en España, en cualquier ámbito, son parecidos a los del resto de los países desarrollados, incluyendo Estados Unidos, Gran Bretaña, Irlanda o Francia, por mencionar algunos en los que el número de casos de «curas sinvergüenzas» conocidos no es precisamente una anécdota. La realidad del clero abusador en España, que ya cuantificamos anteriormente, es muy grave, y no basta con negarlo o limitarse a declarar, como lo hizo Francisco Pérez, obispo de Osma-Soria, que «estos escándalos son un grave pecado, pero sería aún más escandaloso no pedir perdón»[254]. Hemos sostenido hasta la saciedad que el perdón no basta para pagar por un acto que antes que «pecado» es un abominable delito penal, pero, en todo caso, en España hay muchos obispos que deberían pedir perdón por los abusos que se han cometido en sus diócesis y que ellos han encubierto, ¿le harán caso, esos prelados, algún día, a su colega Pérez, y mostrarán aunque sea

253. *Cfr.* B. J. (2002, 27 de abril). «La Iglesia dice que en España "hay cuatro casos de curas sinvergüenzas".» Madrid: *ABC*, p. 38.
254. *Ibíd.*

un ligero amago de arrepentimiento o de interés por las víctimas?

La táctica habitual de la Iglesia española es callar; ni debatir ni hacer ruido cuando se corre el riesgo de salir trasquilado si alguien se despierta y habla claro. Ignorar el problema y, si acaso aflora, negarlo, es la mejor manera que tienen todos los Law españoles de poder aparentar una honorabilidad que sólo mantienen gracias a su hipocresía.

El Código Penal español, por la configuración de sus penas, también facilita que la mayoría de los delitos sexuales del clero, como los de otros colectivos, queden impunes. Una víctima de abuso sexual, o denuncia la agresión en el momento, o tarda muchos años en superar el trauma hasta estar en condiciones de denunciarlo; en la mayoría de los casos, cuando la víctima ya podría asumir el enfrentarse al abuso y al abusador, el delito ya no puede ser perseguido penalmente por haber transcurrido los cinco o diez años que, según el tipo de abuso, tienen como plazo de prescripción.

Si a lo anterior le añadimos que, tal como se dijo, las indemnizaciones judiciales son ridículas, y que la Iglesia sigue despertando miedo en quienes piensan en enfrentársele, la posibilidad de que un sacerdote que haya abusado sexualmente de menores llegue a ser juzgado en España es más bien escasa.

Y si lo dicho hasta aquí sucede en países democráticos y desarrollados, ¿qué sucede en los países menos afortunados de África, Asia o Australia?

El mundo todavía no ha olvidado la desvergüenza del clero y la hipocresía supina del Vaticano cuando se hizo público que centenares de monjas habían sido violadas por sacerdotes en veintitrés países, a saber: Botswana, Burundi, Brasil, Colombia, Ghana, la India, Irlanda, Italia, Kenya, Lesotho, Malawi, Nigeria, Papúa Nueva Guinea[255], Filipinas, Sudáfrica, Sierra Leona, Uganda, Tanzania, Tonga, Estados Unidos, Zambia, República Democrática del Congo y Zimbabwe.

Merece destacarse que, entre esos países, no todos, ni mucho menos, son tercermundistas y ahí están los casos de violaciones de monjas por sacerdotes en Colombia, Irlanda, Italia y Estados Unidos. Y aunque no aparezcan en esa relación oficial de países, este autor también conoce varios casos de monjas abusadas sexualmente, incluso embarazadas tras ser violadas por un sacerdote, sucedidos en México y España, país este, donde entre el clero es conocida la figura del «garañón de monjas» y no pocos recuerdan a un prelado ya fallecido que, de vez en cuando, se dirigía a un convento en concreto y abusaba, o lo intentaba, de alguna de las monjas. A más abundamiento, Esther Fangman, monja benedictina, en un informe sobre los abusos sexuales del clero que afectaban a sus hermanas, señaló que «por supuesto que esto no sólo ocurre en África o en Italia. Estoy al corriente incluso de casos ocurridos en Estados Unidos, y también en otros lugares como México, Japón, etc.»[256].

255. En la primera disculpa papal enviada mediante un correo electrónico (23 de noviembre de 2001), y dirigida a los pueblos de Oceanía, Juan Pablo II reconocía que «en algunas partes de Oceanía, los abusos sexuales cometidos por sacerdotes y religiosos han provocado grandes sufrimientos y daños espirituales a las víctimas».

256. *Cfr.* el informe «Las raíces eclesiásticas de los abusos a las monjas», realizado por Esther Fangman, monja benedictina y psicó-

Lo que estaba sucediendo en esos países no era nada especialmente secreto. Yo comencé a denunciar esa situación dramática por la que estaban pasando las monjas a mediados de 1995 —entonces ya tenía datos concretos de violaciones de monjas en España, México y la India y había rumores de que eso era «muy corriente» en África—, pero el clero ultramontano de siempre me acusó de ser «un enemigo de la Iglesia» y miró hacia otro lado, tal como hace siempre.

Sin embargo lo realmente grave ocurrió en un despacho del Vaticano. El 18 de febrero de 1995 la religiosa Maura O'Donohue, coordinadora del programa sobre el sida de Caritas Internacional y del Cafod (Fondo Católico de Ayuda al Desarrollo), presentó un informe con datos escalofriantes al cardenal español Eduardo Martínez Somalo, prefecto de los Institutos de Vida Consagrada y Sociedades de Vida Apostólica. El cardenal encargó a un grupo de trabajo presidido por Maura O'Donohue que ampliase la investigación, y las conclusiones fueron rápidamente confirmadas y ampliadas[257].

De hecho, el drama de los abusos sexuales a monjas ya había sido denunciado a las autoridades eclesiásticas en un informe anterior, de 1994, realizado por la misma Maura O'Donohue. En él, la religiosa explicaba que la extensión del sida había convertido a las religiosas en un

loga, presentado al Congreso de abades, priores y abadesas de la orden benedictina celebrado en Roma en septiembre de 2000. Fue publicado en el Bulletin de l'Aim (Alliance for International Monasticism, número 70/2000). La traducción al español es de Il Regno (número 7/2001). Una copia del informe está disponible en el web de este autor *(http://www.pepe-rodriguez.com)*.

257. *Ibíd.*

grupo «seguro», sanitariamente hablando, y ello había incrementado mucho el interés de los sacerdotes por mantener relaciones sexuales «seguras» con ellas. Uno de los casos que se citaba es el de la superiora de una comunidad religiosa que denunció ante el obispo de su diócesis que varios sacerdotes habían embarazado a veintinueve monjas... y el prelado, claro está, suspendió fulminantemente a tan incómoda superiora y la sustituyó por otra que supiese tener la boca cerrada. Otro informe, éste de noviembre de 1998 y firmado por Marie McDonald, superiora de las Hermanas Misioneras de Nuestra Señora de África, incidió sobre el mismo problema con todo lujo de datos... y, claro está, desobedeciendo la orden de silencio que el Vaticano había lanzado sobre este asunto. Recordemos la vergonzosa frase del cardenal Castrillón a propósito de que la Iglesia «trata las cosas internas en su interior».

¿Qué hizo el Vaticano al respecto? Durante más de seis años no hizo nada en absoluto; y cuando, en marzo de 2001, el *National Catholic Reporter*, filtró parte de esos informes[258], la reacción estuvo a la altura de lo esperable. El portavoz del Papa, el opusdeísta Joaquín Navarro Valls, afirmó que «la Santa Sede está tratando la cuestión en colaboración con los obispos, con la Unión Superior de Generales y con la Unión Internacional de Superiores Generales. Se trabaja en la doble vertiente de la formación de las personas y de la solución de cada caso particular»; y recordó que «unas cuantas situaciones

---

258. *Cfr.* Allen Jr., J. L. y Schaeffer, P. (2001, 16 de marzo). «AIDS exacerbates sexual exploitation of nuns, reports allege.» Kansas: *National Catholic Reporter*. El contenido de este artículo puede verse en el web de este autor (*http://www.pepe-rodriguez.com*).

negativas no pueden hacer olvidar la fidelidad con frecuencia heroica de la gran mayoría de los religiosos, religiosas y sacerdotes»[259], una cantinela vacua que hemos oído ya en cada caso de delito sexual contra menores.

Ocho años después de que el Vaticano conociese fehacientemente, por boca de su propia gente, la enorme cantidad de delitos sexuales cometidos por sus sacerdotes contra sus monjas, aquéllos siguen siendo sacerdotes, como si nada hubiese ocurrido, y éstas permanecen desamparadas. Si el Vaticano no mueve un solo dedo para proteger a sus propias monjas, ¿cómo demonios quieren hacer creer a la sociedad que se preocupan por las miles de mujeres y de menores que sucumben ante la voracidad sexual de cientos de sacerdotes?

Sirva la referencia a esa tragedia, que afectó —y sigue afectando— a mujeres adultas victimizadas por el clero, para recordar que en muchos de los países en los que se dieron esos delitos se produce una doble confluencia: la explotación sexual de los menores es una realidad cotidiana y los mecanismos de control y defensa de los derechos del menor son prácticamente inexistentes. Ni el menor ni su familia pueden defenderse ante una agresión sexual, ni la estructura administrativa de esos países tiene los mecanismos mínimos para actuar de oficio. Así pues, la pregunta del millón es: ¿cómo es posible que de esos países no se conozcan casos de delitos sexuales contra menores cometidos por el clero?, ¿es factible que habiendo tanta *oferta*, y siendo tan fácil de obtener, no exista la *demanda* que ha puesto en jaque a la Iglesia norteamericana?

259. *Cfr.* Galán, L. (2001, 21 de marzo). «El Vaticano admite el problema, comprobado en 23 países, y anuncia que se está afrontando.» Madrid: *El País*.

Ni el más cerril defensor de la santidad universal del clero puede creerse que no ocurre nada en esos países, que los menores no sufren las mismas barrabasadas y tropelías sexuales que los del primer mundo a manos de algunos de sus presuntos guías espirituales. La cifra no se puede imaginar, ni en su mínimo ni en su máximo, pero sin duda debe de ser aterradora.

Por otra parte, apenas unos indicios, como noticias procedentes de Nueva Zelanda en las que se pone de manifiesto la gran magnitud de este problema, con treinta y ocho sacerdotes acusados en la diócesis de Auckland[260], o el hecho de que la Iglesia católica australiana, según el diario *The Herald Sun*, haya tenido que pagar más de un millón y medio de euros para «compensar» los abusos sexuales de veintidós miembros de su clero, cometidos sobre ciento veintiséis víctimas durante los últimos seis años, invitan a pensar que las agresiones sexuales a menores son una terrible realidad en todo el orbe católico[261], sin excepción ninguna.

260. En junio de 2002, el obispo católico de Auckland, Patrick Dunn, reconoció la magnitud del problema que había en su diócesis y admitió que la forma que tenían hasta entonces de tratar a los responsables de abusos sexuales era equivocada. En esa diócesis, con anterioridad, el caso de mayor gravedad aflorado fue el del hermano marista Charles Afeaki, que en 1994 fue condenado a ocho años de cárcel por quince delitos de abuso sexual contra varones. [*Cfr*. EFE. (2002, 23 de junio). «38 casos de abusos en curas de Nueva Zelanda.» Madrid: *El Mundo*.

261. Hablamos aquí de orbe católico, pero ello no obsta para que una realidad equivalente pueda ser protagonizada por el clero de una diversidad de denominaciones cristianas, por el de otras religiones y, claro está, por todo tipo de sujetos ajenos a la profesionalización de lo religioso.

La hermosa frase de Jesús, «dejad a los niños venir a mí» (*Mt* 19,14), esconde un notable riesgo cuando la pronuncian muchos de los prelados y sacerdotes que, en todo el mundo, se autoproclaman seguidores suyos.

9

La cumbre de los cardenales norteamericanos en el Vaticano: mucho ruido y pocas nueces

Incapaz de hacer frente a la tremenda ola de escándalos sexuales que acosan con cientos de procesos judiciales por pedofilia a la Iglesia estadounidense, ésta se armó de valor para reclamarle a Juan Pablo II una «estrategia norteamericana» propia para poder resolver sus problemas.

El 23 de abril de 2002, trece cardenales norteamericanos acudían hasta las dependencias vaticanas para intentar salvar lo máximo posible del naufragio en que se había convertido la Iglesia católica norteamericana. Un tribunal de mucha enjundia y significancia, conformado por tres purpurados de máximo peso en la curia —además de *papables*—, más digno de un proceso inquisitorial que de una *cumbre*, había sido convocado para presidir y controlar la reunión. Nada menos que los cardenales Joseph Ratzinger, prefecto de la Congregación para la Doctrina de la Fe (ex Santo Oficio), Darío Castrillón Hoyos, prefecto de la Congregación para el Clero, y Giovanni Battista, prefecto de la Congregación para los Obispos, iban a presidir a los cardenales puestos en la picota ante el mundo.

Aunque la curia vaticana le quitó importancia a la *cumbre*, lo cierto es que el papa Wojtyla, con una salud profundamente debilitada, pero plenamente consciente de que Estados Unidos es el mayor contribuyente económico a las arcas vaticanas y el tercer país del mundo en número de fieles, pretendía llevar las riendas en la búsqueda de soluciones a una clase de escándalo que, aunque no era nuevo para él, sí era la primera vez que se le había escapado de las manos y campaba por la prensa internacional sin control alguno.

Otros escándalos anteriores no menos importantes y también centrados en la pederastia, como los protagonizados por Hans Gröer, arzobispo de Viena, y Julius Paetz, arzobispo de Poznan, se habían saldado con relativo silencio, forzando la dimisión de ambos prelados y presentando la cuestión como una anécdota irrelevante entre un clero puro como agua de manantial. Pero la prensa norteamericana, mucho menos dócil a las presiones de la Iglesia católica que la europea, había abierto una caja de Pandora que amenazaba con devorarlo todo, comenzando por Bernard Law, arzobispo de Boston —campeón, por el momento, en cuanto a la calidad y cantidad de delitos sexuales contra menores encubiertos por un solo prelado—, y acabando, quizá, por el anacrónico y absurdo derecho a una justicia privada que ahora la Iglesia veía peligrar frente al avance imparable de cientos de procesos judiciales civiles que cuestionaban su exclusivismo para juzgar al clero.

Sobre la mesa previa a la *cumbre* se amontonaban una diversidad de preguntas con respuesta incierta. ¿Permitiría el Papa que el conservador cardenal Law sirviese de chivo expiatorio para poder cerrar en falso el escándalo? Wilton Gregory, presidente de la Conferencia Episcopal de Estados Unidos había manifestado al *USA Today*: «Las diócesis norteamericanas necesitan recibir nuevas prerrogativas para combatir el problema de la pedofilia (...) Queremos una confirmación clara del Santo Padre para ir más lejos de cuanto ahora se nos permite. Me refiero a adoptar una estrategia norteamericana común, a adoptar medidas conjuntas entre nuestras diócesis, a obtener una mayor autoridad sin estar siempre sometidos a las instrucciones de Roma.» ¿Concedería Juan Pablo II tales aspiraciones?, ¿dejaría que la Iglesia norteamericana colaborase abiertamente con los tribunales de justicia civil entregando los expedientes de los sacerdotes pedófilos?, ¿se aceptaría regular mecanismos para indemnizar a las víctimas de los abusos del clero?

Traspasar la responsabilidad última de la situación desde el Papa, autoridad que había fijado y mantenido el marco canónico que forzaba el encubrimiento de los prelados, hasta la Iglesia norteamericana podía ser una buena jugada, aunque quizá sólo momentánea, ya que en diferentes estados, como Florida y Oregón, se aspiraba ya a poder procesar a la cúpula vaticana por un presunto delito continuado de encubrimiento y, quizá, de obstrucción a la Justicia (por los traslados de sacerdotes acusados de un país a otro a fin de dificultar el ser juzgados).

«A causa del grave daño provocado por algunos sacerdotes y religiosos —les espetó Juan Pablo II, para centrar la cuestión, a los trece cardenales norteamericanos presentes en el Salón Bolonia—[262], la Iglesia misma es vista

262. El documento original completo puede obtenerse en el web del autor, *http://www.pepe-rodriguez.com*, en la sección dedicada a la sexualidad del clero.

con desconfianza, y muchos se han ofendido por la manera en que han percibido la acción los líderes de la Iglesia en esta materia. El tipo de abuso que ha causado esta crisis es en todos los sentidos equivocado y justamente considerado como un crimen por la sociedad; es también un espantoso pecado a los ojos de Dios. A las víctimas y a sus familias, dondequiera que estén, les expreso mi profundo sentimiento de solidaridad y preocupación.»

«Es verdad —señaló con razón el Papa— que una generalizada falta de conocimiento de la naturaleza del problema y el consejo de expertos clínicos llevó en ocasiones a los obispos a tomar decisiones que, según los acontecimientos sucesivos, se han demostrado erróneas», pero «la gente necesita saber que no hay lugar en el sacerdocio y en la vida religiosa para quienes dañan a los jóvenes», acotó con una fuerza inusitada. La llamada línea de tolerancia cero parecía haberse impuesto en la *cumbre*, la expulsión del clero de los sacerdotes delincuentes, la colaboración con la Justicia ordinaria y la indemnización de las víctimas parecía algo ya aceptado.

En su comunicado final[263], tras cerrar la *cumbre*, los cardenales norteamericanos blandieron con orgullo el aforismo jurídico anglosajón *«One strike-you're out»* («Al primer error, estás fuera») para mostrar su resolución a expulsar a los sacerdotes pedófilos del clero. Aunque no se cuestionó el celibato en ningún aspecto, sino que, por el contrario, se lo ensalzó, sí que se acordó establecer filtros más eficaces en los seminarios para dismi-

263. El documento original completo puede obtenerse en el web del autor, *http://www.pepe-rodriguez.com*, en la sección dedicada a la sexualidad del clero.

nuir el porcentaje de homosexualidad, a la que sí relacionaron en alguna medida con la pedofilia.

Para finalizar, se escenificó un acto de contrición colectiva de los cardenales, dirigido a sus sacerdotes en Estados Unidos: «Durante nuestro encuentro habéis estado muy presentes en nuestro pensamiento y en nuestro corazón, pues conocemos bien la pesada carga de dolor y vergüenza que estáis soportando por culpa de algunos que han traicionado la gracia del Orden sagrado abusando de los que habían sido encomendados a su cuidado. Lamentamos que la vigilancia episcopal no haya sido capaz de evitar a la Iglesia este escándalo. La Iglesia entera, la Esposa de Cristo, está triste por esta herida: en primer lugar, las víctimas y sus familias, pero también vosotros, que habéis dedicado vuestra vida al "sagrado oficio del Evangelio de Dios".»[264]

Los cardenales dejaron Roma algo más relajados —si es que podía estarse tranquilo cuando sus cuentas corrientes habían disminuido en unos 1.000 millones de dólares pagados en indemnizaciones y las nuevas denuncias crecían a diario, quedando en ese momento más de 300 demandas judiciales pendientes de resolver y unas 400 en vías de ser presentadas—, con mucho trabajo pendiente y una serie de planes a implementar... tras la reunión de los obispos norteamericanos que debería tener lugar dos meses después, en junio, en Dallas.

264. El documento original completo puede obtenerse en el web del autor, *http://www.pepe-rodriguez.com*, en la sección dedicada a la sexualidad del clero.

La cumbre de los prelados en Estados Unidos: un intento para controlar la pedofilia que se opone a la política vaticana de encubrimiento

Nadie podía decir que la riada de escándalos sexuales que inundó y enlodó la Iglesia católica norteamericana fuese una novedad o una sorpresa, ni tampoco que no se hubiese reflexionado tiempo atrás sobre su riesgo. Pero una cosa son las intenciones y otra bien diferente son las obras.

La pedofilia del clero se trató en secreto durante la reunión anual que la Conferencia Episcopal norteamericana celebró en 1995, y del estudio realizado a posteriori, por el Ad Hoc Committee on Sexual Abuse —Comité Ad Hoc sobre Abuso Sexual—, salió una política basada en cinco principios que se activó en 1992. La Conferencia Episcopal —que ya estaba sumida en una ola de escándalos sexuales de su clero, con cuatrocientos casos comprobados en nueve años—, envió esa nueva normativa a todas las diócesis norteamericanas, a fin de facilitarles una base para establecer líneas de actuación adecuadas frente a los abusos sexuales de menores, pero, a fecha de hoy, se ha visto que ni siquiera la tuvo en cuenta el 62 % de las diócesis, mientras que en el resto no se aplicó correctamente[265]. Lo fundamental de la normativa de 1992 fue que la Iglesia había aceptado finalmente que la pedofilia era una psicopatología que no tenía un tratamiento eficaz y que el problema iba en aumento, abandonando así el tradicional consejo de sus asesores en psiquiatría,

265. *Cfr.* Townsend, R. (2002, 14 de junio). «La Iglesia de EE.UU. pide a las víctimas que denuncien a los sacerdotes pederastas.» Madrid: *El País*, p. 30.

que recomendaban la reincorporación de los sacerdotes pedófilos a nuevas parroquias —tras haber pasado, o no, por centros presuntamente especializados en su rehabilitación— y fueron causa de reincidencias y delitos sin fin.

En junio de 1993, forzado por la iniciativa recién citada de la Iglesia norteamericana, el propio Juan Pablo II se vio obligado a reconocer que los abusos sexuales a menores eran una realidad dentro de la Iglesia. En una carta pastoral, fechada el 11 de junio, el Papa ofrecía a la Iglesia estadounidense su colaboración para la aplicación de las leyes canónicas que permiten expulsar de la Iglesia al clero trasgresor, al tiempo que ponía en guardia a los prelados ante la «forma sensacionalista» con que los medios abordaban la cuestión.

El entonces presidente de la Conferencia Episcopal, William Keeler, declaró que toda la Iglesia norteamericana se sentía «fortalecida al saber que el Papa ha tomado en su propio corazón la preocupación, tanto por las víctimas como por los sacerdotes que cometieron los abusos»[266]. Pero el corazón del Papa no debía de tener capacidad más que para contener al clero delincuente, porque éste sí fue tomado de la mano y protegido, pero a sus víctimas no se les pidió siquiera perdón. La toma de posición del Papa y de los prelados norteamericanos se quedó en meras palabras y todo siguió exactamente igual que siempre.

Diez años después de adoptar esas normas de control nacidas fracasadas, en junio de 2002, los prelados norteamericanos se reunían en una cumbre en Dallas para discutir el establecimiento de otras nuevas medidas, las *de-*

---

266. *Cfr.* Caño, A. (1993, 23 de junio). «El Papa reconoce que los abusos sexuales existen en la Iglesia.» Madrid: *El País*, p. 32.

finitivas, las capaces de poner coto a la sangría de dinero y credibilidad que le suponía a la Iglesia católica de Estados Unidos los delitos sexuales de su clero.

Los motores de la reunión de Dallas se habían comenzado a calentar con una notable dimisión entre los prelados: el 11 de junio de 2002, justo antes de comenzar las sesiones, James Williams, de 65 años, obispo de Louisville (Kentucky), había presentado su dimisión al Papa. Hacía un mes que un antiguo monaguillo suyo había hecho públicos sus pasados abusos sexuales, que el prelado negó, pero la fuerza de los hechos —y noventa denuncias más sobre la misma cuestión, presentadas en sólo dos meses por otras supuestas víctimas—[267], más la necesidad de que sus colegas tuviesen una *cumbre* sin problemas, le llevó a convertirse en el tercer prelado que dimitía en los últimos tres meses.

En la reunión de Dallas debatieron dos sectores eclesiales y dos posiciones formales contrapuestos; uno, cuyo máximo ejemplo era el obispo Bernard Law —máximo encubridor de pedófilos, del que algunos de sus compañeros habían exigido su dimisión al Papa, y que, en pública burla a su archidiócesis en bancarrota, llegó a Dallas en un jet privado—, tendía a brindar la máxima protección posible al clero, proponiendo castigar sólo a los sacerdotes reincidentes; el otro abogaba por una clara tolerancia cero, un solo abuso confirmado supondría la expulsión inmediata del clero.

En los días previos a la reunión de Dallas, desde la Conferencia Episcopal norteamericana se insistió en que

267. *Cfr.* Parrado, J. A. (2002, 12 de junio). «Dimite un tercer obispo en EE.UU. acusado de abuso sexual a un joven.» Madrid: *El Mundo*.

muchas de las denuncias aparecidas durante ese último año, y otras anteriores, lo eran basándose en delitos cometidos antes de 1985; y en sus comunicados recordaba, una y otra vez, las palabras de Juan Pablo II sobre la obligación de confiar en la «conversión» de quienes han pecado para que, «en silencio, paguen sus culpas y demuestren que son hombres nuevos»[268].

Pero también hubo abundantes brindis al aire, manifestaciones de intenciones que eran muy vistosas para los medios de comunicación pero difícilmente aplicables en la práctica y de muy dudosa eficacia. Un ejemplo lo protagonizó Roger Mahony, cardenal de Los Ángeles, que anunció, a través de sendos anuncios publicitarios en los tres grandes diarios angelinos, que en su archidiócesis sólo admitiría a seminaristas de historial inmaculado, objetivo que pensaba lograr tomando las huellas dactilares de los candidatos, investigando su currículo, realizando exámenes psicológicos y entrevistas en profundidad, analizando sus fichas policiales y gubernamentales, etc. «Ningún sacerdote, deán o personal religioso que haya abusado alguna vez de un menor —prometió el cardenal—, no importa cuándo sucediese, recibirá autorización para desarrollar cualquier tarea.»[269]

Tan repentina muestra de rigor y honestidad no venía inspirada por el *Evangelio*, sino que era la primera acción pública que le había dictado hacer la agencia de

268. *Cfr.* Cuna, F. (2002, 5 de junio).«La Iglesia católica de EE.UU. no expulsará a curas que cometieron abusos sólo una vez.» Madrid: *El Mundo*.

269. *Cfr.* Parrado, J. A. (2002, 6 de junio). «El cardenal Mahony anuncia duras medidas que incluyen el registro de huellas dactilares.» Madrid: *El Mundo*.

relaciones públicas Sitrick, de Hollywood, contratada pocos días antes para intentar detener el descrédito en que estaba cayendo la Iglesia católica por encubrir tantos delitos; manipular la información que llega a los medios de comunicación, mediante mensajes favorables que sólo son meras intenciones de quien goza de mala fama, es uno de los trucos más viejos e indecentes de esa profesión.

La reunión de Dallas, a pesar de todo, acabó haciendo su trabajo, y el 17 de junio de 2002 presentó su documento titulado *Estatutos para la protección de niños y jóvenes*, que era una especie de código ético y práctico, ordenado en 17 artículos, destinado a afrontar la pedofilia del clero y evitar los abusos sexuales a los menores en las parroquias norteamericanas. De su propia redacción se deduce, sin lugar a dudas, que la existencia de abusos sexuales del clero sobre menores no es un hecho esporádico sino una realidad cotidiana en todas las diócesis del país.

Ese documento —que reproducimos íntegramente en el anexo documental número 2—, fue sin duda el intento más notable y honesto que, hasta la fecha, se ha realizado dentro de la Iglesia católica para afrontar el grave problema de los delitos sexuales de su clero contra menores, presentando aspectos a los que debe reconocerse su mérito y valor, junto a otros que resultan dudosos o criticables. A ambos nos referiremos a continuación.

Destacaremos como aspectos importantes, que deberían ser imitados por las diócesis de todo el mundo, los siguientes:

«Las diócesis/eparquías tendrán asimismo un comité de revisión (...) [que] asistirá al obispo diocesano/eparquial para evaluar las alegaciones [de abuso] y la aptitud para el ministerio, y revisará periódicamente las reglas y procedimientos (...) para tratar con el abuso sexual de menores» (Artículo 2).

«Las diócesis/eparquías notificarán cualquier alegación de abuso sexual de un menor a las autoridades correspondientes y cooperarán en la investigación (...) cooperarán con las autoridades públicas informando sobre los casos cuando la persona haya dejado de ser menor de edad. En cada situación, las diócesis/eparquías aconsejarán y apoyarán el derecho de la persona a dar parte a las autoridades públicas» (Artículo 4).

«Cuando la investigación preliminar de una queja contra un sacerdote o diácono así lo indique[270], el obispo diocesano/eparquial relevará rápidamente al supuesto ofensor de sus tareas ministeriales (...) será derivado para recibir una evaluación médica y psicológica apropiadas, siempre y cuando ello no interfiera con la investigación de las autoridades civiles (...) Las reglas diocesanas/eparquiales estipularán que incluso en el caso de un solo acto de abuso sexual (...) de un menor, en el presente o futuro, el sacerdote o diácono trasgresor será removido permanentemente del ministerio (...) Si la pena de destitución del estado clerical no ha sido aplicada (por ejemplo, por razones de edad avanzada o enfermedad), el trasgresor deberá vivir una vida de oración y penitencia. No se le permitirá celebrar Misa en público, usar vestimenta cle-

---

270. Se deja expresamente abierta la discrecionalidad de cada prelado para decidir cuándo unas evidencias aconsejan o no relevar de su cargo a un clérigo. Esa discrecionalidad de prelados y superiores de órdenes religiosas, hasta hoy, ha sido empleada casi siempre para encubrir al delincuente sexual.

rical, o presentarse en público como sacerdote[271]» (Artículo 5).

«Mientras que el compromiso sacerdotal a la virtud de la castidad y el don del celibato es bien conocido, habrá normas diocesanas/eparquiales claras y bien divulgadas acerca del comportamiento ministerial y los límites apropiados para el clero y para todo el personal de la Iglesia en posiciones de confianza y que tiene contacto regular con niños y jóvenes» (Artículo 6).

«Para asistir en la firme aplicación de estos principios (...) autorizamos el establecimiento de una Oficina para la Protección de Niños y Jóvenes (...) Las tareas de esta Oficina incluirán (...) producir un informe público anual sobre el progreso logrado en la implementación de las normas que aparecen en estos Estatutos. Este informe público incluirá los nombres de aquellas diócesis/eparquías que, a juicio de esta Oficina, no estén cumpliendo con las disposiciones y expectativas de estos Estatutos» (Artículo 8).

«La labor de la Oficina para la Protección de Niños y Jóvenes será asistida y vigilada por un Comité de Revisión (...) nombrado por el presidente de la Conferencia [Episcopal][272] (...) El Comité también comisionará un es-

271. Esta última disposición, que abarca razones humanitarias comprensibles, supone el amparo de la inmensa mayoría de los sacerdotes delincuentes sexuales por motivos de edad o enfermedad. Por otra parte, no puede haber, ni lo hay, compromiso y garantías de control por parte de la Iglesia para evitar la reincidencia de un pedófilo, ya que no basta con prohibirle ejercer los actos propios del sacerdocio. ¿Mantendrá a esos clérigos encerrados en un convento sin dejarles salir? Sin duda no, ya que la Iglesia podría cometer un delito de retención ilegal.

272. Una dependencia orgánica que puede impedir la labor in-

tudio descriptivo con la plena cooperación de nuestras diócesis/eparquías, sobre la naturaleza y alcance del problema dentro de la Iglesia Católica en Estados Unidos, incluyendo datos tales como estadísticas sobre los trasgresores y las víctimas» (Artículo 9).

«Las diócesis/eparquías establecerán programas "entorno seguro" (Artículo 12); y «Las diócesis/eparquías examinarán los antecedentes de todos los miembros del personal diocesano, eparquial y parroquial que tenga contacto regular con menores» (Artículo 13).

«Cuando un clérigo sea propuesto para una nueva asignación, transferencia, residencia en otra diócesis/eparquía o en una diócesis/eparquía fuera de Estados Unidos, o residencia en la comunidad local de un instituto religioso, el obispo o superior mayor que envía deberá mandar, y el obispo o superior mayor que recibe deberá revisar —antes de la asignación— una descripción fiel y completa de la hoja de servicios del clérigo, incluyendo cualquier asunto en los antecedentes y servicio que pueda suscitar interrogantes sobre su capacidad para el ministerio»[273] (Artículo 14).

Apuntado lo novedoso y positivo de esta normativa de la Iglesia norteamericana, destacaremos también algunos de sus aspectos más criticables. El primero de ellos, que irritó a todo el mundo, creyentes y sacerdotes inclui-

---

dependiente de esta Oficina para la Protección de Niños y Jóvenes o, al menos, despertar serias dudas sobre su independencia, algo que no favorece a nadie y debería evitarse aplicando aquello de que la mujer del césar no sólo debe ser honesta, sino parecerlo.

273. Esta norma, que nadie aplica, ya existía desde 1993. *Cfr. National Conference of Catholic Bishops* y *Conference of Mayor Superiors of Men, Proposed Guidelines on the Transfer or Assignment of Clergy and Religious.*

dos, es que los prelados se dieron inmunidad absoluta, exonerándose de cualquier culpa y castigo, frente a los cientos de delitos que encubrieron, frente a los cientos de daños emocionales graves que pudieron evitar y no lo hicieron, frente a los cientos de delincuentes que protegieron activamente impidiendo que fuesen puestos a disposición judicial.

Tras la reunión de Dallas y aprobación de los *Estatutos*, y sin duda impulsados por el hecho de haber cerrado en falso la crisis y la asunción de responsabilidades, cientos de víctimas y un número creciente de fiscales —mediante la convocatoria de un Gran Jurado— se lanzaron a intentar dirimir la posible responsabilidad criminal subsidiaria que adquirieron los obispos encubridores. «No hemos tratado el asunto de nuestra responsabilidad —denunció, irritado y defraudado, el obispo Joseph Sullivan— y hemos castigado con efecto retroactivo a párrocos que respaldamos durante años. Hemos arriesgado la confianza de nuestros fieles y el vínculo con nuestros párrocos»; Sullivan tenía toda la razón en su apreciación, pero este tipo de honestidad y coherencia no tiene demasiados partidarios entre los prelados del mundo, y ninguno en absoluto dentro del Vaticano.

El lenguaje empleado en algunos pasajes de los *Estatutos* también resultó ofensivo a las víctimas de abusos, que se sintieron tratadas como problemas dignos de lástima antes que como personas. «Las diócesis/eparquías, acercándose a las víctimas/supervivientes y sus familias demostrarán su sincero compromiso con su bienestar espiritual y emocional. La primera obligación de la Iglesia en relación a las víctimas es de sanación y reconciliación (...) Este acercamiento incluirá medidas para el asesoramiento, ayuda espiritual, grupos de apoyo, y otros servicios sociales seleccionados de común acuerdo por la víctima (...) Mediante este acercamiento pastoral hacia las víctimas y sus familias, el obispo diocesano/eparquial, o su representante, ofrecerá reunirse con ellos para escuchar con paciencia y compasión sus experiencias y preocupaciones...» (Artículo 1).

Con independencia de lo positivo que resulta ofrecer a las víctimas los servicios de apoyo citados —si se ofrecen con independencia y no con finalidad de encubrimiento, que es algo que sucederá en no pocas diócesis—, resulta insultante que el obispo, aunque más bien será sólo «su representante», sea llamado a escuchar «con paciencia y compasión» a víctimas de delitos sexuales que lo que requieren es justicia, respeto, colaboración y acción, no meras buenas palabras santurronas y vacuas. Las víctimas son los agredidos, así es que si los obispos quieren regalar «paciencia y compasión» que la gasten con el clero agresor... tras ser juzgados por un tribunal civil, evidentemente.

Resulta positivo, a fin de intentar evitar los pactos económicos encubridores, que se establezca, en el Artículo 3 de los *Estatutos*, que «las diócesis/eparquías no entrarán en acuerdos confidenciales», pero cuando se añade a continuación «excepto cuando haya razones graves y substanciales presentadas por la víctima/superviviente y sean anotadas en el texto del acuerdo», se devuelve la situación al mercadeo oculto actual, en el que se cambia el silencio de la víctima por el dinero u otras prebendas facilitadas por la diócesis, sólo que a partir de ahora se exige dejar constancia escrita de las cláusulas del acuerdo de confidencialidad, con particular mención del compromiso asumido por la víctima, a fin de evitar denuncias contra los sacerdotes encubiertos después de haber pagado lo pactado a su víctima, o de haber acordado con ésta el «perdón» del delincuente.

A pesar de los sistemas de control que establecen los *Estatutos*, no está asegurada su independencia de los obispos, ni tampoco los medios materiales, humanos y de financiación que pueden permitir llevarlos a cabo, con lo que las buenas intenciones publicitadas sólo podrán ser valoradas a partir de dos años después de su puesta en práctica. La anterior intentona de lograr algo similar, en 1994, fracasó estrepitosamente, ojalá no suceda lo mismo esta vez.

Finalmente, aunque, según el artículo 11 de los *Estatutos*, «el Presidente de la Conferencia [Episcopal] informará a la Santa Sede sobre estos Estatutos para indicar la forma en que, nosotros, los obispos católicos, junto con toda la Iglesia de Estados Unidos, pretendemos resolver la crisis actual», debe tenerse bien presente que todo lo sustancial de esta normativa puede quedar en nada si el Vaticano no la acepta, y es más que posible que no autorice nada de lo fundamental porque, de modo frontal, se opone a las órdenes de encubrimiento del clero abusador sexual emanadas tanto desde el Papa personalmente como de toda la legislación canónica actualmente vigente.

Los prelados norteamericanos hicieron una normativa a la medida de las grandes necesidades de su inmenso problema, pero ni se atrevieron a solicitar cambios en la legislación canónica que entra en abierta contradicción con las leyes civiles —tal como ya abordamos en el capítulo 3—, ni la asumieron, ya que hacerlo les imposibilitaba intentar abordar con eficacia los cientos de casos de abusos sexuales que todavía tenían pendientes de resolver.

Las nuevas normas propuestas por la Iglesia norteamericana exigen informar con prontitud a las autoridades civiles de toda sospecha razonable de delito sexual contra un menor cometido por su clero y, además, exige una plena cooperación con esas autoridades durante la investigación del caso; pero hacerlo, tal como ya demostramos en los capítulos 3 y 4, va en contra de lo ordenado por el *Código de Derecho Canónico* y por el *Motu Proprio* de Juan Pablo II, *Sacramentorum Sanctitatis Tutelae* (La Tutela de la Santidad de los Sacramentos), que reafirma la autoridad exclusiva de la Congregación para la Doctrina de la Fe para entender y decidir sobre las faltas más graves contra los sacramentos, entre las que figura la pedofilia. La actual normativa papal exige a todos los prelados y superiores de órdenes religiosas que todos los casos de abuso sexual del clero, sin excepción, deben ser comunicados y/o remitidos en secreto al Vaticano, que reserva a su Tribunal ad hoc de la Congregación para la Doctrina de la Fe la exclusividad de conocer y decidir, en última instancia, sobre esas conductas delictivas.

¿Está dispuesto el Papa, o su curia, a perder un gran pedazo de poder a cambio de cedérselo, aunque sea transitoriamente, a la Conferencia Episcopal de Estados Unidos? Y si lo hiciere, ¿cómo podría justificar la aplicación de unas medidas legales y de protección de la infancia, contrarias al derecho canónico, en un solo país y no permitirlas y/o recomendarlas en el resto de la Iglesia mundial, que padece el mismo problema de abusos? En caso de que la Iglesia norteamericana no viese aceptada su normativa para controlar los abusos sexuales del clero, ¿se atreverá a enfrentarse al Vaticano?

En el momento de escribir este libro no hay datos que permitan adivinar cómo resolverá el Vaticano este conflicto, pero, según su habitual modo de proceder, cabe pensar que se tomará su tiempo antes de invalidar lo fundamental de esas normas, cosa que sólo hará cuando los ecos del escándalo se hayan apagado totalmente en los medios de comunicación, ya que, entonces, esa decisión sólo escandalizará a expertos y víctimas, pero, sin el contexto de la crisis actual, no causará excesivo efecto en los millones de católicos americanos que alimentan con sus donaciones las arcas de la Iglesia. Cuando eso ocurra, la imagen de la Iglesia estadounidense ya se habrá recuperado suficientemente y a pocos prelados importará que esos *Estatutos* queden en puro papel mojado, tal como ya pasó con las normas anteriores.

La Iglesia católica ha sabido sacarle siempre una gran ventaja a la capacidad de olvidar la corrupción institucional que tiene la mayoría de sus fieles.

10

Los protagonistas que la Iglesia deja sin voz: las víctimas de los delitos sexuales del clero

La práctica totalidad de las víctimas sexuales de sacerdotes son hijos e hijas de familias católicas que llevan a los menores a colegios religiosos, o los impulsan a vincularse estrechamente a las actividades de una parroquia. Por esta razón, el prelado norteamericano Joseph Imesch declaró, compungido, en 1993, cuando los sacerdotes condenados por delitos sexuales pasaban ya de los cuatrocientos, que «los padres nos confían a sus hijos y a causa de estos casos de pederastia va disminuyendo cada vez más la confianza en los sacerdotes»[274].

Pero el asunto no es sólo una cuestión de confianza en el clero. Ante el problema que nos ocupa, los menores permanecen indefensos ya que suele fallar estrepitosamente todo el sistema que debería protegerles: la Iglesia, con sus obispos al frente, la familia y los tribunales de justicia.

La desprotección se agrava con el silencio que rodea a

274. *Cfr.* De Mendata, A. (1993, 26 de julio). «La Iglesia también cae en el sexto.» Madrid: *Cambio 16*, p. 65.

las víctimas. Un silencio que a menudo es parte de ellas mismas, de su fragilidad a causa del trauma recibido, del miedo, de la vergüenza o de la devastación psicológica; pero que siempre se agrava con silencios cómplices en muy diferentes estamentos sociales, en la Prensa, en la Justicia, en la Administración Pública y, claro, en la Iglesia.

A las víctimas de abusos sexuales no se les concede voz en ninguna parte, se las victimiza doblemente, por la agresión que sufrieron y por el abandono a que son condenadas, por eso, en países como Estados Unidos o Gran Bretaña, están agrupadas en diferentes colectivos de defensa de sus intereses, que es lo que debería hacerse en todo el mundo. Sólo así han podido hacer escuchar, aunque tímidamente, su voz. Únicamente de esta manera han podido lograr, aunque no sin padecer una brutal oposición por parte de los prelados, que su voz esté presente en reuniones clave como lo fue la de la Conferencia Episcopal norteamericana en Dallas.

Pero, en general, la voz de las víctimas no gusta ser escuchada por nadie dentro de la Iglesia, ni por los creyentes, que prefieren mirar hacia otro lado; ni por los prelados, que muy a menudo las desprecian; ni por el propio Papa, que mientras ha accedido a entrevistarse con sujetos de pésima calaña, con víctimas de mil desgracias y con desheredados de nuestro mundo moderno, jamás ha aceptado tener delante a víctimas de abusos sexuales del clero. El último ejemplo lo tenemos en su viaje a Canadá, en julio de 2002, donde, a pesar de su patético estado físico, tuvo tiempo para departir con los colectivos que le aclamaron —al más puro estilo rockero que tan bien han sabido imponer el papa Wojtyla y el opusdeísta Joaquín Navarro Valls—, pero se negó a recibir a los representantes de dos importantes asociaciones de víctimas de delitos sexuales del clero que representaban a miles de católicos agredidos cuando eran menores.

Sin embargo, aunque forzado por nuevos escándalos sexuales que surgieron durante su visita a Canadá, el Papa, en la misa solemne con la que concluyó la XVII Jornada Mundial de la Juventud, no pudo por menos de lanzar sus tradicionales palabras vacuas: «El daño hecho por algunos sacerdotes y religiosos a los jóvenes y a los vulnerables nos llena a todos de una profunda tristeza y vergüenza. Pero pensad en la gran mayoría de sacerdotes y religiosos dedicados y generosos, cuyo único deseo es servir y hacer el bien.» Quienes sí están sintiendo «vergüenza y tristeza» de verdad son todas y cada una de las víctimas de abusos del clero que el papa Wojtyla ningunea sistemáticamente.

Si las víctimas de los delitos sexuales del clero quieren tener voz, deben ganársela a pulso, tal como están haciendo en Estados Unidos, porque nadie se la va a regalar, ni dentro ni fuera de la Iglesia. Y si se quiere intentar controlar el riesgo de que los menores actuales sigan sucumbiendo a la voracidad sexual de sus abusadores, clérigos o no, deberá actuarse con firmeza —y fundamentalmente— desde las familias y desde la sociedad civil. En los dos apartados siguientes aportaremos algunas sugerencias para prevenir y detectar los abusos sexuales.

Sentimientos y problemas de los menores víctimas de abusos sexuales del clero

Entre los millares de víctimas que, en todo el mundo, han sufrido abusos sexuales del clero siendo menores, no encontraremos siempre los mismos sentimientos y problemas, ya que éstos dependen de la edad en que se sufrió la agresión, del tipo de abuso —con mayor o menor contacto físico y realizado de una forma más o menos explícita o disimulada—, de su intensidad y prolongación a lo largo del tiempo, de la estructura de personalidad del menor abusado, etc. Sin embargo, todas esas personas han pasado por un calvario, superado o no con el paso de los años, que ha minado sus vidas de una u otra forma.

En general, el involucrar a un menor en conductas sexuales impropias de su edad implica siempre, como mínimo, interferir en el desarrollo natural, normal y saludable de su propia sexualidad. La mayoría de los menores que son abusados sexualmente sufren alteraciones emocionales cuando son víctimas de esa conducta por parte de algún adulto, ya que se viven los hechos como algo inmoral y no aceptable por los demás, que conlleva una pérdida de confianza y seguridad en uno mismo y en los demás, dañando muy seriamente la autoestima, y suele despertar sentimientos de vergüenza, culpabilidad, etc. Aunque también es cierto que en determinados casos, ya sea por el tipo de abuso o por otras circunstancias personales, la agresión parece asimilarse sin causar, aparentemente, excesivos daños emocionales.

Los problemas resultantes de una situación de abuso sexual dependen de una combinación de factores, entre los que destacan la edad que tenga la víctima, el tipo y la duración del abuso, la relación con el abusador —que en el caso que nos ocupa siempre es emocionalmente próxima, ya que es el párroco, consejero espiritual, o maestro de la víctima—, y el apoyo emocional facilitado por la familia.

La edad que tiene un menor en el momento de ser abusado sexualmente es un elemento muy importante a la hora de valorar las posibles repercusiones de esa agresión.

En el caso de los abusos sexuales del clero católico, la mayor parte de los delitos detectados afectan a menores púberes —entre 10 a 14 años; con especial incidencia en la franja de 10 a 12 años[275]— y prepúberes a partir de los 5 a 6 años de edad. Los abusos sexuales a menores de menos de 5 años son infrecuentes, aunque no inexistentes, mientras que los cometidos sobre menores algo mayores de 14 años, eso es de 15 o 16, son relativamente abundantes.

Hacia los 2 o 3 años de edad todavía no se es capaz de entender como un comportamiento inadecuado la acción abusadora de un adulto, salvo que ésta comporte dolor físico. Por esa razón, los niños pueden explicar situaciones de abuso sexual del mismo modo del que se sirven para relatar otras actividades y, dado que los abusos, a esa edad, siempre suelen producirse en un contexto de juego y muestras de afecto por parte del adulto agresor, es habitual que ese menor, en situación de juego con otros adultos, pueda proponerles también, como un modo de jugar, las conductas que aprendió al ser abusado[276]. Esta posibilidad, si se está atento a las propuestas

275. A esa edad el cuerpo ya está cambiando hacia la forma adulta, pero el menor es todavía muy manipulable emocionalmente y se le puede engañar muchísimo mejor que cuando roza la adolescencia, que, para buena parte del clero abusador, sería la edad ideal para mantener relaciones sexuales. Cuando los abusos sexuales se cometen sobre menores con una edad de 14 a 16 años, las víctimas presentan un perfil psicosocial de fragilidad (inmadurez, aislamiento familiar y social, carencias afectivas graves, deficiencias psíquicas más o menos importantes, etc.) que las hace especialmente vulnerables a la presión manipuladora y a los deseos del sacerdote.

276. *Cfr.* Petitbó, M. D. (2002). «Situaciones de abuso sexual.» En Petitbó, M. D. (Ed.) *Enciclopedia de los padres de hoy: Problemas en la infancia.* Barcelona: Círculo de Lectores, pp. 184-189.

del niño en lugar de reñirle por casi todo, permite descubrir la existencia de abusos y la identidad del agresor.

Hacia los 5 años, en función de su madurez, el menor ya es capaz de comprender lo que es correcto o no realizar; pero cuando se sufre abusos sexuales a esa edad, es muy habitual sentirse atrapado en la red de afecto y lealtad tejida por el adulto abusador, una tela que siempre es tanto más densa cuanto mayor es la relación afectiva entre la víctima y su abusador, que suele forzar las relaciones bajo chantajes emocionales como el de retirarle su apoyo y afecto. Un poco más tarde, hacia los 7 u 8 años de edad, un menor ya tiene plena conciencia de que lo que le está sucediendo es algo incorrecto, pero en esa etapa vital adquieren mucha fuerza el sentimiento de vergüenza y el temor a ser castigado si se descubre que se ha hecho algo prohibido, una posibilidad que siempre refuerza el abusador, amenazando incluso a la víctima con contarle a sus padres u otros las actividades «secretas» que comparten.

Un menor abusado pierde la confianza en quienes le rodean; piensa que el abusador le ha engañado y traicionado, y que todos los demás le han fallado y se siente solo. El tipo de pensamiento mágico que caracteriza a un niño en sus primeros años le lleva a desear que sus padres le protejan, pero sin tener que explicarles algo que percibe como doloroso; suele pasar tiempo hasta que se decide a contar qué le sucede y, cuando se da el caso, debe estimularse de nuevo su confianza en los adultos mostrándole que se presta credibilidad a lo que relata, apoyándole con afecto y sin forzarle ni reñirle. Conforme recupere la confianza, irán aflorando los datos que permitirán medir la realidad y naturaleza del abuso sufrido.

Llegado a la pubertad, un menor vivencia los abusos

sexuales como una intromisión violenta e ilegítima en su intimidad, siendo habitual que la conducta sexual a la que le fuerza el adulto le produzca asco y le haga sentirse sucio por dentro y por fuera —a menudo el menor recurre a lavarse o ducharse de forma compulsiva tras cada abuso—; en muchos casos, aunque el menor exprese su deseo de acabar con la situación de abuso e incluso patentice su animadversión y desprecio por el agresor, el abuso prosigue durante tiempo por no atreverse a comentar con nadie lo que está sucediendo. Resulta fundamental que los padres faciliten el diálogo cuando sus hijos «están raros» para poder tener ocasión de descubrir la causa de su estado. Cuando un menor muestra recelo o disgusto ante alguna persona, jamás debe forzarse a que se comporte amigablemente o permanezca a solas con ella sin haber averiguado antes el motivo del rechazo.

Respecto a los sentimientos que genera una situación de abuso sexual en el menor que la padece, el ya citado estudio de Félix López, catedrático de Psicología de la Sexualidad de la Universidad de Salamanca[277], confirmó algo compartido por todos los especialistas en este ámbito, eso es que en la medida en que la relación entre la víctima y el agresor es más próxima, mayor es la tendencia a que se produzcan reacciones emocionales negativas en la víctima.

Según esta investigación, las reacciones emocionales de las víctimas tras el abuso sexual de un religioso fueron: «desconfianza» (71,43 %); «asco» (57,14 %); «vergüenza» (35,71 %); «hostilidad hacia el agresor» (28,57 %); «miedo» (21,43 %); «ansiedad, angustia y desasosiego»

---

277. *Cfr.* López, F. (1994). *Abusos sexuales a menores. Lo que recuerdan de mayores.* Madrid: Ministerio de Asuntos Sociales.

(21,43 %); «marginación, ser especial» (14,29 %); «hostilidad hacia la propia familia» (7,14 %); «culpa» (4,14 %), y «agrado, satisfacción» (4,14 %)[278].

Otras consecuencias psicológicas en la víctima, después de sufrir el abuso sexual de un religioso, destacadas en este estudio, son: «pérdida de confianza en sí mismo y en el agresor» (28,57 %); «rechazar la sexualidad o el sexo [varón] del agresor» (21,43 %); «perder la atención en clase» (15,38 %); «otras cosas» (14,29 %); «dormir mal» (7,14 %), y «tener pesadillas» (7,14 %)[279].

«En cuanto a las reacciones emocionales negativas (culpa, vergüenza, miedo, etc.) que los abusos provocan —concluye Félix López—, en términos generales, observamos que todos los tipos de abusos, sin excepción, provocan algún tipo de reacción emocional negativa en un número importante de las víctimas. Parece claro, por tanto, que no podemos hablar de la existencia de abusos que no supongan o conlleven riesgos importantes de tipo emocional para las víctimas.»[280]

Recomendaciones para detectar y protegerse de los sacerdotes que abusan sexualmente de los menores

El *modus operandi* de un abusador sexual suele ser siempre muy parecido. Desde una plataforma de observación privilegiada como es la que facilita el desarrollar un rol de educador, consejero espiritual o párroco, se va

278. *Ibíd.*, p. 129.
279. *Ibíd.*, p. 132.
280. *Ibíd.*, p. 181.

seleccionando a los menores, de uno u otro sexo, más frágiles, prestando especial atención a su docilidad, inmadurez —a causa de su corta edad o de dificultades inherentes a su proceso vital—, aislamiento, carencias afectivas, dependencia, procedencia de un ambiente familiar problemático o con padres demasiado ocupados por su profesión, etc.

Una vez seleccionada la posible víctima, el primer paso consiste en ganarse su confianza y afianzar la relación de afecto mediante algún tipo de premio, que pueden ser regalos de muy diferente entidad —golosinas, ropa, juguetes, dinero, etc.—, compartir juegos y/o intereses diversos, facilitar apoyo en los estudios o ante problemas cotidianos, adoptar un papel de padre generoso y protector, y estrategias por el estilo.

En las primeras fases, el contacto corporal no suele aparentar tener implicaciones sexuales, pero se busca cualquier ocasión apropiada para poder abrazar, apretujar o besar a la posible víctima. De la reacción que tenga en esas ocasiones dependerán los pasos siguientes. Si el menor rehúye el contacto, el sacerdote buscará una nueva víctima, ya que sus abusos se basan en la manipulación afectiva antes que en la fuerza física y, claro, se refuerzan y protegen desde la calidad del rol que se ocupa.

Cuando el menor ha respondido con docilidad a los contactos físicos indagatorios, el abuso sexual suele desencadenarse de improviso, sin que el menor tenga tiempo de reaccionar ni de entender muy bien qué está sucediendo. Las protestas y/o la resistencia del menor se intenta acallarlas negando el significado sexual del abuso o ensalzando el placer que se va a sentir. «No es más que un juego», «cuando una persona mayor quiere a un niño le hace esto, pero es un secreto», «no es nada malo», «no es pecado», «a Dios le gustan estos juegos», «te hago esto para que te dé gustito», «lo vamos a pasar muy bien haciendo esto»...

Consumado el abuso, es habitual recompensar a la víctima, ya sea mediante algún regalo material, que variará según la edad del menor, o con muestras de afecto notables. El primer aspecto, que puede conducir a que un menor acumule un exceso de regalos sin motivo aparente, debería despertar siempre las sospechas de los padres; aunque hay que tener en cuenta que si el menor abusado tiene en torno a 10 años o más es muy probable que mantenga escondidos los regalos, a menudo siguiendo el consejo del propio sacerdote, tal como se ha visto ya en muchos casos.

El segundo aspecto, el recurrir a muestras de afecto para *compensar* un abuso y preparar el siguiente, es mucho más sutil y difícil de detectar. Un niño pequeño tarda en darse cuenta de que esa persona que tanto aparenta quererle le somete a un trato incorrecto, pero la manipulación afectiva le mantiene atado al abusador y callado ante la agresión. «Te hago esto porque te quiero», «si no deseas jugar a esto conmigo dejaré de quererte», «si se lo cuentas a alguien ya no te querré más». Como indicio externo, los padres deben valorar la presencia de un ligero cambio de ánimo en el menor, que hace aparecer tensión, desagrado, irritación u oposición al hecho de tener que quedarse a solas con el sujeto abusador, mientras que antes de iniciarse la agresión el menor se mostraba contento de estar con esa persona.

En los abusos no suele haber violencia física, pero los malos tratos psicológicos están siempre presentes en un menor sumergido en un estado de confusión tremenda causado por la disonancia cognitiva entre lo que le exige y hace el adulto —máxime cuando ocupa el rol de educador y/o sacerdote— y lo que el menor sabe que está bien o mal. Las amenazas, en cambio, sí están presentes en buena parte de los abusos como estrategia de protección del agresor. «Si cuentas lo que hacemos irás al infierno», «... te pegaré», «... te expulsarán del colegio», «... no podrás tomar la primera comunión con tus compañeros», «... tus padres no te querrán por haberlo hecho»... Es frecuente también que el agresor sexual se jacte de que si el menor cuenta lo que sucede no le creerá nadie y sufrirá algún tipo de castigo, con lo que la impotencia, culpabilidad y estado depresivo del menor se incrementan sin remedio.

El riesgo de que un menor pueda sufrir abusos se incrementa ante las situaciones de desamparo puntual o prolongado, cuando por cualquier circunstancia los padres disminuyen la relación y atención con sus hijos. Son muchos los casos de sacerdotes que han abusado de menores en sus propias casas familiares, aprovechando que los padres estaban trabajando y escudándose en la confianza que despiertan por su estatus religioso.

Las situaciones de riesgo aumentan también cuando los menores no han recibido información acerca de lo que son propuestas adecuadas e inadecuadas, ya que entonces no tienen criterios sobre los que basarse para medir el alcance de alguna proposición. Al mismo tiempo que se da ese tipo de información —que debería ser habitual en colegios y parroquias, pero también en el seno de la familia—, debe enseñarse a los menores a ser asertivos, a ser capaces de decir «no» ante lo que no desean, y a poder pedir consejo o ayuda a adultos de su confianza.

Darse cuenta de que un menor es abusado sexualmente no es fácil, ya que la mayoría de las agresiones no deja lesiones visibles en el cuerpo, salvo cuando se produce algún tipo de penetración o de presión excesiva sobre zonas delicadas. El momento del baño es ideal para observar si existe algún tipo de marca anormal en el cuerpo de un menor o éste solicita algún tocamiento o acción sospechosa; pero la mayoría de las veces la alarma salta tras apreciar que un menor presenta dificultades para poder caminar o sentarse. En esos casos hay que revisar su ropa interior para comprobar si hay manchas o restos orgánicos o de sangre y, en caso afirmativo, no debe lavarse ni cambiar de ropa al menor, sino llevarle inmediatamente a un servicio hospitalario de urgencias para poder dictaminar el origen de la lesión y, en su caso, documentar la agresión. Ante otras molestias en la zona anal o genital, como enrojecimiento o infecciones frecuentes, será necesaria una buena revisión pediátrica para detectar la causa del problema, que la mayoría de las veces no será un abuso.

Como norma general, debe saberse que cuando un menor tiene cualquier problema su conducta cambia, puede aislarse, estar arisco, triste, o quizás anormalmente hiperactivo...; y cuando eso ocurre, debe estarse en disposición de escuchar y averiguar las causas de su malestar. Si padece algún tipo de abuso, será una buena ocasión para detectarlo. Dependiendo de la edad, el juego o una conversación afectiva y cercana podrán romper la muralla de silencio provocada por las amenazas del abusador o por la vergüenza de sentirse abusado, y aflorará con más o menos transparencia el problema.

A menudo, en medio de un juego, un menor abusado demuestra tener conocimientos o deseos de estimulación sexual que no se corresponden con su edad, o reproducen acciones o situaciones propias de la sexualidad adulta. Pueden ser indicios a través de los que puede indagarse, mediante preguntas integradas en el juego, acerca del origen de tal aprendizaje y de la identidad del abusador. Debe andarse con cuidado ante expresiones con carga sexual que un menor puede repetir tras haberlas escuchado a adultos o en televisión, sin que tengan nada que ver con sus propias vivencias.

Los comentarios y preguntas «poco lógicas» que haga un niño o un adolescente pueden dar pistas preciosas para detectar un abuso. Así, por ejemplo, cuando un preadolescente español mostró un miedo irracional ante la posibilidad de haber contraído el Sida, sus padres le preguntaron a fondo hasta descubrir que llevaba tiempo siendo penetrado analmente por su párroco. Las preguntas de los niños pequeños pueden ser menos directas y más confusas, pero siempre debe prestarse atención cuando abordan cuestiones de sexualidad, máxime si no se corresponden con lo esperable para su edad. Las preguntas a padres, maestros o adultos en general suelen ser un discreto puente que se tiende en demanda de ayuda; de cómo se escuche y de qué se diga dependerá en buena medida el futuro del menor. En ese difícil momento un menor precisa todo el apoyo posible y tener la certeza de que recibirá ayuda para superar el conflicto. Es hora de ser parco y suave en las preguntas, de evitar los reproches, de felicitarle por su valor al estar relatando su problema, y de asegurarle que el abuso acabó porque, al denunciarlo, ya está protegido ante su abusador.

En las situaciones de abusos es relativamente corriente que la víctima explique su situación a algún compañero de colegio, o que lo haga algún otro niño que lo sepa o intuya, estos comentarios suelen llegar a oídos de los profesores, que en la mayoría de los casos, si encuentran razonable la sospecha, lo comunican a los padres para que intervenga un especialista. Pero esa rutina no se cumple siempre por parte de los profesores de colegios religiosos, que muy a menudo prestan oídos sordos a ese tipo de informaciones, aunque las crean posibles, a fin de proteger a algún compañero abusador o, simplemente, para evitar poner en riesgo su propio puesto de trabajo.

La protección ante los abusos sexuales tiene mucho que ver con la prevención, y ésta con la información, así es que todo niño, hacia los 6 años, debería estar enterado de que existen adultos que gustan de acariciar las partes íntimas de los menores o que desean que éstos *jueguen* con las suyas; sabiendo, además, que puede y debe negarse a realizar ese tipo de conductas con cualquiera, aunque sea un familiar, maestro o sacerdote. Si en una familia hay confianza y comunicación, y se habla con normalidad de todos los temas, incluida la sexualidad, será mayor la protección que adquirirán los menores ante posibles agresiones, ya que aunque quizá no puedan evitarlas completamente la primera vez, sabrán diferenciarlas de un juego y, en consecuencia, podrán denunciarlas ante los padres.

Ante la posibilidad de ser abusado, o frente a un abuso ya materializado, todo menor, según recomiendan los expertos en el ámbito de los abusos sexuales, debería saber siempre que la víctima no es la culpable de los abusos; que siempre hay adultos que pueden ayudarle, en su casa o fuera de ella; que, aunque sea muy difícil, deben explicar siempre su problema; que deben pedir ayuda cuanto antes y no esperar a que un adulto se dé cuenta por sí mismo; que deben ser insistentes y persistentes en relatar su problema si algunos adultos no los toman en serio; que es un problema demasiado grande para sufrirlo en silencio; y que las cosas no se arreglan solas.

Las familias que, de repente, descubren que el abuso

sexual de algunos de sus hijos ya se ha producido, deben saber, al menos, que el menor que se anima a explicar su situación de abusos necesita desesperadamente que crean en lo que dice y que se le brinde ayuda para que las agresiones cesen. Una confesión de este calibre siempre supone un mazazo para los padres, pero debe evitarse la primera reacción de negar la posibilidad de que los hechos sean ciertos —particularmente si el abusador es un familiar, profesor, amigo o sacerdote—, que es un mecanismo para rebajar o evitar la ansiedad que la noticia genera en el adulto, e intentar actuar con la máxima serenidad y rapidez, dando seguridad al menor y obrando en dirección a lograr confirmar la veracidad del relato. Hay que tener bien presente una norma comprobada por todos los expertos en abusos: los niños tienen mucha imaginación, pero casi nunca mienten cuando dicen haber sufrido abusos sexuales.

Los departamentos de protección del menor son un buen punto de referencia para el primer contacto de evaluación —la Policía puede indicar siempre alguno—, así como los departamentos de pediatría de la mayoría de los hospitales. Tal como ya mencionamos, si el abuso es reciente y se aprecian lesiones o restos orgánicos en la ropa del menor, debe llevársele tal cual está, sin asearle ni mudarle su ropa, al servicio de urgencias hospitalarias y/o centro policial que se tenga más próximo. El circuito de exámenes médicos y exploraciones psicológicas y policiales puede ser duro de sobrellevar para un menor, por eso, antes de iniciarlo, sus padres deben hacerle saber que le apoyan sin límites, evitando recriminarle o juzgarle, y explicándole que el proceso que van a iniciar servirá para que el abuso no vuelva a producirse, ni en él ni en ninguno de los menores que conoce.

Lamentablemente, cuando un menor se atreve a confesar a sus padres que está sufriendo abusos sexuales por parte de un sacerdote casi nunca es creído y, en todo caso, en la mayoría de las ocasiones no se adoptan medidas útiles. A lo sumo, los padres se limitan a comentar el caso con la autoridad eclesial, pero ésta, tal como ya hemos visto hasta la saciedad, sólo encubre la situación; al no apartar al sacerdote de su puesto, la rueda de los abusos vuelve a iniciarse hasta la próxima protesta familiar, y así sucesivamente.

En caso de estar ante un sacerdote abusador que ha agredido a varios menores, lo habitual es que la mayoría de las familias —dichas *católicas*— afectadas se nieguen a indagar y/o reconocer la realidad de los hechos, y se revuelvan con virulencia contra la familia que se atrevió a levantar la liebre del pecado. Con demasiada frecuencia, tal como ya vimos en el capítulo 7, los propios padres, por su sumisión reverencial a la Iglesia, contribuyen a encubrir al clero delincuente sexual. Una conducta vergonzosa que, obviamente, alientan con gusto todos los obispos.

Denunciar a un sacerdote ante el obispo de su diócesis no sirve nunca para nada; en los casos de abuso sexual a un menor, que es un delito penal, hay que acudir siempre a los tribunales de justicia civil. La primera medida siempre es denunciar ante la Policía o la instancia judicial más oportuna. Tras ese paso, pero sólo después de darlo, se puede comunicar al obispo la situación y solicitarle que, por su parte, abra el expediente canónico oportuno. Jamás debería hacerse al revés, so pena de desear encubrir al sacerdote abusador.

Los abusos sexuales, cometidos por un sacerdote o no, jamás son un asunto privado que debe callarse y ocultarse. Si no se denuncian ante la autoridad civil, se incrementa el riesgo de que la víctima continúe siendo agredida —y que el agresor acceda libremente a muchos otros menores— y se impide que la persona abusada pueda abordar y superar su experiencia traumática en un marco terapéutico adecuado, evitando así arrastrar problemas emocionales graves de por vida.

El silencio ante los abusos sexuales dentro de la Iglesia sólo beneficia a los sacerdotes delincuentes y a los prelados que los encubren.

Anexo documental 1

Carta en forma de *motu proprio*: *Sacramentorum Sanctitatis Tutela* («La Tutela de la Santidad de los Sacramentos», Juan Pablo II, Vaticano, 30 de abril de 2001)

Carta apostólica del papa Wojtyla en forma de *motu proprio* por la que se promulga normativas a aplicar en los casos de los delitos más graves del clero, que están reservados a la Congregación para la Doctrina de la Fe.

La Tutela de la Santidad de los Sacramentos, especialmente de la Santísima Eucaristía y de la Penitencia, así como de los fieles en orden a la preservación de los llamados por el Señor en la observancia del sexto precepto del Decálogo, postulan que, para procurar la salvación de las almas «que en la Iglesia debe ser siempre la suprema ley» (*Código de Derecho Canónico*, can. 1752), intervenga la propia Iglesia en su solicitud pastoral para precaver los peligros de violación.

Y así, ya se ha provisto a la santidad de los sacramentos, especialmente de la penitencia, por nuestros Predecesores mediante las oportunas Constituciones Apostólicas, como la *Constitución Sacramentum Poenitentiae* del papa Benedicto XIV (1), publicada el día 1 de junio de 1741; igualmente los cánones del *Código de Derecho Canónico* promulgado en el año 1917, con sus fuentes, que había establecido sanciones canónicas contra los delitos de esta especie, perseguían esta finalidad (2).

En tiempos más recientes, para prevenir estos delitos y conexos, la Suprema Sagrada Congregación del Santo Oficio estableció el modo de proceder en estas causas mediante la Instrucción que comienza por las palabras *Crimen sollicitationis*, dirigida a todos los Patriarcas, Arzobispos, Obispos y otros Ordinarios de lugar «incluso de Ritos orientales» del día 16 de marzo de 1962, por la cual le era concedida en exclusiva la competencia judicial en esta materia, tanto en la vía administrativa, como en la vía judicial. Debe ser considerado que dicha Instrucción tenía fuerza legal cuando el Sumo Pontífice, según la norma del can. 247 § 1 del *Código de Derecho Canónico* promulgado en el año 1917, presidía la Congregación del Santo Oficio y la Instrucción procedía de su propia autoridad, mientras que el Cardenal que había en cada momento cumplía sólo una función de Secretario.

El Sumo Pontífice Pablo PP. VI, de feliz memoria, confirmó, mediante la Constitución Apostólica sobre la *Curia Romana Regimini Ecclesiae Universae*, publicada el día 15 de agosto del año 1967, la competencia judicial y administrativa en el procedimiento «según sus normas enmendadas y aprobadas» (3).

Y por fin, mediante Nuestra autoridad, en la Constitución, expresamente establecimos: «los delitos contra la fe, así como los delitos más graves cometidos tanto contra las costumbres como en la celebración de los sacramentos, que le fueran comunicados, los conoce [la Congregación para la Doctrina de la Fe], y procede, cuando sea necesario, a declarar o irrogar sanciones canónicas, según la norma del derecho, tanto común como propio» (4), confirmando posteriormente y determinando la competencia judicial de la misma Congregación para la Doctrina de la Fe como Tribunal Apostólico.

Aprobada por Nosotros la Ratio de actuar en el examen de doctrinas (5) era necesario definir con más precisión no sólo «los delitos más graves cometidos tanto contra las costumbres como en la celebración de los sacramentos» para los cuales permanece en exclusiva la competencia de la Congregación para la Doctrina de la Fe, sino también las normas procesales especiales «para declarar o irrogar sanciones canónicas».

Así pues, por esta Nuestra Carta Apostólica dada en forma de *Motu Proprio*, realizamos, y mediante ella promulgamos, las Normas de los Delitos más graves reservados a la Congregación para la Doctrina de la Fe, divididas en dos partes, la primera de las cuales contiene Normas sustanciales, y la segunda Normas procesales, ordenando a todos los que tienen interés que las observen eficaz y fielmente. Estas Normas obtienen fuerza de ley el mismo día que sean promulgadas.

No obstante cualquier cosa contraria, incluso digna de especial mención.

Dado en Roma, junto a San Pedro, el día 30 de abril, memoria de San Pío V, del año 2001, vigésimo tercero de Nuestro Pontificado.

Juan Pablo PP. II

(1) Benedicto PP. XIV, *Constitución Sacramentum Poenitentiae*, de junio de 1741, en *Código de Derecho Canónico*, compilado por mandato de Pío X Máximo Pontífice, promulgado por autoridad de Benedicto PP. XV, Documentos, Documento V, en AAS 9 (1917), Parte II, pp. 505-508.

(2) *Cfr. Código de Derecho Canónico* promulgado en el año 1917, cans. 817, 2316, 2320, 2322, 2368 § 1, 2369 § 1.

(3) Pablo PP. VI, *Constitución Apostólica Regimini Ecclesiae Universae* sobre la Curia Romana, 15 de agosto del año 1967, n. 36, en AAS 59 (1967), 898.

(4) Juan Pablo PP. II, *Constitución Apostólica Pastor Bo-*

nus sobre la Curia Romana, 28 de junio de 1988, art., 52, en AAS 80 (1988) 874.

(5) Congregación para la Doctrina de la Fe, *Agendi ratione in doctrinarum* examine, 29 de junio de 1997, en AAS 89 (1997) 830-835.

Anexo documental 2

Estatutos para la protección de niños y jóvenes (Conferencia de Obispos Católicos de Estados Unidos, Dallas, 17 de junio de 2002)

Estatutos para la protección de niños y jóvenes

Preámbulo

La Iglesia en Estados Unidos está viviendo una crisis sin precedentes en nuestros días. El abuso sexual de niños y jóvenes por parte de algunos sacerdotes y obispos, y las maneras en que nosotros los obispos hemos tratado estos crímenes y pecados, ha causado gran dolor, indignación, y confusión. Víctimas inocentes y sus familias han sufrido terriblemente. En el pasado, el encubrimiento creó una atmósfera que inhibió el proceso de sanación y, en algunos casos, permitió que se repitiera una conducta de abuso sexual. Como obispos, reconocemos nuestros errores y la parte que nos corresponde en ese sufrimiento, y pedimos perdón y asumimos responsabilidad por haber fallado frecuentemente a las víctimas y a nuestro pueblo en el pasado. También nos responsabilizamos de enfrentar este problema de manera firme, consistente y efectiva en el futuro. Desde lo más profundo de nuestro corazón, nosotros los obispos expresamos nuestro dolor y profundo pesar por lo que el pueblo católico está soportando.

Nosotros, a quienes se nos dio la responsabilidad de ser pastores del pueblo de Dios, continuaremos trabajando con el favor de Dios, y con la plena colaboración de nuestro pueblo, por la restauración de los lazos que nos unen. Esto no se consigue con palabras solamente. Se iniciará con las acciones que tomaremos aquí en nuestra Asamblea General y en casa, en nuestras diócesis/eparquías.

El daño causado por el abuso sexual de menores es devastador y prolongado. Queremos llegar a quienes están sufriendo, pero especialmente a las víctimas de abuso sexual y a sus familias. Les pedimos perdón por el gran daño del que han sido víctimas y les ofrecemos nuestra ayuda para el futuro. En presencia de tanto sufrimiento, la sanación y la reconciliación parecen estar más allá de la capacidad humana. Sólo la gracia, misericordia y perdón de Dios nos sacará adelante, pues confiamos en la promesa de Cristo: «para Dios todo es posible» (*Mt* 19,26).

La pérdida de la confianza es todavía más trágica cuando su consecuencia es la pérdida de la fe, que es nuestro deber sagrado promover. Nos hacemos eco de las palabras del Santo Padre acerca de que el abuso sexual de los jóvenes «es en todos los sentidos equivocado y justamente considerado como un crimen por la sociedad; es también un espantoso pecado a los ojos de Dios» (*Discurso a los Cardenales de Estados Unidos y Funcionarios de la Conferencia*, 23 de abril de 2002).

La Conferencia de Obispos ha buscado respuesta a la vileza del abuso sexual de menores por parte de un sacerdote y, en su reunión de junio de 1992, estableció cinco principios a seguir (*cfr.* Comité Ad Hoc sobre Abuso Sexual, National Conference of Catholic Bishops, Restoring Trust —Restaurando la Confianza—, noviembre de 1993). Asimismo debemos reconocer que muchas diócesis/eparquías implementaron de forma responsable y oportuna reglas y procedimientos que han salvaguardado a niños y jóvenes. Muchos obispos tomaron los pasos apropiados para tratar con el clero culpable de un comportamiento sexual inapropiado.

Que hoy a nadie le quede duda o confusión alguna: la obligación que nosotros, sus obispos, tenemos de proteger a niños y jóvenes, y evitar el abuso sexual, fluye de la misión y del ejemplo que nos dio el propio Jesucristo, en cuyo nombre servimos.

Jesús mostró una constante dedicación por el vulnerable. Él empezó su ministerio con estas palabras del profeta Isaías:

> El Espíritu del Señor está sobre mí,
> porque él me ha ungido
> para que dé la buena noticia a los pobres.
> Me ha enviado para anunciar la libertad a los cautivos
> y la vista a los ciegos,
> para poner en libertad a los oprimidos,
> para proclamar el año de gracia del Señor. (*Lc* 4,18)

En *Mateo* 25, el Señor hizo que eso fuera parte del encargo que dio a sus apóstoles y discípulos al decirles que cuando mostrasen piedad y compasión por los más pequeños a Él se la mostraban.

Este cuidado Jesús lo extendió de manera sensible y urgente a los niños, reprochándole a sus discípulos por mantenerlos lejos de Él: «Dejad que los niños vengan a mí...» (*Mt* 19,14). Y lanzó una grave advertencia para quienes llevasen a los niños por mal camino, diciendo que a esa persona «más le convendría que le colgasen al cuello una rueda de molino y lo sepultaran en el fondo del mar» (*Mt* 18,6).

Escuchamos estas palabras del Señor como proféticas para este momento. Nosotros los obispos, con la firme intención de resolver esta crisis, nos comprometemos a hacer todo lo posible en lo pastoral para restablecer la confianza con quienes han sufrido abuso sexual y con todos los fieles de la Iglesia. Renovamos nuestra determinación de brindar seguridad y protección a niños y jóvenes en nuestros ministerios e instituciones eclesiales. Les prometemos actuar de una manera que ponga de manifiesto la responsabilidad que tenemos ante Dios, ante su pueblo, y entre nosotros mismos en esta grave situación. Nos comprometemos a hacer todo lo posible para sanar el trauma que están viviendo las víctimas/supervivientes y sus familias y la herida que está sufriendo toda la Iglesia. Reconocemos nuestra necesidad de estar en diálogo con todos los católicos, especialmente con las víctimas y sus padres, con respecto a este asunto. Por medio de estas acciones queremos demostrar a toda la comunidad que comprendemos la seriedad del abuso sexual de menores.

Para cumplir con estas metas, nuestras diócesis/eparquías y nuestra conferencia nacional, en un espíritu de arrepentimiento y renovación, adoptarán e implementarán los siguientes reglamentos.

Para fomentar la sanación y la reconciliación con las víctimas/supervivientes de abuso sexual de menores

ARTÍCULO 1. Las diócesis/eparquías, acercándose a las víctimas/supervivientes y sus familias demostrarán su sincero compromiso con su bienestar espiritual y emocional. La primera obligación de la Iglesia en relación a las víctimas es de sanación y reconciliación. Donde éste acercamiento aún no exista o no se haya puesto en práctica, cada diócesis/eparquía deberá establecer un proceso de aproximación para llegar a toda persona que haya sido víctima de abuso sexual (*)[281] sien-

281. (*) C. 1395 § 2. «Notar que una ofensa sexual que viola el § 2 no necesita ser un acto completo de coito, ni se debe equiparar el término con las definiciones de abuso sexual u otros delitos bajo la

do menor, por parte de cualquier persona que actúe en nombre de la Iglesia, aunque el abuso haya ocurrido recientemente o muchos años atrás. Este acercamiento incluirá medidas para el asesoramiento, ayuda espiritual, grupos de apoyo, y otros servicios sociales seleccionados de común acuerdo por la víctima y la diócesis/eparquía. En cooperación con agencias de servicio social y otras iglesias, deberán ser fomentados y promovidos en todas las diócesis/eparquías, y en las comunidades parroquiales locales, grupos de apoyo para víctimas/supervivientes y otros afectados por abuso.

Mediante este acercamiento pastoral hacia las víctimas y sus familias, el obispo diocesano/eparquial, o su representante, ofrecerá reunirse con ellos para escuchar con paciencia y compasión sus experiencias y preocupaciones, y para compartir el «profundo sentimiento de solidaridad y preocupación» expresado por nuestro Santo Padre en su Discurso a los Cardenales de Estados Unidos y Funcionarios de la Conferencia. Este acercamiento pastoral del obispo, o su delegado, también estará dirigido a las comunidades de fe en las cuales ocurrió el abuso sexual.

---

ley civil. "El abuso sexual [incluye] contactos o interacciones entre un niño y un adulto cuando el niño está siendo utilizado como objeto de gratificación sexual para el adulto. Un niño es abusado haya o no haya existido actividad que involucre fuerza explícita, haya o no haya habido contacto genital o físico, haya o no haya sido iniciado por el niño y exista o no exista un resultado dañino discernible" (Conferencia Episcopal de Canadá, *From Pain to Hope*, 1992, p. 20). Si existiese alguna duda sobre si un acto específico satisface esta definición, se deberá consultar los escritos de reconocidos teólogos en la moral y, si fuese necesario, obtener la opinión de un reconocido experto (*Canonical Delicts Involving Sexual Misconduct and Dismissal from the Clerical State* [Delitos canónicos que implican mala conducta sexual y destitución del estado clerical], 1995, p. 6). Asimismo, hacemos notar que las reglas diocesanas/eparquiales deberán estar en conformidad con la ley civil.»

ARTÍCULO 2. Las diócesis/eparquías tendrán mecanismos que respondan en forma rápida a cualquier alegación en la que exista motivo para creer que ocurrió un abuso sexual a un menor. Las diócesis/eparquías tendrán un coordinador de asistencia que sea competente para ayudar en el cuidado pastoral inmediato de las personas que alegan haber sufrido abuso sexual, siendo menores, por parte del clero u otro personal de la Iglesia. Las diócesis/eparquías tendrán asimismo un comité de revisión, cuya mayoría estará compuesta por laicos que no sean empleados de la diócesis/eparquía. Este comité asistirá al obispo diocesano/eparquial para evaluar las alegaciones y la aptitud para el ministerio, y revisará periódicamente las reglas y procedimientos diocesanos/eparquiales para tratar con el abuso sexual de menores. Asimismo, el comité puede actuar de forma retrospectiva y prospectiva en estos asuntos y asesorar en todos los aspectos relacionados con las respuestas requeridas en relación a estos casos. Los procedimientos para quienes presenten una queja estarán disponibles en forma fácil y escrita, y periódicamente serán objeto de anuncios públicos.

ARTÍCULO 3. Las diócesis/eparquías no entrarán en acuerdos confidenciales excepto cuando haya razones graves y substanciales presentadas por la víctima/superviviente y sean anotadas en el texto del acuerdo.

Para garantizar una respuesta efectiva a las alegaciones de abuso sexual de menores

ARTÍCULO 4. Las diócesis/eparquías notificarán cualquier alegación de abuso sexual de un menor a las autoridades correspondientes y cooperarán en la investigación de acuerdo a las leyes de la jurisdicción local.

Las diócesis/eparquías cooperarán con las autoridades públicas informando sobre los casos cuando la persona haya dejado de ser menor de edad.

En cada situación, las diócesis/eparquías aconsejarán y apoyarán el derecho de la persona a dar parte a las autoridades públicas.

ARTÍCULO 5. Repetimos las palabras de nuestro Santo Padre en su *Discurso a los Cardenales de Estados Unidos y Funcionarios de la Conferencia*: «no hay lugar en el sacerdocio y en la vida religiosa para quienes dañan a los jóvenes».

Cuando la investigación preliminar de una queja (cc. 1717-1719) contra un sacerdote o diácono así lo indique, el obispo diocesano/eparquial relevará rápidamente al supuesto ofensor de sus tareas ministeriales (*cfr.* c. 1722). El supuesto ofensor será derivado para recibir una evaluación médica y psicológica apropiadas, siempre y cuando ello no interfiera con la investigación de las autoridades civiles.

Cuando se compruebe que la alegación no tiene fundamento, se tomará todas las medidas necesarias para restablecer el buen nombre del sacerdote o diácono.

Cuando el abuso sexual por parte de un sacerdote o diácono haya sido admitido o se haya establecido después de una investigación pertinente y de acuerdo al Código Canónico, se aplicará lo siguiente:

—Las reglas diocesanas/eparquiales estipularán que incluso en el caso de un solo acto de abuso sexual (ver la nota (*) en Artículo I) de un menor, en el presente o futuro, el sacerdote o diácono trasgresor será removido permanentemente del ministerio. De acuerdo con el propósito expreso de estos estatutos, al sacerdote o diácono trasgresor se le ofrecerá asistencia profesional, tanto para su propia sanación y bienestar, como por razones de prevención.

—En todos los casos, los procesos establecidos por el derecho canónico deben ser observados y sus distintas provisiones consideradas (*cfr. Canonical Delicts Involving Sexual Miscon-*

duct and Dismissal from the Clerical State [Delitos canónicos que implican mala conducta sexual y destitución del estado clerical], 1995; *cfr. Carta de la Congregación para la Doctrina de la Fe*, 18 de mayo de 2001). Estas medidas pueden incluir la petición, por parte del sacerdote o diácono, para obtener la dispensa de sus obligaciones derivadas de las órdenes sagradas y la pérdida del estado clerical, o la petición por parte del obispo para la destitución del estado clerical, incluso sin el consentimiento del sacerdote o diácono. A fin de respetar la integridad del proceso, se aconsejará al acusado a mantener la asistencia de una asesoría civil y canónica. Cuando sea necesario, la diócesis/eparquía brindará asesoría canónica al sacerdote o diácono.

—Si la pena de destitución del estado clerical no ha sido aplicada (por ejemplo, por razones de edad avanzada o enfermedad), el trasgresor deberá vivir una vida de oración y penitencia. No se le permitirá celebrar Misa en público, usar vestimenta clerical, o presentarse en público como sacerdote.

ARTÍCULO 6. Mientras que el compromiso sacerdotal a la virtud de la castidad y el don del celibato es bien conocido, habrá normas diocesanas/eparquiales claras y bien divulgadas acerca del comportamiento ministerial y los límites apropiados para el clero y para todo el personal de la Iglesia en posiciones de confianza y que tiene contacto regular con niños y jóvenes.

ARTÍCULO 7. Todas las diócesis/eparquías elaborarán un reglamento de comunicación que refleje su compromiso con la transparencia y la apertura. Dentro de los límites del respeto por la vida privada y reputación de los individuos afectados, las diócesis/eparquías deberán comunicarse lo más abiertamente posible con los miembros de la comunidad. Esto se hará especialmente cuando se trate de asistir y apoyar a comunidades parroquiales afectadas directamente por una mala conducta ministerial que involucre a menores.

Para asegurar la responsabilidad de nuestros procedimientos

ARTÍCULO 8. Para asistir en la firme aplicación de estos principios y para proporcionar un mecanismo para la rendición de cuentas y de asistencia a las diócesis/eparquías sobre este asunto, autorizamos el establecimiento de una Oficina para la Protección de Niños y Jóvenes en la sede de nuestra oficina nacional. Las tareas de esta Oficina incluirán (1) asistir a diócesis/eparquías particulares en la implementación de programas «entorno seguro» (ver Art. 12 abajo), (2) asistir a provincias y regiones en la creación de mecanismos apropiados para verificar el cumplimiento de las exigencias establecidas, y (3) producir un informe público anual sobre el progreso logrado en la implementación de las normas que aparecen en estos Estatutos. Este informe público incluirá los nombres de aquellas diócesis/eparquías que, a juicio de esta Oficina, no estén cumpliendo con las disposiciones y expectativas de estos Estatutos. Esta Oficina contará con el personal necesario para cumplir con su propósito básico. El personal consistirá en personas expertas en el campo de la protección de menores y serán nombradas por el Secretario General de la Conferencia.

ARTÍCULO 9. La labor de la Oficina para la Protección de Niños y Jóvenes será asistida y vigilada por un Comité de Revisión, que incluya a padres de familia, nombrado por el Presidente de la Conferencia y que rendirá cuentas directamente a él. El Comité aprobará el informe anual sobre la implementación de estos Estatutos en cada una de nuestras diócesis/eparquías, y también cualquier recomendación que surja de esta revisión, antes de ser presentada al Presidente de la Conferencia y publicada. Para comprender el problema más profundamente y para mejorar la efectividad de nuestra respuesta futura, el Comité Nacional de Revisión comisionará un estudio exhaustivo de las causas y del contexto de la presente crisis. El Comité también comisionará un estudio descriptivo con la plena cooperación de nuestras diócesis/eparquías, sobre la naturaleza y alcance del problema dentro de la Iglesia Católica en Estados Unidos, incluyendo datos tales como estadísticas sobre los trasgresores y las víctimas.

ARTÍCULO 10. La membresía del Comité Ad Hoc sobre Abuso Sexual será conformada de modo que incluya una representación de todas las regiones episcopales del país.

ARTÍCULO 11. El Presidente de la Conferencia informará a la Santa Sede sobre estos Estatutos para indicar la forma en que, nosotros, los obispos católicos, junto con toda la Iglesia de Estados Unidos, pretendemos resolver la crisis actual.

Para proteger a los fieles en el futuro

ARTÍCULO 12. Las diócesis/eparquías establecerán programas «entorno seguro». Éstas cooperarán con padres de familia, autoridades civiles, educadores, y organizaciones de la comunidad para ofrecer educación y adiestramiento a niños, jóvenes, padres de familia, ministros, educadores y otros, sobre la manera de establecer y mantener un ambiente seguro para los niños. Las diócesis/eparquías comunicarán claramente al clero, y a todos los miembros de la comunidad, las normas de conducta para el clero, y otras personas en posiciones de confianza, con respecto al abuso sexual.

ARTÍCULO 13. Las diócesis/eparquías examinarán los antecedentes de todos los miembros del personal diocesano, eparquial y parroquial que tenga contacto regular con menores. De forma específica, éstas deberán utilizar los recursos de las agencias encargadas del cumplimiento de la ley y de otras agencias comunitarias. Además, deberán emplear técnicas de preselección y evaluación apropiadas para decidir sobre la aptitud de los candidatos a la ordenación (*cfr. National Conference of Catholic Bishops, Program of Priestly Formation* [Programa de formación sacerdotal], 1993, nº 513).

ARTÍCULO 14. Cuando un clérigo sea propuesto para una nueva asignación, transferencia, residencia en otra diócesis/eparquía o en una diócesis/eparquía fuera de Estados Unidos, o residencia en la comunidad local de un instituto religioso, el obispo o superior mayor que envía deberá mandar, y el obispo o superior mayor que recibe deberá revisar —antes de la asignación— una descripción fiel y completa de la hoja de servicios del clérigo, incluyendo cualquier asunto en los antecedentes y servicio que pueda suscitar interrogantes sobre su capacidad para el ministerio. (*cfr. National Conference of Catholic Bishops* y *Conference of Mayor Superiors of Men, Proposed Guidelines on the Transfer or Assignment of Clergy and Religious* [Normas propuestas para la transferencia o asignación de clérigos y religiosos], 1993).

ARTÍCULO 15. El Comité Ad Hoc sobre Abuso Sexual y los Oficiales de la Conference of Mayor Superiors of Men, se reunirán para determinar la forma como estos Estatutos serán presentados y establecidos en las comunidades religiosas de hombres en Estados Unidos. Los obispos diocesanos/eparquiales y los superiores mayores de institutos clericales, o sus delegados, se reunirán periódicamente para coordinar sus funciones en referencia a alegaciones hechas en contra de algún miembro del clero de un instituto religioso que esté desempeñando su ministerio en la diócesis/eparquía.

ARTÍCULO 16. Considerando lo extenso del problema de abuso sexual de menores en nuestra sociedad, estamos dispuestos a cooperar con otras iglesias y comunidades eclesiales, otros cuerpos religiosos, instituciones educativas y otras organizaciones interesadas en conducir investigaciones en esta área.

ARTÍCULO 17. Prometemos nuestra cooperación plena con la Visitación Apostólica de nuestros seminarios diocesanos/eparquiales y casas religiosas de formación, recomendada en la Reunión Interdicasterial con los Cardenales de Estados Unidos y Funcionarios de la Conferencia en abril de 2002. En contraste con la visitación anterior, estas nuevas visitas se enfocarán en el asunto de la formación humana para el celibato casto basado en el criterio establecido en *Pastores Dabo Vobis*. Aguardamos con interés la oportunidad para fortalecer nuestros programas de formación sacerdotal a fin de que brinden al pueblo de Dios sacerdotes santos y maduros. Las diócesis/eparquías desarrollarán programas sistemáticos y continuos de formación de acuerdo al reciente documento de la Conferencia *Basic Plan for the Ongoing Formation of Priests* [Plan básico para la formación continua de sacerdotes] (2001) para ayudar a los sacerdotes a vivir su vocación.

Conclusión

En medio de esta terrible crisis de abuso sexual de jóvenes por sacerdotes y obispos, y de cómo ésta ha sido enfrentada por los obispos, han surgido muchos otros asuntos. En estos Estatutos nos hemos encarado específicamente con este penoso asunto. Sin embargo, en esta situación, queremos mostrar nuestra preocupación especialmente por los asuntos que se refieren a la consulta eficaz de los laicos y a la participación del pueblo de Dios en la toma de decisiones que afectan a su bienestar.

Debemos incrementar nuestra vigilancia para evitar que esos pocos que pudiesen usar el sacerdocio para sus propios fines inmorales y criminales lo hagan. Al mismo tiempo, sabemos que el abuso sexual de los jóvenes no es un problema inherente al sacerdocio, ni son los sacerdotes los únicos culpables de ello. La gran mayoría de nuestros sacerdotes son fieles a su ministerio y felices con su vocación. Sus fieles muestran un enorme aprecio por el ministerio que brindan sus sacerdotes. En medio de esta prueba, ello sigue siendo causa de regocijo. Lamentamos muchísimo si algunas de nuestras decisiones hayan podido opacar la buena labor de nuestros sacerdotes, por la que su pueblo los mira con tanto respeto.

Es dentro de este contexto de la solidez esencial del sacerdocio y de la profunda fe de nuestros hermanos y hermanas en la Iglesia, que sabemos que podemos enfrentar y resolver esta crisis ahora y en el futuro.

Un medio esencial para enfrentar esta crisis es la oración para la sanación y la reconciliación, y las obras de reparación por la grave ofensa hacia Dios y la profunda herida infligida a su santo pueblo. Conectada muy de cerca a la oración y a las acciones de reparación está la llamada a la santidad de vida y el cuidado del obispo diocesano/eparquial para asegurar que él y sus sacerdotes hagan uso de los medios comprobados para evitar el pecado y crecer en santidad de vida.

Por lo que hemos iniciado aquí hoy y por lo dicho y acordado,

Prometemos solemnemente unos a otros y a ustedes, el pueblo de Dios, que vamos a trabajar en todo lo posible para la protección de niños y jóvenes.

Prometemos dedicar a esta meta los recursos y personal necesarios para llevarla a cabo.

Prometemos hacer lo mejor para ordenar al sacerdocio y colocar en posiciones de confianza sólo a quienes compartan este compromiso de proteger a niños y jóvenes.

Prometemos trabajar por la sanación y reconciliación de quienes fueron abusados sexualmente por clérigos.

Hacemos estas promesas con un sentido de humildad ante

nuestras propias limitaciones, y confiando en la ayuda de Dios y el apoyo de sus fieles sacerdotes y de su pueblo, a fin de trabajar con nosotros para cumplirlo.

Sobre todo, creemos en las palabras de San Pablo, citadas por el papa Juan Pablo II en abril de 2002, «allí donde abunda el pecado, la gracia sobreabunda» (*Rm* 5,20). Éste es el mensaje de la fe. Con esta fe, tenemos confianza en que no seremos conquistados por el mal, sino que venceremos el mal con el bien (*cfr. Rm* 12,21).

Estos Estatutos se publican para las diócesis/eparquías de Estados Unidos, y nosotros los obispos nos comprometemos a su implementación inmediata. Éstos serán revisados en dos años por la Conferencia de Obispos, con la asesoría del Comité Nacional de Revisión, creado en el Artículo 9, a fin de asegurar su eficacia para resolver los problemas de abuso sexual de menores por parte de sacerdotes.

El documento «Estatutos para la Protección de Niños y Jóvenes» fue elaborado por el Comité Ad Hoc sobre Abuso Sexual de la Conferencia de Obispos Católicos de Estados Unidos (USCCB). Fue aprobado por el cuerpo entero de obispos católicos de Estados Unidos en su Reunión General de junio de 2002 y está autorizado para su publicación por el suscrito.

Monseñor William P. Fay
Secretario General, USCCB

Bibliografía

American Psychiatric Association (1995). *Manual diagnóstico y estadístico de los trastornos mentales (IV Revisión)*. Barcelona: Masson.

Anderson, G. C. (1970). *Your Religion: Neurotic or Healthy?* Nueva York: Doubleday & Co.

Ayel, V. (1976). *Compromiso y fidelidad para los tiempos de incertidumbre*. Madrid: Instituto Teológico de la Vida Religiosa.

Berry, J. (1992). *Lead Us Not Into Temptation: Catholic Priests and the Sexual Abuse of Children*. Illinois: University of Illinois Press.

Boff, L. (1979). *Eclesiogénesis. Las comunidades de base reinventan la iglesia*. Santander: Sal Terrae.

Bours, J. y Kamphaus, F. (1986). *Pasión por Dios. Celibato-Pobreza-Obediencia*. Santander: Sal Terrae.

Caracciolo di Torchiarolo, S. (1912). *Il celibato ecclesiastico. Studio stòrico-teologico*. Roma: Desclée Editore Pontifici.

Carmona, J. A. (1994). *Los sacramentos: símbolos del encuentro*. Barcelona: Ángelus.

Conferencia de Obispos Católicos de Estados Unidos (2002, 24 de abril). «Encuentro interdicasterial con los cardenales de Estados Unidos. Mensaje a los sacerdotes de Estados Unidos de América.» Vaticano: Santa Sede.

Conferencia de Obispos Católicos de Estados Unidos (2002, 17 de junio). «Estatutos para la protección de niños y jóvenes.» Washington: Conferencia de Obispos Católicos de Estados Unidos.

Curb, R. y Manahan, N. (1985). *Monjas lesbianas. Se rompe el silencio.* Barcelona: Seix & Barral.

Forcano, B. (1981). *Nueva ética sexual.* Madrid: Ediciones Paulinas.

Galera, A. (1993). *Curas casados. ¿Desertores o pioneros?* Madrid: Nueva Utopía.

Garrido, J. (1987). *Grandeza y miseria del celibato cristiano.* Santander: Sal Terrae.

González Faus, J. I. (1989). *Hombres de la comunidad.* Santander: Sal Terrae.

Jacobelli, M. C. (1991). *Risus Paschalis.* Barcelona: Planeta.

Jason Berry, J. (1992). *Lead Us Not Into Temptation: Catholic Priests and the Sexual Abuse of Children.* Illinois: University of Illinois Press.

Jiménez Cadena, A. (1993). *Aportes de la psicología a la vida religiosa.* Santafé de Bogotá (Colombia): San Pablo.

Joaristi, J. M. (1990). *Sexualidad y cristianismo.* San Pedro del Pinatar (Murcia): Autor.

Jonhson, P. E. (1959). *Psychology of Religion.* Nueva York: Abingdon Press.

Juan Pablo II (2001, 30 de abril). «Sacramentorum Sanctitatis Tutela.» En *Acta Apostolicae Sedis*, vol. XCIII, número 11, de fecha 5 de noviembre de 2001. Vaticano: Santa Sede.

Juan Pablo II (2002, 17 de marzo). *Carta del Santo Padre Juan Pablo II a los sacerdotes para el Jueves Santo de 2002.* Vaticano: Santa Sede.

Juan Pablo II (2002, 23 de abril). *Mensaje de Juan Pablo II a los cardenales de Estados Unidos.* Vaticano: Santa Sede.

Kosnik, A. *et al.* (1978). *La sexualidad humana. Nuevas perspectivas del pensamiento católico.* Madrid: Ediciones Cristiandad.

Lois, J. (1988). «Libertad y autoridad en la Iglesia.» *Diálogo* (13), pp. 14-15.

López, F. (1994). *Abusos sexuales a menores. Lo que recuerdan de mayores.* Madrid: Ministerio de Asuntos Sociales.

Masters, H. W., Johnson, V. E. y Kolodny, R. C. (1987). *La sexualidad humana. Perspectivas clínicas y sociales* (Vol. III). Barcelona: Grijalbo.

Matthews, R. J. (1980). *The Human Adventure: A Study Course for Christians on Sexuality.* Lima (Ohio): Publishing Co.

Mirabet Mullol, A. (1984). *Homosexualitat avui.* Barcelona: Edhasa/Institut Lambda.

Morey, B. (1993). *Es darrer canonge.* Palma de Mallorca: Totem.

Mynarek, H. (1979). *Eros y clero.* Barcelona: Luis de Caralt.

Nugent, R. (Ed.) (1983). *A Challenge to Love: Gay and Lesbian Catholics in the Church.* Nueva York: Crossroad Publishing Company.

Odriozola, B. (Ed.) (2002). *Enciclopedia de los padres de hoy: Ser padres de un adolescente.* Barcelona: Círculo de Lectores.

Oficina de Estadística y Sociología de la Iglesia (1992). *Estadísticas de la Iglesia Católica (1992).* Madrid: Edice.

Oficina de Estadística y Sociología de la Iglesia (1992). *Guía de la Iglesia Católica en España (1993).* Madrid: Edice.

Oficina de Prensa de la Santa Sede (2002, 24 de abril). «Encuentro interdicasterial con los cardenales de Estados Unidos. Comunicado final.» Vaticano: Santa Sede.

Parrinder, G. (1980). *Sex in the World's Religions.* Nueva York: Oxford University Press.

Petitbó, M. D. (2002). «Situaciones de abuso sexual.» En Petitbó, M. D. (Ed.) (2002). *Enciclopedia de los padres de hoy: Problemas en la infancia.* Barcelona: Círculo de Lectores, pp. 184-189.

Podesta, J. y Luro, C. (1992). *El Vaticano dice no. Sacerdocio y Matrimonio.* Buenos Aires (Argentina): Letra Buena.

Rahner, K. (1969). «¿Democracia en la Iglesia?» *Selecciones de Teología* (30), pp. 193-201.

Rodríguez, P. (1989). *El poder de las sectas*. Barcelona: Ediciones B.

Rodríguez, P. (1993). *El drama del menor en España (cómo y por qué los adultos maltratamos a niños y jóvenes)*. Barcelona: Ediciones B.

Rodríguez, P. (1995). *La vida sexual del clero*. Barcelona: Ediciones B.

Rodríguez, P. (1997). *Mentiras fundamentales de la Iglesia católica*. Barcelona: Ediciones B.

Rojas, E. *et al.* (1991). *Enciclopedia de la sexualidad y de la pareja*. Madrid: Espasa Calpe.

Roldán, A. (1967). *Las crisis de la vida en religión*. Madrid: Razón y Fe.

Rondet, M. y Raguin, Y. (1980). *El celibato evangélico en un mundo mixto*. Santander: Sal Terrae.

Sánchez, M. (2002). *Las sotanas del PP. El pacto entre la Iglesia y la derecha española*. Madrid: Temas de hoy.

Santa Sede (1994). *Código de Derecho Canónico*. Madrid: Biblioteca de Autores Cristianos.

Schillebeeckx, E. (1987). *Plaidoyer pour le peuple de Dieu*. París: Editions du Cerf.

Singer Kaplan, H. (1978). *La nueva terapia sexual* (Vol. I y II). Barcelona: Alianza Editorial.

Torres Queiruga, A. (1992). *El cristianismo en el mundo de hoy*. Santander: Sal Terrae.

Torres Robles, A. (2001). *La prodigiosa aventura de los Legionarios de Cristo*. Madrid: Foca.

Vallejo-Nágera, J. A. *et al.* (1988). *Guía práctica de Psicología*. Madrid: Temas de Hoy.

Varios Autores (1975). *El ministerio y los ministerios según el Nuevo Testamento*. Madrid: Ediciones Cristiandad.

Vila, I. (1995). *Sant Ignasi (Sarrià). Història d'un col·legi centenari*. Barcelona: Col·legi Sant Ignasi.

Wilson, G. y Cox, D. (1983). *The Child-Lovers. A Study of Paedophiles in Society*. Londres: Peter Owen Publishers.

Wornat, O. (2002). *Nuestra Santa Madre. Historia pública y privada de la Iglesia católica argentina*. Buenos Aires: Ediciones B.

Fuentes periodísticas:

Algañaraz, J. (2002, 7 de septiembre). «En el Vaticano creen que el obispo acusado de abuso sexual se irá.» Buenos Aires: *Clarín*.

Allen Jr., J. L. y Schaeffer, P. (2001, 16 de marzo). «AIDS exacerbates sexual exploitation of nuns, reports allege.» Kansas: *National Catholic Reporter*.

Alonso Montes, A. y Fresneda, C. (2002, 17 de abril). «Eisenbach deja el obispado "en bien de la Iglesia", aunque no reconoce los delitos.» Madrid: *El Mundo*.

Amon, R. (2002, 29 de marzo). «El Papa "depura" a Paezt y renuncia a oficiar la misa.» Madrid: *El Mundo*.

B. J. (2002, 27 de abril). «La Iglesia dice que en España "hay cuatro casos de curas sinvergüenzas".» Madrid: *ABC*, p. 38.

Boodman, S. G. (2002, 24 de junio). «For Experts on Abuse, Priests' Orientation Isn't the Issue.» Washington: *The Washington Post*, p. B02.

Bordón, J. E. (2002, 5 de septiembre). «Nuevas denuncias. Dudan de la continuidad de Storni en Santa Fe.» Buenos Aires: *La Nación*, p. 10.

Bostelmann, A. (2001, 13 de agosto). «La Iglesia no oculta los abusos sexuales.» Chile: *LUN*.

Bowcott, O. (2002, 13 de abril). «Abuse inquiry urged as Irish bishop quits.» Londres: *The Guardian*.

Campos, J. (2001, 27 de septiembre). «Sacerdote sometido a proceso por abusos.» Punta Arenas: *La Prensa Austral*.

Caño, A. (1993, 23 de junio). «El Papa reconoce que los abusos sexuales existen en la Iglesia.» Madrid: *El País*, p. 32.

Cardona Muñoz, L. (2001, 23 de noviembre). «Denuncian sacerdote en caso de abuso.» Bogotá: *El Tiempo*, p. 2-7.

Cardona Muñoz, L. (2002, 11 de junio). «¿Se debe ir el padre Otto?» Bogotá: *El Tiempo*.

Checa, L. (2002, 25 de marzo). «Cardenal Jorge Medina: "Iglesia no es inmune al demonio."» Santiago de Chile: *El Mercurio*.

Cooperman, A. y Sun, L. H. (2002, 9 de junio). «Hundreds Of Priests Removed Since '60s.» Washington: *The Washington Post*, p. 1.

Cullen, K. (2002, 2 de abril). «Prelate admits he failed to stop abuse of children.» Boston: *The Boston Globe*.

Cuna, F. (2002, 10 de marzo). «Dimite un obispo de Florida tras admitir que abusó de dos seminaristas.» Madrid: *El Mundo*.

Cuna, F. (2002, 8 de mayo). «Deberá decir la verdad sobre los curas acusados de su archidiócesis.» Madrid: *El Mundo*.

Cuna, F. (2002, 10 de mayo). «Críticas al prelado Law por su "mala memoria".» Madrid: *El Mundo*.

Cuna, F. (2002, 5 de junio).«La Iglesia católica de EE.UU. no expulsará a curas que cometieron abusos sólo una vez.» Madrid: *El Mundo*.

De la Cuadra, B. (2000, 26 de julio). «El Poder Judicial prohíbe que jueces y fiscales pertenezcan a sociedades secretas o sectarias.» Madrid: *El País*.

De Mendata, A. (1993, 26 de julio). «La Iglesia también cae en el sexto.» Madrid: *Cambio 16*, p. 65.

Diéguez, A. (2002, 9 de mayo). «Tomás González, obispo de Punta Arenas, en defensa de cura cuestionado: "No acepto que al sacerdote se le trate como delincuente sexual."» Santiago de Chile: *El Día*, p. 7.

Del Arco, C. (2001, 21 de noviembre). «Condenado a ocho

años de prisión un cura que abusó de un monaguillo en Jaén.» Madrid: *El Mundo*.

EFE (2002, 2 de abril). «Un obispo irlandés dimite por su falta de diligencia en casos de pederastia.» Madrid: *El País*.

EFE (2002, 23 de junio). «38 casos de abusos en curas de Nueva Zelanda.» Madrid: *El Mundo*.

El Mercurio (2001, 11 de diciembre). «Abusos: Ratifican proceso a sacerdote.» Santiago de Chile: *El Mercurio*.

El País (2002, 15 de abril). «El arzobispo de Dublín pide a las víctimas de abusos de curas que los denuncien.» Madrid: *El País*.

El País (2002, 13 de junio). «Dimite un obispo de Nueva York por haber tenido relaciones sexuales con varias mujeres.» Madrid: *El País*.

Errázuriz, M. J. (2002, 14 de mayo). «Asamblea de la Conferencia Episcopal: Iglesia cree que poderes desean dañarla.» Santiago de Chile: *El Mercurio*.

Errázuriz, M. J. (2002, 26 de mayo). «Monseñor Errázuriz y las denuncias de pedofilia. Cardenal: "Un obispo debe investigar la verdad."» Santiago de Chile: *El Mercurio*, p. C3.

Fangman, E. (2000). «Las raíces eclesiásticas de los abusos a las monjas.» Informe presentado en el Congreso de abades, priores y abadesas de la orden benedictina, celebrado en Roma en septiembre del 2000. *Alliance for International Monasticism* (70). Traducción al español de *Il Regno* (7/2001).

Fernández Olmos, M. (2002, 21 de agosto). «Dimite el arzobispo de Sydney tras ser acusado de pederastia.» Madrid: *El Mundo*.

Ferrer, I. (1993, 18 de marzo). «El obispo más popular de Holanda renuncia al cargo tras ser acusado de homosexual.» Madrid: *El País*.

Ferrer, I. (2001, 18 de abril). «Un informe sobre pederastas en la Iglesia católica británica aconseja que la policía investigue a los curas.» Madrid: *El País*.

Fokkelman, M. (2002, 2 de junio). «Un capellán austríaco dimite tras posar en una revista "porno".» Madrid: *El Mundo*.

Forcano, B. (2002, 21 de junio). «¿Por qué la jerarquía eclesiástica se opone al cambio de la moral sexual?» Madrid: *La Clave*.

Frade, C. (2001, 15 de junio). «Un tribunal francés juzga por primera vez a un obispo.» Madrid: *El Mundo*.

Fredes, I. (2001, 10 de abril). «Tribunal de Garantía aprobó propuesta de fiscal para que religioso, imputado por abuso sexual a un niño, abandone el país.» Santiago de Chile: *El Mercurio*.

Fresneda, C. (2002, 27 de abril). «El cardenal de Boston será "desterrado" a un despacho en el Vaticano.» Madrid: *El Mundo*.

Galán, L. (2001, 21 de marzo). «El Vaticano admite el problema, comprobado en 23 países, y anuncia que se está afrontando.» Madrid: *El País*.

Gómez Maseri, S. (2002, 2 de marzo). «Un pecado tapado por 30 años.» Bogotá: *El Tiempo*, p. 1/16.

Gómez Leyva, C. (2002, 17 de abril). «Marcial Maciel regresa a la televisión.» México: *CNI en Línea*.

González, E. (1992, 9 de mayo). «Dimite el obispo más popular de Irlanda al conocerse que tenía un hijo en EE.UU.» Madrid: *El País*.

González, J. (2002, 29 de abril). «Sotanas en pecado.» Bogotá: *Cambio*.

Huete Machado, L. (2002, 23 de julio). «Obispos alemanes dicen que unos 300 curas están implicados en casos de pedofilia.» Madrid: *El País*.

Irigaray, J. I. (2002, 8 de septiembre). «Expulsan al "número 3" de la Iglesia Católica argentina por abusos.» Madrid: *El Mundo*.

Irujo, J. M. (2001, 11 de marzo). «Las denuncias ante el Vaticano exponen los fraudes y la azarosa vida sentimental del nuncio Kada.» Madrid: *El País*.

La Cuarta (2001, 23 de junio). «Segundo caso en Punta Arenas: otro cura acusado de abusos deshonestos.» Santiago de Chile: *La Cuarta.*

La Prensa Austral (2001, 26 de septiembre). «Someten a proceso a sacerdote Larraín.» Punta Arenas: *La Prensa Austral.*

La Vanguardia (2002, 2 de junio). «EE.UU.: ante el escándalo de la pedofilia, la Iglesia católica busca a Hollywood.» Barcelona: *La Vanguardia.*

Le Figaro (2001, 14 de junio). «Prison avec sursis requis contre l'évêque Pican.» París: *Le Figaro.*

Llanca, F. (2001, 8 de agosto). «Denuncia contra cura por abusos de menores.» Santiago de Chile: *El Día*, p. 5.

Llano Escobar, A. (2002, 14 de abril). «Pedofilia en la Iglesia: ¿Escándalo farisaico?» Bogotá: *El Tiempo*, p. 1-24.

López, J. C. (2002, 22 de abril). «"Se ataca" a la Iglesia con los casos de curas pederastas: Arizmendi.» México: *Proceso.*

Martínez, R. (2001, 25 de abril). «Querella de Sename contra sacerdote.» Santiago de Chile: *El Mercurio.*

Martínez, R. (2001, 11 de agosto). «Tribunal Eclesiástico: Impiden regreso de sacerdote por abusos.» Santiago de Chile: *El Mercurio.*

Martínez, R. (2002, 14 de abril). «Abuso infantil toca a Iglesia tica.» San José de Costa Rica: *La República.*

Martínez, R. (2002, 7 de mayo). «Solicitud de extradición por abuso de menor: obispo dice que sacerdote pidió perdón.» Santiago de Chile: *El Mercurio*, p. 8.

Martínez García, C. (2002, 2 de mayo). «¿Qué tanto es tantito?» México: *La Jornada*, p. 19.

Matus, A. (2002, abril). «Escándalo en Porvenir.» *Paula* (858).

Mauricio Vidal, M. y Perales, M. (2001, 17 de mayo). «Impacto por presuntos abusos sexuales de sacerdote salesiano.» Santiago de Chile: *La Tercera.*

Medina, M. E., Xanic, A., Ávila, A., Aponte, D., Becerril, A., Gutiérrez, H., Martínez, J. A. y Pérez, N. (2002, 21 de abril). «Abusos inconfesables.» Bogotá: *Cambio* (45), pp. 8-20.

Mora, E. y Golcher, R. (2002, 11 de mayo). «Monseñor Román Arrieta: Aunque se le venga el mundo encima, la Iglesia debe buscar la conversión del pecador.» San José de Costa Rica: *La Nación*.

National Catholic Reporter (1997, 15 de agosto). «On child sex abuse, when will bishops get it?» Kansas: *National Catholic Reporter*.

Nesmith, C. (2002, 24 de abril). «El Arzobispo insiste en que todas las denuncias contra el clero deben presentarse ante la policía.» San Juan de Puerto Rico: *Puerto Rico Herald*.

Parrado, J. A. (2002, 25 de mayo). «El Papa acepta una nueva dimisión.» Madrid: *El Mundo*.

Parrado, J. A. (2002, 6 de junio). «El cardenal Mahony anuncia duras medidas que incluyen el registro de huellas dactilares.» Madrid: *El Mundo*.

Parrado, J. A. (2002, 12 de junio). «Dimite un tercer obispo en EE.UU. acusado de abuso sexual a un joven.» Madrid: *El Mundo*.

Parrado, J. A. (2002, 14 de junio). «Nos preocupaba más el escándalo que prevenir.» Madrid: *El Mundo*.

Pfeiffer, S. (2002, 12 de abril). «Law aides often dismissed complaints of clergy abuse.» Boston: *The Boston Globe*, p. A1.

Reuters (2002, 3 de mayo). «Abogado de víctimas de pederastia acusa a Iglesia Católica.» Madrid: *El Mundo*.

Rodríguez, C. (2002, 25 de mayo). «Qué esconde el fenómeno de la pedofilia.» Santiago de Chile: *El Mercurio*, p. A10.

Román, J. A. (2002, 21 de mayo). «Violan el celibato hasta 35% de curas, estima el presbítero Antonio Roqueñí.» México: *La Jornada*.

Sallorenzo, C. y Martínez, R. (2002, 10 de mayo). «Dos obispos se pronuncian ante casos de pedofilia.» Santiago de Chile: *El Mercurio*, p. 11.

Santamaría, O. (2001, 28 de septiembre). «Obispo Tomás González habla desde la perspectiva «de la justicia divina»: "no aceptaremos un fallo contra el padre Larraín".» Santiago de Chile: *El Día*, p. 9.

Santolaya, P. (2001, 28 de mayo). «Culpan a sacerdote salesiano, Antonio Larraín Pérez-Cotapos. Cinco nuevos casos de abuso sexual en Porvenir.» Santiago de Chile: *Las Últimas Noticias*.

Schnitzer, V. (1995, 29 de marzo). «La Iglesia da su apoyo incondicional al arzobispo acusado de abusos sexuales.» Madrid: *El País*.

Schnitzer, V. (1995, 3 de abril). «Más denuncias de homosexualidad contra el cardenal Gröer.» Madrid: *El País*.

Schnitzer, V. (1995, 12 de abril). «Los obispos austríacos piden a Roma que resuelva su crisis eclesiástica.» Madrid: *El País*.

Shaeffer, P. (1997, 1 de agosto). «Sex victims win big against Dallas, priest.» Kansas: *National Catholic Reporter*.

Solano C., M. y Murillo M., A. (2002, 23 de mayo). «PANI observará más a la Iglesia.» San José de Costa Rica: *La Nación*.

Sukiennik, G. (2002, 9 de abril). «Documents: Church Knew of Abuse Claims.» Boston: *Associated Press*.

Ternisien, X. (2001, 5 de septiembre). «Mgr Pican condamné à trois mois de prison avec sursis.» París: *Le Monde*.

The Washington Post (2002, 6 de junio). «Celibate and Loving It.» Washington: *The Washington Post*, p. C1.

Townsend, R. (2002, 14 de junio). «La Iglesia de EE.UU. pide a las víctimas que denuncien a los sacerdotes pederastas.» Madrid: *El País*, p. 30.

Townsend, R. (2002, 22 de julio). «Los escándalos de la Iglesia católica en EE.UU. provocan un movimiento reformista.» Madrid: *El País*.

Turati, M. (2002, 8 de abril). «Reconocen pedofilia en Iglesia mexicana.» México: *Reforma*, p. 17A.

Vera, R. (2002, 21 de abril). «El manto sagrado cobija a los abusadores.» México: *Proceso* (1329), pp. 18-22.

Vidal, J. M. (2002, 7 de mayo). «Los obispos acusan a los medios de "atentar contra la reputación" de la Iglesia.» Madrid: *El Mundo*.

Vidal, J. M. (2002, 21 de junio). «El "ministro" de los curas critica a la prensa.» Madrid: *El Mundo*.

Vidal, J. M. (2002, 24 de julio). «Los claretianos denuncian el silencio oficial ante la pederastia.» Madrid: *El Mundo*.

Vidal, M. (2002, 8 de mayo). «Sacerdote acusado de pedofilia no estaría en Italia.» Santiago de Chile: *La Tercera*, p. 9.

Vidal, M. (2002, 9 de mayo). «Sectores de la Iglesia y autoridades critican a obispo por defender a curas pedófilos.» Santiago de Chile: *La Tercera*, p. 11.

Zama, M. (2002, 14 de febrero). «Detenido un cura por pertenecer a una red de pornografía infantil.» Madrid: *El Mundo*.

Zenit (2002, 17 de abril). «Declaración del cardenal de Boston tras los escándalos de sacerdotes: Ningún niño volverá a ser víctima de abusos en su archidiócesis, promete.» Roma: *Zenit*.

Índice onomástico

Athié Gallo, Alberto Manuel, 11, 184, 185, 228, 266, 267
Attleboro, 142
Auckland, diócesis de, 309
Augusto Castro, Luis, arzobispo de Tunja, 281, 282
Australia, 304
Iglesia católica de, 309
Austria, 175, 176, 177, 181, 196, 260
Iglesia católica de, 176, 179, 180
Ávila Avelar, Heladio, 268

Bahía Asunción (Baja California Sur), 268
Banda Tarradellas, Alfonso, 241
Banks, Robert J., 143
Bär, Rudolf, obispo de Rotterdam (Holanda), 107
Barba Martín, José de J., 181, 186, 193
Barcelona, 154, 155, 159, 240, 245
archidiócesis de, 153, 156
arzobispado de, 157, 158, 231
Fiscalía de Menores de, 157
Seminario Conciliar de, 156
Tribunal Eclesiástico del arzobispado de, 158
Barrales Arellano, Saúl, 186, 193
Barudy, Jorge, 64
Basic Plan for the Ongoing Formation of Priests, 362
Bastre, Bernardo, superior salesiano, 119, 121
Battista, Giovanni, 311
Bäumer-Schleinkofer, Anne, 109
Belén de Umbría (Risaralda), 277
Bélgica, 260

Beltrán, José Luis, 264, 297
Beltrán, Nel, obispo de Sincelejo, 279
Bello (Antioquia), 280
Benavente, Ciríaco, 229
Benedicto XIV, 347, 349
Bennett, James, 109
Bentivoglio, Fabrizio, 296
Berenguele, Héctor, sacerdote (párroco de Porvenir), 118, 119
Berry, Jason, 185, 256
Betania de Montes de Oca, 273-274
Birmingham, Joseph E., 144
Bisazza, Bárbara, 296
Bissey, René, sacerdote, 98, 99, 159, 160, 161, 162, 163, 164, 164, 165, 294
Blaine, Bárbara, 76
Blair, Tony, 211
Blanchard, Bernard, 160, 164
Bocos, Aquilino, sacerdote español (actual superior general de los Misioneros Hijos del Corazón de María [claretianos]), 27
Bogotá, 213, 281
Bolivia, 240, 285
Bonn, 291
Boronat, Jordi, 183
Boscarol, Darío, 203
Bostelmann, Andrea, 91, 92
Boston, 137, 140, 141, 142, 143, 149, 255
archidiócesis de, 23, 134, 135, 136, 138, 139, 140, 141, 142, 143, 144, 145, 145, 146, 153
Botswana, 305

Girona, diócesis de, 154
Girona, obispado de, 158
Girotti, Gianfranco, 193
Gniezno, archidiócesis de, 196
Goebbels, Joseph, 190
Goethe, Johann Wolfgang von, 28
Golfito, 273
Gómez Leyva, Ciro, 182
Gómez, Pilar, jueza, 118
Gómez Robleto, Mónica, 216
González, Carlos, obispo emérito de Talca, 133
González, Iván, 113
González Nieves, Roberto, arzobispo de San Juan, 276, 277
González, Tomás, obispo de Punta Arenas, 112, 117, 121, 122, 125, 126, 128, 129, 130, 131, 132, 133, 221, 222, 232
Grahmann, Charles, 208, 209
Grajek, Lawrence F., 143
Gran Bretaña, 257, 264, 303, 330
Grassi, Mario, 202
Grave, Franz, obispo auxiliar de Essen, 290, 291
Greeley, Andrew, 256
Gregory, Wilton, presidente de la Conferencia Episcopal de Estados Unidos, 105, 173, 312
Grocholewski, Monseñor, 241
Guadalajara, 267, 271
Guanajuato, 212
Guerra Campos, José, 219, 228
Guntern, José, 201, 202
Gutiérrez Guerrero, Juan Manuel, 212

Hans Göhrig, Bernd, 291
Harris, sacerdote, 264
Hartford (Connecticut), 78
Hartmann, Josef, 175, 176, 178
Hermanas Misioneras de Nuestra Señora de África, 307
Hermann Gröer, Hans, cardenal y arzobispo de Viena (Austria) y presidente de la Conferencia Episcopal austríaca, 17, 107, 171, 175, 176, 177, 178, 179, 180, 181, 195, 196, 197, 198, 204, 206, 253, 312
Hill, Michael, 210
Himmelspforten (Würzburg), 292
Hollabrunn, internado católico de, 176, 177
Hollywood, 24, 320
Huerta, Solange, 220
Huges, William, 244

Iglesia católica, 11, 12, 13, 17, 18, 19, 20, 21, 22, 23, 24, 27, 28, 33, 40, 41, 44, 47, 49, 52, 69, 70, 73, 74, 80, 86, 92, 121, 123, 130, 135, 139, 147, 165, 169, 171, 173, 185, 192, 198, 204, 205, 206, 215, 217, 233, 234, 241, 245, 253, 257, 259, 260, 270, 272, 302, 312, 320, 323, 328
Iglesia democrática, 69
Iglesia episcopaliana, 70
Iglesia Luz del Mundo, 271
Iglesia mormona, 70
Iglesia protestante, 70, 252
Imesch, Joseph, prelado norteamericano, 329

Plymouth, obispo de, 211
Polonia, 25, 57, 194, 195, 196, 197, 260
   Iglesia católica de, 57
Porter, James, ex sacerdote de Massachusetts, 75
Portland, 255
Porvenir (Chile), 113, 121, 123, 125, 126
Poznan (Polonia), 196, 197
   seminario de, 194
Program of Priestly Formation, 361
Proposed Guidelines on the Transfer or Assignment of Clergy and Religious, 361
Puerto Natales, 125
Puerto Rico, 276, 277
Punta Arenas, 115, 116, 117, 124, 125, 127, 128
   Corte de Apelaciones de, 120
   hospital de, 114
   obispado de, 123, 221
   Tribunal Eclesiástico de la diócesis de, 129
Punta Mulatos, 213

Queens, 213
   diócesis de, 213
Quinn, James, obispo católico de Cleveland, 252

Ramírez, Isaac, sacerdote, 278
Rassello, Giuseppe, 296
Ratzinger, Joseph, cardenal, 103, 185, 193, 311
Rebillard, Yann, 99
Renner, Gerald, 185

Reno, diócesis de, 143
República Democrática del Congo, 305
Restoring Trust, 352
Reynold, Alberto, 292
Richard Sipe, A.W., 33
Río de Janeiro (Brasil), 268
Riquelme, Luis, 114
Rivera Carrera, Norberto, monseñor (arzobispo de la ciudad de México), 189, 193, 269
Rodríguez Araya, Roy, 216
Rojas, Augusto, padre, 91, 92, 93, 94
Rojas, Rimsky, padre, 128, 115
Roma, 22, 81, 103, 148, 149, 184, 193, 196, 199, 205, 291, 306, 313, 315, 349
Romagosa, Adolfo, 239
Rooney, Marcel, 180
Roqueñí, Antonio, 193, 272
Rota, Tribunal de, 195
Rouco Varela, Antonio María, cardenal, 234, 235, 236, 240, 298, 300, 301, 302, 302
Ruiz, Cuenca Ignacio, 219

Sabaj Díaz, Pablo, 220
Sagot Rodríguez, Álvaro, 216
Sala Constitucional de Costa Rica, 216
Salamanca, 220
   universidad de, 34, 43, 335
Salem, 144
Salvans Giralt, Albert, 97, 97, 154, 158, 159, 246, 263
San Bernardino, 142, 143
   diócesis de, 143

Venezuela, 213, 281, 286
Iglesia católica de, 213
Vida Nueva, semanario católico, 27
Vidal, Ada, 114, 125
Viena, 175, 179
Vives i Sicilia, Joan-Enric, obispo, 154, 155, 156
Vogel, Hansjoerg, obispo de Basilea (Suiza), 107

Ward, John Aloysius, arzobispo de Cardiff (Irlanda), 211
Washington, 105, 255
Weakland, Rembert, arzobispo de Milwaukee, 56, 109
Wega, Marta, 193
Westminster, 97, 159
Weston, 138
Williams, James, obispo de Louisville (Kentucky), 56, 109, 209, 318
Wisconsin, 97, 159
Wisconsin, seminario de, 248
Wojtyla, papa, 134, 137, 149, 176, 177, 178, 179, 180, 194, 218, 257, 312
Wornat, Olga, 200, 201
Wright, Roderick, obispo de la diócesis de Argyll y las Islas (Escocia), 107

Xicoy, Francesc, 239

Zambia, 305
Zimbabwe, 305
Zuluaga, Belarmino, sacerdote, 281
Zúñiga, José Ramón, 220, 287

Índice